耐津波学

津波に強い社会を創る

濱田 政則 監修

今村 文彦，岸井 隆幸
磯部 雅彦，堀 宗朗 編集

森北出版株式会社

● 本書のサポート情報を当社 Web サイトに掲載する場合があります．
下記の URL にアクセスし，サポートの案内をご覧ください．

http://www.morikita.co.jp/support/

● 本書の内容に関するご質問は，森北出版 出版部「(書名を明記)」係宛
に書面にて，もしくは下記の e-mail アドレスまでお願いします．なお，
電話でのご質問には応じかねますので，あらかじめご了承ください．

editor@morikita.co.jp

● 本書により得られた情報の使用から生じるいかなる損害についても，
当社および本書の著者は責任を負わないものとします．

■ 本書に記載している製品名，商標および登録商標は，各権利者に帰属
します．

■ 本書を無断で複写複製（電子化を含む）することは，著作権法上での
例外を除き，禁じられています．複写される場合は，そのつど事前に
(社)出版者著作権管理機構（電話 03-3513-6969, FAX 03-3513-6979,
e-mail：info@jcopy.or.jp）の許諾を得てください．また本書を代行業者
等の第三者に依頼してスキャンやデジタル化することは，たとえ個人や
家庭内での利用であっても一切認められておりません．

まえがき

耐津波学のすすめ

　東日本大震災は，防災分野の科学技術に対する国民の信頼を著しく低下させた．地震と津波の予知の失敗，原子力発電所の重大事故，津波防潮堤の崩壊に代表される防災社会基盤施設の不全，液状化によるおびただしい数の住宅被害，さらには臨海コンビナート地区での火災や爆発の発生などが科学技術に対する不信感を増大させている．「安心社会の創成」の拠り所の一つは科学技術への信頼である．それがこの災害によってもろくも崩れてしまった．

　発生が逼迫しているとされる南海トラフ巨大地震は，東海地方から九州地方にかけて，震度7の強い揺れを引き起こすとともに，各地で20 mを超える大津波を発生させる可能性が指摘されている．この大津波に対してどのように備えるのか．防災科学技術に対する国民の信頼を回復するため，従来からの「耐震工学」に加えて，「耐津波学」の構築とそれに基づいた津波対策の推進を提唱したい．

　監修者らが「耐津波学」の構想をもつに至ったきっかけは，東日本大震災および2004年のスマトラ島沖地震インド洋大津波における建物と橋梁などの被害調査である．東日本大震災では，多くの住宅，建物，橋梁などの社会基盤施設が津波により破壊されたが，これらの惨状の中で，津波に対して構造的に生き残った構造物もみられた．同じような事例をスマトラ島沖地震インド洋大津波でも経験している．スマトラ島の北端にあるバンダ・アチェ市の海岸線近くに建設されていたモスクやコンクリートの橋梁が，10 mを超える高さの津波に耐えたのである．これらのことは津波に対して安全な構築物を建設することが可能であることを示している．

　また，東日本大震災では，震災前に繰り返し行われていた防災教育や津波避難訓練が小・中学校の多くの児童・生徒の生命を救った．

　東日本大震災は，原子力発電所の重大事故を含めて，次の世代へきわめて大きな負の遺産となった．近い将来発生するとされている巨大地震と津波により，再びこのような災害を繰り返すことは許されない．このため，「耐津波学の構築

とそれに基づいた津波対策の推進に関して，以下の6項目を提唱したい．
- **地質学的視点からの世界の津波履歴の調査**：東北地方太平洋沖地震による津波予知失敗の要因の一つに，予知が数百年間程度の古文書などの記述の調査に重きをおいてきたことがある．千年から数千年のオーダで繰り返される津波については，ボーリングなどによる津波堆積物の調査を我が国だけでなく世界的に実施し，これらの情報を共有化する．
- **津波に対抗しうる社会基盤施設と建築物の建設**：東日本大震災では多くの建築物，土木構造物が津波に耐えて生き残った．津波外力を科学的に解明し，津波に耐える建物と橋梁，防潮堤などの社会基盤施設を建設する．
- **津波に強いまちづくり**：陸上に遡上した津波の挙動を含めた数値解析などに基づいて，居住地域の選択，街路の設計，丘陵地での宅地造成，津波避難施設の建設を推進して，津波に強いまちづくりを推進する．
- **ライフラインシステムと産業施設の耐津波性の向上と早期復旧**：東日本大震災では，下水道施設をはじめ，多くのライフラインシステムと産業施設が津波により甚大な被害を受けた．津波波力，漂流物の衝突および浸水に対して機能維持と早期復旧を図るための対策を進める．
- **広域にわたる災害実態の早期把握と情報収集・伝達のための体制整備**：今後発生が予想される広域自然災害に対し，人命救助，緊急対応および応急復旧のためハザード情報と被害情報の収集と伝達手法を整備する．
- **防災教育の充実と防災訓練の点検と整備**：岩手県釜石市や宮城県気仙沼市での児童・生徒の死亡・行方不明率は総人口に対する死亡・行方不明率の1/10以下で，防災訓練や避難訓練の効果が顕著に表れた．失敗事例も含めて防災教育と防災訓練の効果を検証し，防災教育，防災訓練のあり方を検討する．

以上に提唱した耐津波学を構築し，津波対策を推進するためには，理学，工学だけでなく，社会学・経済学・法学などの人文社会学，および情報科学さらには緊急医療分野を包含した分野横断的連携が不可欠である．このため，津波災害に関連する学協会は相互の連携を一層強化することが求められている．

本書は，土木工学，建築学および都市工学分野で，とくに防災研究に携わってきた5人の研究者によって執筆された．それぞれの専門分野から，「耐津波学の構築」に向けて，現状分析と今後の課題の提起をした．耐津波学に向けて調査・研究が積極的に進められている分野もあれば，今後の方向性のみの提示

になっている分野もある．また，耐津波学に関して本書で取り上げていない課題も数多く残っており，かつ各章の記述内容の精粗と分量は十分には統一されていないが，今後，耐津波学を構築するための本書が一つの出発点となることを念願している．

　耐津波学を構築する基盤とするため，本書を以下のように構成している．津波全般とその対策の現状と課題を第 1，2 章で整理する．耐津波学の目標の一つである津波に強い地域を作るための現状と課題を第 3 章で説明する．とくに，この課題は社会科学の新しい研究分野になると考えている．もう一つの目標は海岸構造物の津波に対する強化であり，これを第 4，5 章で説明する．海岸構造物の設計には膨大な蓄積がある．これを踏まえたうえで，耐津波性の向上を図ることが必須である．

　第 6 章では，ライフライン施設と石油事業など，産業施設の津波対策の現状と課題を述べる．東日本大震災では，ライフライン施設のうち，下水処理場などの海岸線に立地している拠点施設が壊滅的な被害を受けた．福島第一原子力発電所における津波事故の概要と事故後の緊急対応，および東日本大震災後に採られた原子力発電所の津波対策の現状を第 7 章で紹介している．

　第 8 章では，津波からの避難のための防災訓練，防災教育および避難情報システムの現状と課題について記述している．最後に，第 9 章では津波の発生，海上伝播および陸上に遡上した津波の挙動解析のためのシミュレーション手法の現状と課題を述べている．

　津波に強い国土と社会を創るため，広い分野からなる耐津波学の構築が必要である．本書がそのための一つの端緒を開くことを期待している．

2015 年 9 月

　　　　　　　　　　　　　　　　　　　　　　　　監修者・編集者一同

目　次

第1章　津波の特徴とこれまでの津波対策 —————— 1
1.1　津波という自然現象と災害の特徴 —————— 1
1.2　早期警戒システムの構築 —————— 2
1.3　津波対策・体制の新しい考えと課題 —————— 5
1.4　耐津波学の必要性 —————— 7
　1.4.1　津波の発生頻度・リスク評価　7
　1.4.2　地域を津波から守る工夫　8
　1.4.3　命を守る工夫　8

第2章　我が国における津波対策の現状と課題 —————— 10
2.1　東北地方太平洋沖地震による津波被害特徴と今後の津波評価 —————— 10
　2.1.1　被害と評価に向けて　10
　2.1.2　津波による漂流物　12
　2.1.3　津波火災　12
　2.1.4　地盤沈下　13
2.2　津波対策の現状と課題 —————— 13
　2.2.1　東日本大震災以前の対応と被害　13
　2.2.2　想定外への対応と安全レベルの議論　14
2.3　調査・研究の現状と課題 —————— 16
　2.3.1　地震調査研究推進本部での対応　16
　2.3.2　想定での課題　16
　2.3.3　今後の課題　17
2.4　津波予測の課題と現状 —————— 18
　2.4.1　東北地方太平洋沖地震による津波の実態　18
　2.4.2　東北地方太平洋沖地震による津波予測について　19
　2.4.3　津波即時予測技術の開発および調査観測の強化　20
2.5　低頻度巨大津波災害への対応 —————— 20
　2.5.1　津波の長期的評価　20
　2.5.2　防災・減災への取り組み　21
2.6　津波まちづくり法と課題 —————— 22

第3章　津波に強いまちづくりと課題 ── 25
3.1　東北地方太平洋沖地震による津波被害の実態と教訓 ── 25
3.1.1　津波被害の実態　*26*
3.1.2　津波からの避難実態　*28*
3.1.3　教　訓　*29*
3.2　東日本大震災復興まちづくりの現状と課題 ── 30
3.2.1　復興の制度的枠組み　*30*
3.2.2　復興計画の基本的考え方　*34*
3.2.3　復興計画の全体像と課題　*35*
3.3　津波を意識した防災都市計画のあり方 ── 40
3.3.1　津波を意識した都市計画の必要性　*40*
3.3.2　今後の防災都市計画　*41*

第4章　海岸保全施設・津波避難施設の耐津波構造 ── 47
4.1　耐津波構造物の役割 ── 47
4.1.1　耐津波構造物　*47*
4.1.2　津波防災の枠組み　*48*
4.2　海岸保全施設の耐津波構造 ── 51
4.2.1　東日本大震災における海岸堤防の被災実態　*51*
4.2.2　津波越流時に海岸堤防に作用する外力　*54*
4.2.3　設計津波の水位と海岸堤防高設定の考え方　*57*
4.2.4　海岸堤防の粘り強い構造について　*58*
4.2.5　課　題　*61*
4.3　津波避難施設の耐津波構造 ── 64
4.3.1　はじめに　*64*
4.3.2　実被害に基づく津波荷重の評価事例　*65*
4.3.3　津波避難所の構造設計法の概要　*70*
4.3.4　津波避難所に要求される建物規模と耐力の概略　*74*
4.3.5　試設計による検討例　*76*

第5章　港湾施設・漁港施設の耐津波構造 ── 81
5.1　港湾施設の耐津波構造 ── 81
5.1.1　防波堤の津波低減効果　*81*
5.1.2　防波堤の被災状況と被災メカニズム　*84*
5.1.3　防波堤の耐津波安定性　*88*

  5.1.4　津波対策としての可動式防波堤　*90*
 5.2　漁港施設の津波対策とその構造 ——————————————— *94*
  5.2.1　東日本大震災における漁港施設被害の特徴　*94*
  5.2.2　漁港の防波堤による津波低減効果　*99*
  5.2.3　漁港施設の津波対策　*108*
  5.2.4　防波堤・岸壁の耐津波設計　*111*
  5.2.5　漁港施設の耐津波強化に向けた課題　*112*
 5.3　耐津波構造物の今後 ————————————————————— *113*

第6章　ライフライン・産業施設の津波対策と課題 ——— *116*
 6.1　東北地方太平洋沖地震による被害 ————————————— *116*
  6.1.1　下水道施設の被害　*116*
  6.1.2　危険物タンクなどの津波による被害　*118*
 6.2　ライフライン・産業施設の津波対策 ———————————— *120*
  6.2.1　下水道施設の津波対策　*120*
  6.2.2　産業施設の津波対策　*121*
 6.3　津波対策の課題 ——————————————————————— *123*

第7章　原子力発電所の津波対策と課題 ——————————— *126*
 7.1　福島原子力発電所の事故 —————————————————— *126*
 7.2　津波に対する設計 —————————————————————— *130*
  7.2.1　津波に対する設計の流れ　*130*
  7.2.2　津波評価に必要な調査　*131*
 7.3　津波対策 ——————————————————————————— *133*
  7.3.1　津波対策の概要　*133*
  7.3.2　防潮堤による敷地への浸水対策　*133*
  7.3.3　取放水設備からの溢水対策　*134*
  7.3.4　建屋内への浸水対策　*135*
  7.3.5　海水取水ポンプの取水機能の確保　*136*
  7.3.6　その他の津波対策　*136*

第8章　津波避難の円滑化に関する技術の現状と課題 ——— *139*
 8.1　津波対策の現状 ——————————————————————— *139*
  8.1.1　概　要　*139*
  8.1.2　津波防災訓練　*140*

  8.1.3 津波防災教育 *143*
  8.1.4 課　題 *144*
 8.2 緊急津波避難情報 ——————————————————— *145*
  8.2.1 津波防災・減災に利用できる情報 *145*
  8.2.2 緊急津波避難情報システム *150*
  8.2.3 緊急津波避難情報の社会実験 *154*
  8.2.4 緊急津波避難情報の実用化に向けて *158*
 8.3 津波避難シミュレーション ——————————————— *159*
  8.3.1 避難のシミュレーション *159*
  8.3.2 津波避難シミュレーションの概要 *161*
  8.3.3 津波避難シミュレーションの類型 *163*
  8.3.4 津波避難シミュレーションの事例 *169*
  8.3.5 まとめ *170*

第9章 津波想定のための津波数値シミュレーションの現状と課題 —— *176*
 9.1 津波数値シミュレーションの概要 ——————————— *176*
 9.2 津波数値シミュレーションの現状 ——————————— *178*
  9.2.1 地震津波の波源推定 *179*
  9.2.2 津波伝播・氾濫に関する支配方程式 *182*
  9.2.3 従来の数値計算手法 *183*
  9.2.4 市街地を含む陸上における実用的な津波氾濫解析 *183*
 9.3 津波数値シミュレーションの課題 ——————————— *189*
  9.3.1 SPH 法の説明 *189*
  9.3.2 粒子法による津波遡上解析 *191*
  9.3.3 粒子法による橋梁に作用する流体力評価事例 *193*

索　引 ————————————————————————— *204*

第1章

津波の特徴とこれまでの津波対策

1.1 津波という自然現象と災害の特徴

　地球上での気象現象を除くさまざまな現象（地震や火山噴火，地滑りなど）の影響により海面に変動（凹凸）ができ，それが周囲に伝わる現象が津波である．地震や洪水などと違い，低頻度であるがいったん発生すると広域に被害を与える災害でもある．

　津波は，発生頻度が低い．日本被害津波総覧[1.1]には，日本および周辺で発生した津波（近地津波）と外国で発生した津波（遠地津波）のうち，日本に影響を与えた津波の資料が記載されており，1896年から100年間では175の事例がある．そのうち，東北地方太平洋側に津波記録がある事例は80である．100年に80回の津波があったことから，東北地方太平洋側はやはり津波常襲地域といえる．しかし，気象庁の津波警報で「大津波」に相当する3m以上の値が記録されているのは，80回のうち，明治三陸地震による津波（1896年），昭和三陸地震による津波（1933年），カムチャツカ津波（1952年），チリ地震による津波（1960年），十勝沖地震による津波（1968年）の5回だけである．東北地方太平洋側のどこかで3m以上の津波が起こったのが100年間に5回だったのであって，ある町で3m以上の津波が発生した回数はもっと少ない．すなわち，津波常襲地域である東北地方太平洋側に住んでいても，全員が大津波を経験するわけでなく，経験するのは小さな津波がほとんどである．

　また，小さな津波による被害はごくわずかであり，まったく被害がないこともある．2003年の十勝沖地震はマグニチュード8クラスの大地震だったが，津波被害はそれほど大きくなかった．一方，東北地方太平洋沖地震による津波（2011年）は，専門家はともかく，一般市民にはまったく想像すらできないような甚大な津波被害が発生してしまった．数百年に一度さらには千年に一度の頻度ともいわれ，歴史的な記録にもなかったような災害であった．つまり，小

さな津波と大きな津波では，発生する被害の大きさがまったく異なるのである．

経験するほとんどが小さな津波であり，大きな津波の経験頻度はきわめて低いという津波の特徴が，津波防災を難しくしている．一般市民は津波が低頻度であるために，実際に被害に遭うまで津波を現実的なリスクと感じにくい．また，小規模な津波では大きな被害が発生しないことにより，「津波が発生しても被害はなかった」という経験を積み重ね，津波の危険性を過小評価してしまう．

上記の特徴が厄介なのは専門家にとっても同様である．我が国の防災対策の歴史をみれば，地震であっても洪水であっても，被災とそれへの対応の繰り返しである．すなわち，地震・洪水の被災経験から対策を立て，次の地震・洪水で効果が立証された対策・考え方は継承され，効果がなかった対策・考え方は新しいものに置き換えられてきた．その中で試行錯誤的に防災基準が設定され，新しい科学の発展や社会の変化に沿った見直しが行われてきた．しかし，津波の発生頻度は地震や洪水に比べて低い．そのため，「被災とそれへの対応」がされてから，その効果がわかるまで数十年あるいは百年以上がかかる．場合によっては社会条件が変わってしまい，かつての「被災とそれへの対応」が意味のないものになってしまうこともある．このように，津波は低頻度災害であるため，地震や洪水で行われてきた「試行錯誤的な防災基準の設定と新しい科学の発展や社会の変化に沿った見直し」の段階までなかなか到達できないのである．

このように，低頻度大災害の津波への対応はきわめて難しい．しかし，そのままでは津波対策は直近の「被災とそれへの対応」に終始してしまうことになる．その場合，直近の津波が小さければ頻度が低いが大規模な災害を引き起こす大きな津波のリスクを見逃すことになるし，直近の津波が大きければ結果的に過剰な投資をすることになりかねない．津波が低頻度災害であるからこそ，科学的な態度で現象を分析し，リスクを評価し，対策を練ることが必要である．

1.2　早期警戒システムの構築

津波は，地震，火山噴火，地滑りなどが原因で海面に生じた凹凸が周囲に伝わる現象であり，発生を確認してから避難などの時間的猶予がある程度残されるため，さまざまな自然災害の中でも，早期警報により人的被害の軽減が期待

できる現象である．とくに，地震が原因で発生した津波が全体の9割を占め，震源が海底下であっても地震の揺れは伝わるから，津波に先立ち，地震の揺れが我々のもとに到着する．地震波の到達から津波の到達まで，通常は数分から数十分の間隔がある．つまり，地震波を観測して津波の警戒に活用することが可能である．ただし，地震以外の原因で発生した津波や，地震の規模に比べて津波が大きい場合などは，発生自体を確認することが難しく，地震波を観測するだけでは十分な津波予測に対して十分な精度が得られない．いまのところ，そのような場合に利用できる早期警戒システムは，沖合で津波そのものを観測するものである．

日本では，昭和三陸地震による津波のあと，1941年に三陸地方を対象とした早期警戒システムを開始していた．この早期警戒システムが中央気象台（現在の気象庁）により全国化されたのは1952年である．震央距離（P波とS波の間隔）と地震の規模（地震計の最大全振幅）から経験的に決められた予報図が使用された．一方，アメリカではアリューシャン津波（1946年）でとくにハワイが大きな被害を受けたため，1946年に太平洋を対象としたアメリカ国内向けの早期警戒システムを立ち上げている．

さて，当時は近地津波だけを対象にしており，1952年に定められた気象官署津波業務規程では，「震度4以上の地震及び震度3以下であっては発震後3分以内の最大全振幅10 mm以上の場合」に津波予報のための地震観測を行うとなっていた．早期警戒システム開始のあとに最初に起こった1952年3月4日の十勝沖地震による津波では，津波警報を出して避難に役立てられた．

一方，チリ地震による津波（1960年）では，遠い場所で発生した地震であり，揺れを観測できなかったため，警報を有効に出すことができなかった．チリ地震による津波のあと，遠地津波も対象に加えられることになった．しかし，経験的な近地津波の予報手法を遠地津波に拡張するだけでは高い精度は期待できず，観測情報を共有する国際協力が必要であった．そこで，1964年にUNESCO/IOCが（ユネスコ政府間海洋委員会）太平洋津波警報の組織を決議し，1965年に設立されたITIC（国際津波情報センター）と気象庁は密接な協力関係をとるようになった．一方，2004年スマトラ島沖地震インド洋大津波の人的被害は最悪となった．当時，この地域では早期警戒システムがなく，津波に対する意識や対策がほとんどない状況での大津波の来襲であった．この被害実態を踏まえて，インド洋に早期警戒システムが構築された．さらに，北東大西洋と

地中海および接続海域（ICG/NEAMTWS）やカリブ海津波警報システムも設置され，津波の可能性のある地域はほぼカバーされた．しかし，2010年チリ地震による津波では，地震・津波の観測データが早期警戒システムに十分に活かせず，警報そのものが発令できなかった．さらに，2011年東北地方太平洋沖地震による津波に対する早期警戒システムには，多くの課題が残された（詳細は第8章）．

　我が国では，1994年4月に津波シミュレーション技術の成果を取り入れた量的な津波予報が，1999年4月に開始された．これは，地震津波の発生と伝播の様子を，あらかじめ地震の発生場所，深さ，マグニチュードを変えて約10万通りのシミュレーション（数値計算）を実施してその結果をデータベース化しておき，地震発生時にはこの計算結果の中から実際に発生した地震に近いものを検索して，各地の津波高などを発表するものである．過去の事例からの経験則に基づいていた従来の手法に比べ，地震の断層運動による津波の発生から沿岸への津波の伝播までを実際にモデル計算した結果を利用するため，予報区および予測する津波高の細分化が可能となった．

　このように，津波予報の業務開始以来，発表の迅速化・定量化が進められてきたが，2011年3月11日に発生した東北地方太平洋沖地震による津波では，巨大な近地津波に対する津波警報という観点から，さまざまな課題が明らかとなった．この地震に対し，気象庁は地震発生の3分後に，岩手県，福島県には3m，宮城県には6mという大津波警報を含む津波警報を発表したが，津波高の予想は，当初求められた地震のマグニチュード7.9（最終的に求められた値は9.0（モーメントマグニチュード））に基づく過小なものであった．しかし，国土交通省港湾局整備によって東北地方太平洋側の10～20km沖合に設置されているGPS波浪計における潮位の急上昇などをもとに，順次予測を切り上げ，警報を更新していった．しかし，この更新のころには，すでに第一波が三陸沿岸域に到達していた．これらの課題に対処するため，今後の早期警戒システムでは以下の措置を講じることとした．

①津波警報の第一報に関して，地震発生約3分後の段階でマグニチュード8を超える巨大地震の規模を正確に求めることは技術的に困難であることから，最初に求められたマグニチュードが過小かどうかを速やかに認識できる監視・判定手法を導入し，過小評価の可能性がある場合は，当該海域で想定される最大マグニチュードなどを適用して津波警報を発表する．また，この

場合，地震規模推定の不確定性が大きいことから，予想される津波高を「巨大」などの定性的な表現で発表し，通常とは異なる非常事態であることを伝える．
② 巨大地震でも，適切な津波警報の続報に用いるモーメントマグニチュードを迅速・的確に求めるために，地震波を広い周波数帯にわたって正確に測定できる広帯域地震計の整備を新たに進める．また，地震データからの推定が困難な海底の地滑りなどによる津波に備えるため，沖合の水圧式津波計の津波警報への活用を進める．

1.3 津波対策・体制の新しい考えと課題

　我が国における津波対策の歴史は，三期に区分することができる[1,2]．第一期と第二期の境は，1960 年のチリ地震による津波あたりである．第一期の津波対策は，過去の経験や実績に基づいて行われていた．この第一期の終わりごろから第二期のはじめごろにかけて，津波予報が開始された．1960 年のチリ地震による津波以降，過去の実績に加え，科学技術が駆使されるようになってくる．この時期の主な対策手法は防災構造物であった．第三期は，1987 年に建設省と農林水産省水産庁で合意した総合対策指針の採択にはじまる．1997 年には，関連 7 省庁で改めて，一つの対策指針が合意された．これ以来，ハード対策のみでなく，ソフト対策が考えられるようになってきていた．その中で，東日本大震災が発生し，関連死も含めると 2 万人を超える犠牲者を出し，物的被害，間接的被害は，未曾有の規模となった．東北地方太平洋沿岸は中央防災会議などでの事前対策が先進的に進められた地域であったため，さまざまな対策・対応が実践されていたが，想定をはるかに上回る規模の地震と津波により多大な被害を出してしまった．「想定」に対する考えも大きな議論を呼んだ．

　東日本大震災の甚大な被害を受けて，改めて津波に対する総合的な対策の抜本的な見直しとその実践が問われている．総合的な対策の基本は，次の三つである．
① ハード対策
② ソフト対策（防災体制）
③ まちづくり

これらは，すでに 1933 年の昭和三陸地震による津波後の注意書にまとめられ

ている.戦後,我が国では沿岸地域の移転などが難しいために,まず,ハード対策が検討され,それを補うソフト対策が位置づけられてきた.したがって,まちづくりは将来の防災対応であり,長期的な視点での課題であった.ところが,東日本大震災後には,抜本的な見直しがされ,まず,まちづくりの検討からはじまった.高地移転などの対応や,多重防護などの多層的な検討が行われている.

総合的な対策を実施するためには,まずは対象津波の考えを整理する必要があった.さらに,津波などの①発生間隔・頻度および規模や②影響(被害)を考慮し,地域,集落ごとの個別の③生活条件・地形条件などから,安全レベルを設定し,減災への対策の④効果および費用を評価して,地域での減災レベルを合意形成する必要もあった.①~④における個々の合理的な評価をもとに,住民および行政の間で目標(レベル)を作り上げていくかが,地域安全の確保のための第一歩である.

そのために,津波などの①発生間隔・頻度および規模を考慮して,外力レベルを想定することが重要である.すべての人命を守ることを前提とし,主に海岸保全施設で対応する津波のレベルと,海岸保全施設だけでなく,まちづくりと避難計画をあわせて対応する津波のレベルの二つが設定された.

- レベル1:海岸線の津波防護レベル(海岸法2条・海岸保全計画・基本方針などに関連) 海岸保全施設の設計で用いる津波高のことで,数十年から百数十年に一度の津波を対象とし,人命および資産を守るレベル
- レベル2:地域の津波減災レベル(地域防災計画,津波対策(災害対策基本法40条などに関連)) 津波レベル1をはるかに上回り,構造物対策の適用限界を超過する津波に対して,人命を守るために必要な最大限の措置を行うレベル.対象津波は,869年(貞観11年)に起こった貞観津波クラスの巨大津波で,その発生頻度は500年から1000年に一度と考えられる.

中規模以下の通常の災害に対しては,ハード対策で対応することが原則となる(レベル1).この場合,社会基盤整備は新設のみでなく,既存の施設の有効活用の視点も大切である.一方,巨大災害に対しては,まず人命被害を最小とすることが災害対策上求められる(レベル2).そのためには,社会基盤施設だけでなく,ソフト対策との適切な組合せによってカバーする必要がある.つまり,大規模な被災を前提とするものの,影響の部分化,人命被害の最小化,復旧のしやすさなどを考慮した施設の整備・管理が求められる.

このうえで，さらに重要であるのが，このようなハード・ソフト対策が地域の中に根付き，長期間有効でなければならないということである．過去においては，被災後には高地への住宅移転などがなされたが，その後，元の場所に戻っていた地域が数多くある．また，住民の避難などの意識も低下していき，訓練への参加率の低下，さらには警報発表後も避難がなされないという課題がある．被災後に導入または再検討されたさまざまな対策をどのように地域に定着させるかが課題である．まちづくりの中での工夫が重要である．

1.4 耐津波学の必要性

1.1 節で説明したように，従来の津波対策は直近の「被災とそれへの対応」に終始してしまい，直近の津波が小さければ頻度が低いが大規模な災害を引き起こす大津波のリスクを見逃すことになるし，直近の津波が大きければ結果的に過剰な投資をすることになりかねないという問題点がある．したがって，津波が低頻度災害であるからこそ，科学的な態度で現象を分析してリスクを評価し，対策すべきである．東日本大震災後のレベル1およびレベル2の考えは，これに沿ったものであるが，さらに，加えて「新しい科学の発展や社会（価値観）の変化に沿った見直し」の部分を取り入れた学問を「耐津波学」とよびたい．

「耐津波学」は，既存の津波工学，地震工学の基盤に立ったうえで，津波発生履歴の推定，社会基盤・建物構造物の工夫，さらには，まちづくりなどの要素が総合的に組み合わされ，新たな学問分野として体系化されなければならない．この分野は，東日本大震災のような低頻度大災害であっても，人的・物的被害の軽減を図り，早期の復旧・復興を可能とする社会システムの構築に寄与しなければならない．このためには，とくに，以下のような三つの要素を新しく提唱し，推進したい．

1.4.1 津波の発生頻度・リスク評価

地質学的視点からの世界の津波履歴の調査・評価方法を確立する．東北地方太平洋沖地震による津波評価の課題の一つが，歴史データ・情報の限界があったという点である．評価が数百年間程度の古文書の記述の調査に重きをおいてきたために，今回のような数百年や千年から数千年のオーダで繰り返される津

波については対応できなかった．今後は，我が国だけでなく世界的に地質学としてのボーリングなどによる津波堆積物調査を実施し，これらの情報を共有化し，さらには，変動地形学，変動学などとの融合も図る必要がある．

1.4.2　地域を津波から守る工夫

津波に強いまちづくりにおいては，陸上に遡上した津波の挙動を含めた数値解析などに基づいた，土地利用規制や被害を最小化させる社会基盤や建物の改善が必要である．居住地域の選択，街路の設計，丘陵の宅地造成，津波避難施設の建設を推進して津波に強いまちづくりを推進する必要がある．

津波に対抗しうる社会基盤施設と建築物の建設においては，東日本大震災で得られた津波外力と被害実態があるので，それらのメカニズムを科学的に解明し，津波に耐える建物と橋梁，防潮堤などの社会基盤施設を建設することが重要である．

さらに，ライフラインシステムと産業施設の耐津波性の向上と早期復旧について，東日本大震災では下水道施設をはじめ，多くのライフラインシステムと産業施設が津波により甚大な被害を受けた．その経験と教訓を整理し，津波波力，漂流物の衝突および浸水に対して機能維持と早期復旧を図るための対策を進める．

1.4.3　命を守る工夫

広域にわたる災害実態の早期把握と情報収集・伝達のための体制整備が必要である．今後発生が予想される広域自然災害に対し，ハザード情報と被害情報の収集と伝達手法を整備し，人命救助，緊急対応および応急復旧のための体制を整える．

さらに，防災教育の充実と防災訓練の点検と整備が重要である．東日本大震災では，震災前に防災教育に取り組んできた岩手県釜石市や宮城県気仙沼市での児童・生徒の死亡・行方不明率は総人口に対する死亡・行方不明率の1/10以下であり，防災訓練や避難訓練の効果が顕著に現れた事例となった．しかし，沿岸地域で児童・生徒などおよび教職員の死者は625人に上り，学校施設，社会教育施設などの被害は1万件を超えていた（文部科学省公表資料：平成23年8月22日現在）．大震災では失敗事例も含めて防災教育と防災訓練の効果を検証して，防災教育，防災訓練のあり方を検討する必要がある．そこでは，

知識だけでなく，状況を把握してリスクを認知し，適切な対応を判断できる力を涵養しなければならない．

参考文献

[1.1] 渡辺偉夫：日本被害津波総覧［第2版］，東京大学出版会，1998.
[1.2] 首藤伸夫：津波対策小史，東北大学津波工学研究報告，第17号，pp.1-20, 2000.

第2章
我が国における
津波対策の現状と課題

2.1 東北地方太平洋沖地震による津波被害特徴と今後の津波評価

2.1.1 被害と評価に向けて

　我が国では，津波による被害を繰り返し経験しており，東日本大震災でも，人的被害や家屋被害などが，甚大な規模に達してしまった．当時，津波の浸水にともなう，沿岸構造物，防潮林，家屋・建物，インフラへの被害，流速の増加による浸食・堆積による地形変化，さらに，破壊されたがれき，沖合での養殖いかだ，船舶などの漂流が破壊を助長させた．加えて，可燃物の流出と火災，道路・鉄道（車両も含む）などの交通網への被害，原子力・火力発電所などの施設への影響など，現在想定される津波被害のほぼすべてのパターンが発生した[2.1]．

　災害の発生（種類）と程度は，沿岸での利用状態により複雑化する．過去にはない津波被害が発生したのは，まさに，現代の多様化する活動や利用に関係する．したがって，将来においても，経験のない被害が発生する可能があり，事前にその形態をどのように評価して予測するかが求められている．このことはきわめて難しい課題となるが，ここでは，東日本大震災での実態を踏まえて，被害発生のメカニズムを整理することにより，この難題を解決しなければならない．

　被害の程度は，津波の外力であるハザード（波高，浸水深・継続時間，流速・流体力）とフラジリティー（脆弱性）に関係して増加する．一つひとつの被害について外力を評価し，ある強度（基準値）を超えたところで被害が発生し，増加分が被害の程度を支配する．ここで，ハザードの評価は，津波の諸条件（波高，周期）などと沿岸地形を考慮すれば，解析的にまたは数値シミュレーショ

ンにより，ある程度可能となっている[2.2]．一方，強度（発生基準値）に関しては，統計的なデータも含んだ過去の経験から推定されるため，どうしても経験的な評価に留まっているが，それぞれの施設に対して，事前にこの強度を求めていくことが重要である．この結果，想定津波に対して強度をもつ保全施設を沿岸で整備・配置することにより，被害を防ぐことが可能となる．

しかし，それでも対応が難しい状況がある．この理由としては，各地域で整備水準が異なるところがあり，最も水準が低いところから被害が発生し，拡大することがあげられる．また，東日本大震災で確認されたように，複合的な外力が作用する場合があり，個々の対応では不十分になる．強震動のあとに地盤が液状化し，建物の基礎が脆弱化した中で，津波が来襲する例がその代表的なものである．

今後，原子力発電所などの重要施設においては，さらなる検討が必要である．日本地震工学会では「原子力安全のための耐津波工学の体系化に関する調査委員会」を発足させ，その成果をまとめた[2.3]．津波により影響（被害や損傷）の評価および対応（とくに工学的な）を実施するうえでの作用因子，損傷モード，工学的対応を表2.1に示した．この表では，従来からの津波の水理特性である作用因子により，各施設および設備に発生する影響・損傷をまとめている．これらに対して，機能停止しない工学的な対応が必要であり，表2.2で示したように防水，耐水，避水の主に3要素（性能）と定義を検討しなければならない．

表2.1 津波による作用因子と損傷モード[2.3]

	具体例
作用因子	津波高（浮力），浸水範囲・時間，津波の流速，衝撃波力，水平力・転倒モーメント
各施設・設備の構造・機能損傷モード	漏電（浸水・漏水），破壊，滑動，転倒，建物の傾斜・倒壊（洗掘），取水困難（引き波，浮遊砂，漂流物・土砂の堆積），壁・開口部周りなどの損傷・破壊（開口部の破壊）
工学的な対応	防水，耐水，避水

表 2.2　耐津波工学の基本要素（性能と定義）[2.3]

性能	定義
遮断性（防水）	津波（流れ）をさえぎって止める性能．さえぎって，ほかの動き・作用などが及ばないようにする性能
耐波性（耐水）	津波による作用力に耐える性能
水密性	水圧力が加わった環境下において密閉した水が外部に漏れない，または内部に水が流入しない性質
隔絶性（避水）	影響が及ばないように離れておくこと（性能）

2.1.2　津波による漂流物

　東日本大震災津波に関する特徴の一つが漂流物である．従来でも，漁船，破壊された家屋の残骸，自動車，タンクなどの移動・漂流があり，被害拡大の一因になると指摘されたが，今回はその影響の規模がきわめて大きかった．

　岩手県，宮城県，福島県の 3 県で，津波被害を受けた自動車が少なくとも 23 万 6 千台に上ることが推定されている．津波で浸水した世帯数などから台数を推計した数値であり，道路で移動中や勤務地での駐車状況などを考えると，実態としてはさらに多いものと思われる．なお，宮城県では約 14 万 6 千台が被災したと算出しており，登録台数の 1 割に相当している[2.4]．

　漁船の場合には，さらに深刻である．青森県，岩手県，宮城県，福島県の東北 4 県で被災した漁船は計 1 万 9 千隻に上る．4 県の登録漁船数のほぼ半数にあたり，多くが津波で陸上に押し流されたり，大破したりした．宮城県は被災率が 87％に達し，4 県で最も高かった．被災漁船のうち陸上に打ち上げられた漁船は 1400 隻確認され，被害拡大の一因となった．今後対策を進めるために，被災した船への保険（共済）から東日本大震災津波の漁船被害状況を推定する方法と，さらに被害関数（フラジリティー関数）が提案されている[2.5]．

2.1.3　津波火災

　宮城県気仙沼市などでは，石油タンクから可燃物が流出して，それが津波で拡散して，何らかの原因で引火して火災が広がった．それ以外にも，家から火災が起こっている場合もあり，船自体が燃えていて，それが陸上に打ち上げられて火災を広げているケースなども報告されている．どちらにしても，火災の真の原因というのは突き止めることが難しい．また，それぞれの原因が特定で

きたとしても，そのすべてを防ぐことは困難である．

　津波火災が大規模化するには，可燃物だけでなく陸上に残されたがれきが関係する．この堆積状況は，津波の規模・周期に加えて，地形の勾配などが関係する．急勾配の地形では，引き波が強く，がれきの多くは陸上に留まらず，沿岸域に漂流される傾向がある（宮城県女川町）．一方，緩斜面または平野部では，押し波で移動したがれきが，浸水域の境界付近まで運ばれ，そこで大規模な火災が発生したことが報告されている（岩手県山田町，宮城県気仙沼市など）．今後の対策としては，がれき発生を低減させることにより延焼を防ぐ工夫を考えなくてはいけない[2.6]．

2.1.4　地盤沈下

　地盤沈下の影響も考慮する必要がある．地殻運動によって沿岸部の地盤自体が沈み，低くなる．そこでは堤防も相対的に低くなり，津波が乗り越えて陸へと流れ込む．あるいは液状化で構造物の基礎が弱くなり（支持力を失う），建物のコンクリート自体は大丈夫でも，建物が傾いて動いてしまう．これまでの評価は，堤防などの沿岸の保全施設は健全という前提で実施しているので，その前提が大きく覆された．このような複合的な要素で被害が拡大するという知見を加えなければいけない．

2.2　津波対策の現状と課題

2.2.1　東日本大震災以前の対応と被害

　我が国は，1959 年の伊勢湾台風，1960 年のチリ地震による津波と二つの大きな沿岸災害の経験を受けて，沿岸域には，高さ 5 m 程度の防波堤や防潮堤が建設され，背後地を守るハード対策がとられた．河口には，防潮水門・陸閘（りっこう）や津波避難場所などの施設整備も行われている．東日本大震災で被害を受けた地域でも例外ではなく，地域によっては，海面からの高さ 10 m を超える強固なコンクリート壁で町を守っていた．さらに，1983 年の日本海中部地震津波が発生したころ，ハード対策だけでなく避難体制や津波情報を含んだソフト対策，また，防災に強い地域づくり（土地利用）を組み合わせた総合的な対策の考え方が出されていた．

たとえば，宮城県では，住民参加型津波ハザードマップ，津波避難場所，避難指示サイン（ピクトグラム），防災教育[2.7]など，さまざまな津波減災への活動が実施されてきた．さらには，沿岸域での防潮林の減災効果を評価し，津波波力低減，漂流物抑止，人命救助などの多彩な機能が見直され，柵などを設置した強化策も実施されていた[2.1]．このような対応の中で，東日本大震災が発生した．宮城県が想定した高さの約3倍の津波は，防潮堤や防潮林を越えて集落を襲った．想定津波浸水域をはるかに上回る範囲での津波の浸入があり，指定された避難場所[*1]や避難所[*2]も襲った．さらに，強い流速による漂流物の移動（衝撃力）や地形変化（浸食など）が生じ，被害を拡大させた．

なお，今回，想定をはるかに上回る津波により，さまざまな防災機能は十分発揮できなかったが，波高（エネルギー）の減衰や到達の遅延などの一定の役割は果たしており，今後，どのような組合せで何を強化するのかや，さらには何層かの防護層を設け，多段階的な対応を検討する必要がある．耐津波学においても重要な部分である．しかも，これらの機能を長期的に維持しなければならない．

‖‖‖ 2.2.2 想定外への対応と安全レベルの議論

このような検討のためには，今後どのように想定を考えるかの設定方法とそれでも想定を超える規模への対応（危機対応）との課題への解決が重要となる．

前者においては，ハザードまたはリスク評価が必要であり，発生頻度ごとの規模と被害の推定の評価が重要である．その結果をもとに，各地域でどの安全レベルまでを許容するのか，現在においてこれに達していないとすれば，いつまでに達成させるのかの議論が重要である．大震災を経験した現段階においては，被災直後の復旧・復興は次の災害の備え（予防）になることの認識が重要である．そこでは，現状復旧ではなく，より強いまちづくり（あるべき安全レベル）の視点ももった復興を考えなければならない．この復興が次への災害への予防となる．さらに，減災は，災害発生時から元の暮らしに戻るまでの全体の被害を軽減することであるので，より早い回復を見据えた基盤づくりも必要

[*1] 避難場所：災害時の危険を回避するために一時的に避難する場所，または帰宅困難者が公共交通機関などの回復するまで待機する場所のこと．津波の場合には，高台や避難ビルなども避難場所になる．
[*2] 避難所：収容避難所ともいい，災害によって避難生活を余儀なくされた場合に，一定期間の避難生活を行う施設のことで，地域の学校の体育館やコミュニティーセンターなどが指定されている場合が多い．

である．災害サイクルを踏まえた減災は，時間の流れの中で，よりよくなる正のスパイラルを創るため，各フェーズでの対策を総合に組み合わせることになる．その際に，社会基盤の整備も不可欠である．震災後の中央防災会議などで，津波のレベル1（数十年から百数十年）での施設などの対応により生命や財産・機能を守ることとレベル2として総合対策により生命を守ることが，我が国の安全レベルであるということが，結論として得られている．一方で，これをもとに地域で考える安全レベルをどうするのかは，大切な議論になる．被災地外でのこの議論は，2.6節でさらに触れたい．

　後者についての危機対応の課題では，「しなやかな対応」またはレジリエンスが重要な概念である．さまざまな外力に対して臨機応変な対応であり，想定を超えた場合でも被害拡大を抑えて，復旧・復興を早める仕組みになる．一見，「しなやかな」という言葉は弱そうに思えるが，竹のような弾力性をもっているという意味である．真正面で，外力に対抗するのではなく，自分自身を柔軟に対応させながら，受ける力を最小限にする考えである．また，起こりうる自然災害の形態を的確に想定し，高度な防御水準を効率的で迅速に確保するとともに，万一の中枢機能の途絶に備えた迂回ルートなどの確保を通じたリダンダンシーの強化を図ることも含まれる．このようにすることで，広域的な行政・コミュニティの連携による広域防災・危機管理体制の構築を通じて，自助・共助・公助のバランスのとれた総合的な防災・減災対策を実施することにもつながる．以上の議論をもとに，さらに，植生を利用した外力低減のバリア設置などを考えると，重要な項目として以下のようなものがあげられる．

- さまざまな自然災害や複合災害に対応できる．
- 自然と共生し，継続的な機能を維持できる．
- 回復力（バックアップ，リダンダンシー機能）がある．
- 複数の安全レベル（自助・共助・公助）で連携し，さまざまな対応ができる．
- 臨機応変な対応ができる（過去の経験・知識をもとに，現状を分析し，適切な対応ができる（災害の想像力））

2.3 調査・研究の現状と課題

2.3.1 地震調査研究推進本部での対応

我が国の地震や津波に関する調査・研究は，大学や研究機関を中心に実施されているが，内閣府や文部科学省などにおける活動も，現場での防災，減災対策と密接な関係をもつ．とくに，文部科学省での地震調査研究推進本部（以下，地震本部）は，地震や津波などについての科学的知見を包括的に整理し，ある程度の統一的な見解をもち，地域でのリスクを評価する役割があり，重要な機関となっている．

地震本部は1999年4月に発足し，阪神淡路大震災後に，地震情報の共有化と社会への発信の役割をもち，「地震調査研究の推進について―地震に関する観測、測量、調査及び研究の推進についての総合的かつ基本的な施策―」（以下，「総合基本施策」）を策定している．当時は科学技術庁であり，現在は文部科学省に所属している．この地震本部は，東日本大震災前の2009年4月には，総合基本施策の策定以後10年間の環境の変化や地震調査研究の進展を踏まえた「新たな地震調査研究の推進について―地震に関する観測、測量、調査及び研究の推進についての総合的かつ基本的な施策―」[2.8]（以下，「新総合基本施策」）を策定しており，関係行政機関などは，この方針のもとで地震調査研究を推進してきていた．

しかし，東日本大震災において地震調査研究に関する多くの課題などがあったことを踏まえ，地震本部は，地震調査研究が本当に防災・減災対策に貢献することができるように，新総合基本施策を見直すこととなった．新総合基本施策の見直しにおいては，地震本部政策委員会総合部会において，2011年12月以降，7回にわたって会合を開催し，東日本大震災を踏まえた地震調査研究における課題などを抽出するとともに，関係省庁や研究機関における震災への対応や進捗状況，地方公共団体・民間企業の地震調査研究の活用状況，活用するうえでの課題などの検討を行い，今後の地震調査研究のあり方について審議を行っている．以下がその要約である．

2.3.2 想定での課題

地震本部は，これまで同じ領域で同等の規模の地震が繰り返し発生するという考え方に基づき，過去の地震発生履歴を踏まえ，将来発生しうる地震の長期

評価を行ってきた．たとえば，東北地方から関東地方の沿岸を含む海溝沿いの海域については，三陸沖から房総沖の海溝寄りの領域で発生する津波地震や宮城県沖地震などの評価結果を発表してきた．しかし，同海域において，東北地方太平洋沖地震のような低頻度で発生するマグニチュード9クラスの超巨大な海溝型地震（以下，「超巨大地震」）を評価の対象とすることができなかった．これに関しては，具体的には以下のような課題があった．

長期評価を行ううえで貴重なデータとなる津波堆積物や歴史文献資料などの過去の地震発生履歴を示すデータが少なく，とくに，発生間隔がきわめて長い超巨大地震の適切な把握は容易ではなかった．

地震を引き起こすプレート境界の応力やひずみを把握するための海底地殻変動観測については，観測点数・観測回数ともに不十分であったため，観測データが不足していた．さらに，現存していた数少ないデータは10年程度の短期間のものであり，かつその誤差は大きく，それを活用した超巨大地震発生の可能性の検討が十分になされていなかった．

日本海溝沿いでは，宮城県沖地震などの最大マグニチュード8程度の規模の地震の繰り返し発生や非地震性滑りによって，プレート境界に蓄積されたひずみが解放されているという考え方などから，同海域では，大きな滑り欠損はないと考えられており，マグニチュード9クラスの超巨大地震が発生する可能性は十分に検討されていなかった．とくに，大津波を引き起こす要因となる海溝軸付近のプレート境界については，海底地殻変動などのデータが不足していたことに加えて，強く固着していないという考え方などが一般的であったことから，東北地方太平洋沖地震のように海溝軸付近が大きく滑るような超巨大地震を予測できていなかった．

2.3.3　今後の課題

地震が同じ領域で同様の規模で繰り返し発生するというアスペリティモデルに基づいて長期評価を行ってきたが，東北地方太平洋沖地震のような複数の領域が連動して広い範囲が一度に滑るような地震を説明できるモデルとはなっていなかった．今後は，これらを教訓として，超巨大地震が発生しないという考え方にとらわれることなく，観測データの充実や積極的な活用を図り，超巨大地震も長期評価の対象とすることも含めて長期評価手法の改善に向けて検討を行うことが不可欠である．

我が国の地震防災・減災対策は，中央防災会議の定める防災基本計画に基づく方針のもとに進められており，地震本部の担う地震に関する観測，基礎的・基盤的な調査研究の成果も，この防災対策の基礎となる有益かつ有効な科学的知見を提供するものでなければならない．このためにも，今後はこれまで以上に，地震本部の地震調査研究の成果を中央防災会議が担う災害予防対策，災害応急対策，災害復旧・復興対策に活用して，総合的な防災・減災対策にしなければならない．

2.4 津波予測の課題と現状

2.4.1 東北地方太平洋沖地震による津波の実態

巨大地震が海底で生じると津波が発生する．東日本大震災においても同様であるが，津波発生の領域や発生過程においては，従来にない複雑な実態が報告されている．震源は宮城県沖であり，断層運動は，南北に 500 km，東西に 200 km の範囲で生じていた．ここでは，複数の断層運動が生じており，観測された津波波形を利用した各断層運動の推定[2.9]が行われている．特徴としては，宮城県・福島県沖での海底変化（断層の滑り量）が大きいこと，しかも，日本海溝沿いの値が大きいことがあげられる．また，破壊開始から，各断層の発生時間は時系列的に変化していた．深い海域で大きな海底変化が生じると，それだけ大きな規模の津波が発生することになる．実際，各地で津波が観測されているが，海域で 5 m 程度（宮城県釜石市沖での海底津波計），沿岸で 10 m 以上の規模が記録されている．釜石市沖での海底津波計の記録は興味深く，30 分程度の押し波の成分（2 m 程度）の上に，5 分程度の短い成分（3 m 程度）が重なった波形がみられ，これは，超大滑りが狭い領域で発生した可能性があることを示している．この二つの成分が，三陸沖に伝播する中で，押しのピーク（波の山）を一致（位相）させて，来襲した可能性もある．この超大滑りについては，底角断層で異常な滑りが発生したと考えられるが，さらに，副次的な断層（分岐断層）が高角度で生じた可能性や海溝付近で海底地滑りが生じた可能性も検討されている．今後，地震波，地殻変動などの解析結果，津波の遡上高さ分布などと照合させた巨大津波の発生メカニズムの解明が期待される．

2.4.2 東北地方太平洋沖地震による津波予測について

東北地方太平洋沖地震による津波について，気象庁が津波警報の第一報で発表した情報は，迅速性を優先するという方針に基づき，1分程度の地震動による規模推定の結果（マグニチュード7.9）による予測であり，実際の規模を大きく下回ってしまった．表2.3 に時間の経過とともに修正された津波警報の内容を示す．この継続時間では，震源域の破壊が進行中の段階であったことに加え，地震計の上限を上回った揺れは記録計を振り切ったために，実際の地震の規模推定を過小評価してしまった．

表2.3 地震発生後の津波予報

予報	時刻	内容
地震発生	午後2時46分	巨大地震発表（マグニチュード7.9）
3分後の予報	午後2時49分	→岩手県：3 m →宮城県：6 m →福島県：3 m
28分後の予報	午後3時14分 沖合いGPS波浪計の観測データにより修正	→岩手県：6 m →宮城県：10 m →福島県：6 m
47分後の予報	午後3時31分	→岩手県：10 m →宮城県：10 m →福島県：10 m

このような大規模地震の場合や通常とは異なる地震については，ある程度検討がなされていた．平成21年4月に策定した新総合基本施策では，現行の津波警報は，地震計で得られるデータに基づく推定のため，その精度は必ずしもよいものではないとし，海域で観測された津波データを活用した津波即時予測技術の高度化に関する調査研究の重要性を掲げていた．リアルタイムの津波観測により，直接水面の変化を把握して評価し，津波の規模を推定するものである．東北地方太平洋沖地震発生時には，海域における観測網の整備やこれらを活用した津波即時予測技術の高度化の取り組みは十分ではなかった．今後は，これを教訓として，海域における観測網を着実に整備するとともに，これらのデータを活用した津波即時予測技術の高度化を推進していくことが重要である．現在，防災科学技術研究所により，東日本太平洋沖には，海底ケーブル式

の地震津波観測網が整備されつつある．

2.4.3 津波即時予測技術の開発および調査観測の強化

　我が国は地震多発地域に位置し，かつ四方を海に囲まれるという地理的特徴をもっているため，常に津波の危険性にさらされている．現に，東北地方太平洋沖地震による津波による甚大な被害は，改めて津波の危険性を正しく認識することの重要性を国民に示した．今後も，東海・東南海・南海トラフ巨大地震などをはじめ，超巨大地震が発生した場合には，我が国は広域にわたって大規模な津波に襲われる可能性が高い．これらを踏まえ，平成21年4月に策定した新総合基本施策では，「津波予測技術の高度化」を掲げてきたが，2.3節で述べたようにこれに基づく十分な取り組みがなされていなかった．

　東北地方太平洋沖地震発生時には，GPS波浪計が津波を直接検知し，津波警報の更新に活用されたが，沿岸から約20 kmの距離に設置されていることから津波が沿岸域に到達する少し前に同警報を更新することとなったため，住民に情報が十分に伝達できていなかったことが指摘されている．また，沖合の津波計については，一部の観測網が津波を検知するなどの有効性が示されたが，その活用が十分ではなかったことが問題点としてあげられる．

　現在では，震源域より近傍において津波の直接観測を可能とする海域の観測網の整備が一定の進捗を見せているとともに，GNSS（global navigation satellite system）観測網を用いて地震規模や震源域を即時に推定することが可能となることも見込まれている．これらの観測データを併用することにより，津波即時予測の精度は格段に向上する．このため，基本目標として，海域における津波観測網の整備および調査観測の充実，高精度な津波即時予測技術の開発，津波波源モデルの高精度化などによる津波予測技術の高度化が設定されている．

2.5　低頻度巨大津波災害への対応

2.5.1　津波の長期的評価

　ある地域において大きな被害をもたらすと予想される地震の発生時期が，ある程度推定できれば，それに応じた防災・減災対策が可能になるという観点で地震発生の可能性の長期評価を実施し，一定の成果を上げてきた．しかし，こ

れまでの長期評価では，主として過去の地震発生履歴に基づいた統計的手法によるため，東北地方太平洋沖地震のような発生間隔が長いと考えられている超巨大地震を対象とした評価には，その地震発生履歴データが十分にはないことなどによってから限界があることや，地震の時間的および空間的な連動発生の可能性などの評価を行えるものではないことが，地震評価についての問題点としてあげられる．

長期評価については，将来発生するであろう津波を地域住民や地方公共団体が正しく認識することによって，防災・減災対策や実際に津波が発生した場合の避難行動や安全な土地利用を促す効果がある．そのため，過去の津波発生履歴を把握するための津波堆積物や歴史文献資料などの調査，津波発生の要因になりうる海底活断層の把握，巨大津波発生の要因となる海溝軸沿いの応力やひずみを把握するための地殻変動の観測，浅海域の詳細な地形データの取得，各種観測データを取り入れた波源モデルの構築などによる津波の長期的な予測技術の高度化を図る必要がある．

2.5.2 防災・減災への取り組み

防災・減災対策を進めていくうえで，防災・減災研究と地震・津波の調査研究はどちらも必要不可欠である．すなわち，地震調査研究の成果を防災・減災対策，避難行動などに確実かつ効果的に役立てるためには，工学・社会科学研究と地震調査研究の連携を一層強化していく必要がある．また，地震以外の災害との複合災害もありうることから，他分野の災害に関する研究との連携を図っていくことも重要である．

具体的には，工学・社会科学分野の研究者や理学分野の研究者が一体となって，地震防災・減災のための研究を地域ごとに進められるようなプロジェクト研究が考えられる．その際には，工学・社会科学研究のニーズを踏まえて，理学分野の研究者が研究課題を設定することや，工学・社会科学研究の側が有効活用できるような成果の展開のしかたを工夫していくことが重要である．このため，地震本部は，基本目標として工学・社会科学研究のニーズを踏まえた地震調査研究の推進および成果情報の整理・提供地震被害軽減につなげるために必要となるデータの体系的収集・公開およびこれらを活用した工学・社会科学研究の促進を設定している．基本目標の達成に向けて，工学・社会科学的な研究のニーズの把握，工学・社会科学的な研究に活用可能な各種ハザード情報の

整理，理学・工学・社会科学分野の研究者が一体となった地震・防災に関する課題を解決する研究システムの構築を推進する必要がある．

なお，「全国地震動予測地図」，「震源断層を特定した地震動予測地図」，「長周期地震動予測地図」，「活断層基本図（仮称）」などに加え，工学，社会科学研究のニーズを踏まえ，各成果のもととなった地震動波形データなどの基礎資料および判断根拠などの関連情報を整理し，提供する必要がある．また，地震調査研究の成果の有効な活用事例もあわせてわかりやすい形で提供する必要がある．

2.6 津波まちづくり法と課題

国は東北地方太平洋沖地震による津波による甚大な被害を踏まえ，将来を見据えた津波災害に強い地域づくりを被災地だけでなく，全国で推進する必要があることを示した．中でも，国土交通省においては，2011年7月6日の社会資本整備審議会・交通政策審議会計画部会による緊急提言や政府の東日本大震災からの復興の基本方針などを踏まえ，「なんとしても人命を守る」という考え方により，ハード・ソフト対策を総動員し，多重防護による津波防災地域づくりを推進するための制度を検討し，2.2節で説明した「レベル2」の具体的な実施方法を示した．また，将来起こりうる津波災害の防止・軽減のため，全国で活用可能な一般的な制度を創設する必要があり，「津波まちづくり法」が制定された．

ここでのポイントは，津波による災害の防止などの効果が高く，将来にわたって安心して暮らすことのできる安全な地域の整備などを総合的に推進することであり，将来予測に基づく対策を行うことである．東日本大震災において，人的・建物被害などを軽減し，早い復旧・復興を図るためには，事前の対応や計画を図ることが不可欠であることが教訓として得られた．そこで，将来において津波による災害から国民の生命，身体および財産の保護を図るためには，具体的な計画が必要である．市町村による推進計画の作成，推進計画の区域における所要の措置，津波災害警戒区域における警戒避難体制の整備並びに津波災害特別警戒区域における一定の開発行為および建築物の建築などの制限に関する措置などについて定める必要がある．従来，津波浸水が予測されても開発や建築の「制限」については，検討されてこなかった．そこで，以下のような段

階を経て，各地域で対策をすることが定められた．
①津波浸水想定の設定：都道府県知事は，基本指針に基づき，津波浸水想定（津波により浸水するおそれがある土地の区域および浸水した場合に想定される水深）を設定し，公表する．ここでは，想定津波はレベル2の規模とし，沿岸での防護施設はレベル1とする．
②推進計画の作成：市町村は，基本指針に基づき，かつ，津波浸水想定を踏まえ，津波防災地域づくりを総合的に推進するための計画（推進計画）を作成する．
③津波防護施設の管理など：都道府県知事または市町村長は，盛土構造物，閘門などの津波防護施設の新設，改良その他の管理を行う．
④津波災害警戒区域および津波災害特別警戒区域の指定：都道府県知事は，警戒避難体制をとくに整備すべき土地の区域を，津波災害警戒区域として指定することができる．都道府県知事は，警戒区域のうち，津波災害から住民の生命および身体を保護するために一定の開発行為および建築を制限すべき土地の区域を，津波災害特別警戒区域として指定することができる．

現在，上記の検討段階を踏まえて，各都道府県での津波浸水評価および推進計画の作成が行われている．レベル2の想定結果は多くの場合，従来のものより厳しい内容（波高や津波到達時間）であり，「あきらめ」などの風潮が広がって思考停止する場合があるため，この計画を地域で活用できる内容にするためには，関係機関の連携のもと，地域住民への周知，さらに，津波への意識啓発を継続的に行う必要がある．関係機関においても，何が課題なのか，何をすべきなのかを整理し，多段階に分ける，優先順位をつける，短期と中長期に分けるなどの検討の工夫を行わないと現実的に実施できる計画は生まれない．国民が自分の地域での津波ハザードを知り，多段階で被害を軽減させる仕組みを作成して定着していく必要がある．

参考文献

[2.1] 平川新，今村文彦 編著：東日本大震災を分析する1，明石書店，2013．
[2.2] Suppasri, A., Mas, E., Charvet, I., Gunasekera, R., Imai, K., Fukutani, Y., Abe, Y. and Imamura, F.: Building damage characteristics based on surveyed data and fragility curves of the 2011 Great East Japan tsunami,

Natural Hazards, 66(2), 319-341, doi: 10.1007/s11069-012-0487-8, 2013.
[2.3] 原子力安全のための耐津波工学の体系化に関する調査委員会，報告書，日本地震工学会，p.283, 2015.
[2.4] 河北新報，2011年3月30日，被災車両14万6000台　登録台数の1割占める　宮城県版，http://twilog.org/kahoku_shimpo/date-110330
[2.5] Suppasri, A., Muhari, A., Futami, T., Imamura, F. and Shuto, N.: Loss functions of small marine vessels based on surveyed data and numerical simulation of the 2011 Great East Japan tsunami, Journal of Waterway, Port, Coastal and Ocean Engineering (ASCE) (Published online), 2013.
[2.6] 今津雄吾，野竹宏彰，北後明彦，今村文彦：東日本大震災で発生した津波火災における地形的影響の考察と津波火災危険度評価指標の提案，自然災害科学，Vol.33, No.2, pp.127-144, 2014.
[2.7] みやぎ防災教育基本指針，2009, http://www.pref.miyagi.jp/uploaded/attachment/15509.pdf
[2.8] 地震調査研究推進本部：新たな地震調査研究の推進について―地震に関する観測、測量、調査及び研究の推進についての総合的かつ基本的な施策―, 2012.9.
[2.9] 藤井雄士郎，佐竹健治：2011年3月11日東北地方太平洋沖地震に津波波源モデル，http://iisee.kenken.go.jp/staff/fujii/OffTohokuPacific2011/tsunami_ja.html
[2.10] 杉野英治，呉長江，是永真理子，根本信，岩渕洋子，蛯沢勝三：原子力サイトにおける2011東北地震津波の検証，日本地震工学会論文集，Vol.13, pp. 2_2-2_21, 2013.

第3章

津波に強いまちづくりと課題

3.1 東北地方太平洋沖地震による津波被害の実態と教訓

　平成23年（2011年）東北地方太平洋沖地震およびこの地震にともなって発生した津波により，東北地方太平洋岸を中心として，表3.1に示すような死者・行方不明者18000人を超える人的被害，建築物，交通施設，ライフラインなどの物的被害が発生した．

表3.1　東日本大震災による人的被害［平成23年（2011年）東北地方太平洋沖地震（東日本大震災）について，平成25年11月26日緊急災害対策本部，首相官邸HP］

（2013年11月25日 18:00時点）

都道県	死者	行方不明者	負傷者
青森県	3	1	111
岩手県	4673	1144	213
宮城県	9537	1296	4148
福島県	1606	207	182
茨城県	24	1	712
千葉県	21	2	258
その他都道県	19	0	526
合計	15883	2651	6150
（参考）阪神淡路大震災	6434	3	43792

＊宮城県沖地震（2011.4.7），福島県浜通り地震（2011.4.11），福島県中通り地震（2011.4.12），千葉県北東部地震（2011.5.2），福島県沖地震（2011.7.25，7.31，8.12，8.19，10.10），茨城県北部地震（2011.9.10，11.20，2012.2.19），茨城県沖地震（2012.3.1）による被害を含む．

3.1.1 津波被害の実態

ここでは，国土交通省都市局が行った被災現況調査結果[3.1]から，津波による被害の状況を説明する．

(1) 浸水区域および浸水深

津波による浸水区域面積を表 3.2 に示す．青森県，岩手県，宮城県，福島県，茨城県，千葉県内の 6 県 62 市町村で，市街地を主体とする都市計画法に基づく用途地域では，その約 13％にあたる 118 km^2，用途地域外ではその約 4％にあたる 410 km^2，合計 528 km^2 の浸水が確認された．

100 m メッシュ単位での浸水深の把握結果では，表 3.3 に示すように，浸水面積の区域の 50％以上が浸水深 2 m 以上となっていた．

表 3.2 浸水区域面積

	面積 A [km^2]	浸水区域面積 B [km^2]	B/A
行政区域	12378	528	4.3
用途地域内	933	118	12.6
用途地域外	11445	410	3.6

表 3.3 浸水区域全体における浸水深ごとの面積割合

浸水深 [m]	0.5 以下	0.5〜1.0	1.0〜2.0	2.0〜4.0	4.0〜8.0	8.0〜
面積割合 [％]	21	11	17	23	20	9

(2) 建物被災

津波により被災した建物棟数は約 25 万棟，うち全壊は約 14 万棟に及んだ．構造別および用途別の割合を図 3.1 に示す．構造別では木造が 70％，用途別では住居系が 74％と，それぞれ大部分を占めている．

浸水深と建物被災状況を図 3.2 に示す．全般的な傾向では，浸水深 2 m 前後で被災状況に大きな差があり，浸水深 2 m 以下の場合，建物の全壊割合は大幅に低下する傾向がみられる．しかし，浸水深 1.5 〜 2 m でも全壊が 30％弱に達しており，決して低い割合ではない．

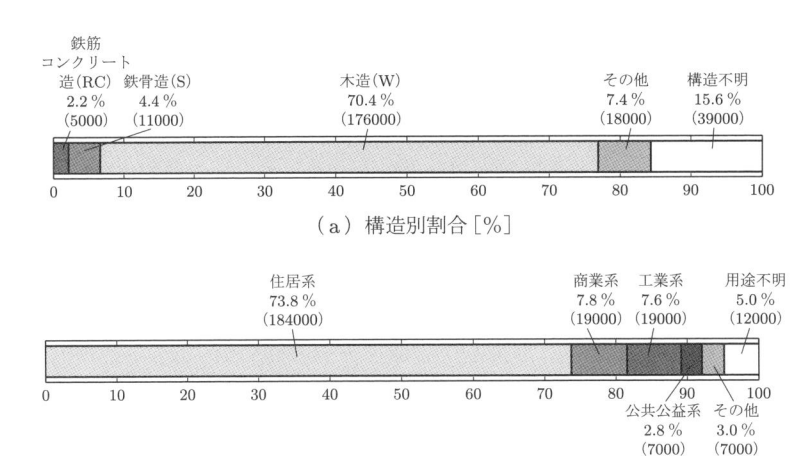

3.1 東北地方太平洋沖地震による津波被害の実態と教訓　27

（a）構造別割合 [%]

鉄筋コンクリート造(RC) 2.2%（5000）
鉄骨造(S) 4.4%（11000）
木造(W) 70.4%（176000）
その他 7.4%（18000）
構造不明 15.6%（39000）

（b）用途別割合 [%]

住居系 73.8%（184000）
商業系 7.8%（19000）
工業系 7.6%（19000）
用途不明 5.0%（12000）
公共公益系 2.8%（7000）
その他 3.0%（7000）

図 3.1　被災建物の構造別および用途別割合

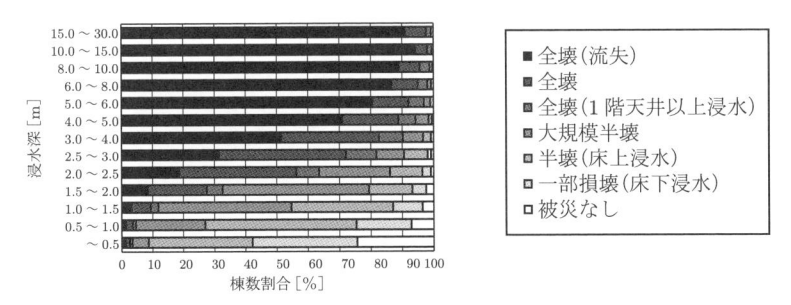

（a）建物全体

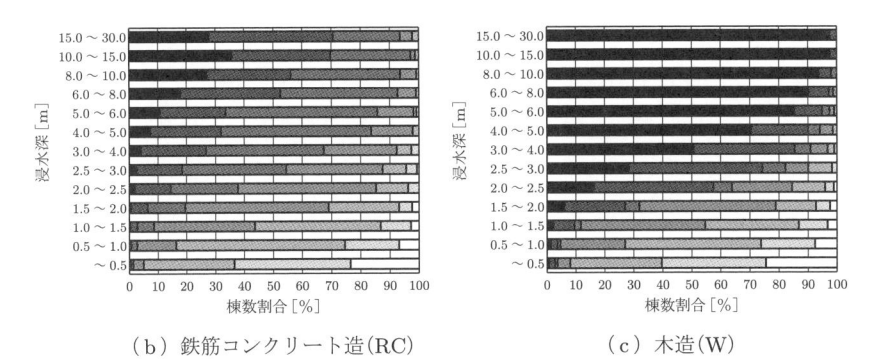

凡例：
- 全壊（流失）
- 全壊
- 全壊（1階天井以上浸水）
- 大規模半壊
- 半壊（床上浸水）
- 一部損壊（床下浸水）
- 被災なし

（b）鉄筋コンクリート造（RC）

（c）木造（W）

図 3.2　建物全体ならびに RC 造・木造別の建物被災割合図

3.1.2 津波からの避難実態

被災地の住民や事業所などを対象としたヒアリング調査結果[3.2]の概要は，次のとおりである（サンプル数は，個人：10603人，事業所：985事業所）．なお，以下において，リアス部とは宮城県石巻市以北，平野部とは宮城県石巻市以南の地域を指している．

① 発災直後，揺れが収まってからとった行動（複数回答）：「外に出て様子をみた」（40％）が最も多く，次に「テレビやラジオで地震情報を知ろうとした」（28％），「家族などの安否を確かめる電話・メール」（24％），「家族や近所の人に声をかけたり相談したりした」（23％）となっている．また，避難行動については，「避難のための準備をした」（14％），「何もせず，すぐ避難した」（21％）となっている．

② 津波が来ると思ったか：津波が「必ず来ると思った」人は33％，一方，「来ないだろうと思った」人は23％，「ほとんど考えなかった」人が27％である．リアス部のほうが，「必ず来ると思った」人の割合が45％と高く，平野部の2倍近くとなっている．

③ 大津波警報：「聞いた」人は51％，「聞かなかった」人は40％である．リアス部のほうが大津波警報を「聞いた」人の割合が57％と高い．

④ 避難移動：津波（最大波）到達前の行動分布状況では，地震発生直後より「避難の用意・避難行動」が多くみられる．一方で，「家族・親戚・知人の探索や被害状況確認」の行動も多い（地震発生直後〜14:50で行動全体の約37％，30分経過後の15:15〜15:20においても行動全体の約10％を占める）．

津波到達前に避難を開始した人のうち，全体の50％が15:00までに，全体の80％が15:20までに避難を開始している．また，一度で避難できたのは76％，二度以上の避難行動をとったのが24％である．

津波到達前に避難を開始した人のうち，車で避難した人は55％，徒歩で避難した人は43％である．平野部に比べてリアス部では，徒歩で避難した割合が高い．避難距離については，徒歩の場合は0.25 km以下が全体の約50％，0.625 km以下で80％以上を占め，車の場合は1.50 km以下が全体の約50％，3.50 km以下で80％以上を占める．平均避難速度は，徒歩では2.24 km/h，車では9.42 km/hであり，平均避難所要時間は，徒歩では11.3分，車では15.9分（リアス部では12.1分，平野部では18.5分）であった．

⑤ 避難場所：津波到達前に避難した人の避難場所は，「津波の危険がない屋外

の高台」(24%)，「学校」(21%)，「その他の指定された避難場所」(18%)などとなっている．平野部で最も高い割合を占めたのは「学校」(29%)で，リアス部で最も高い割合を占めたのは「津波の危険がない屋外の高台」(31%)であった．

⑥避難路：避難時の移動の際，道路の状況で困ったことがあったと答えた人は26%であり，問題点（複数回答）として，「渋滞して車が動けない状況だった」(44%)，「信号が点灯していなかった」(29%)，「倒壊物、がれき等により通行しづらかった」(18%)，「人や車が混在し危険な状態だった」(12.1%)などがあげられた．

3.1.3 教 訓

東日本大震災は，地震の規模，津波高・津波波力，広域にわたる浸水・地盤沈下，人的・物的被害の甚大さなど，従来想定されていた災害のレベルを大きく上回るものであった．このため，中央防災会議に「東北地方太平洋沖地震を教訓とした地震・津波対策に関する専門調査会」が設置され，地震・津波対策の検討が進められた．2011年9月にとりまとめられた専門調査会報告では，今後の地震・津波対策の方向性が広範な分野にわたって述べられているが，ここでは，とくに都市計画に関連が深い事項を取り上げ，その要点を紹介する．

①今後の想定津波の考え方
- 今後，地震・津波の想定を行うにあたっては，あらゆる可能性を考慮した最大クラスの巨大な地震・津波を検討していくべきである．
- 防災対策において，想定地震・津波に基づいて必要となる施設整備が現実的に困難となることが見込まれる場合であっても，ためらうことなく想定地震・津波を設定する必要がある．

②津波被害を軽減するための対策の基本的考え方
- 最大クラスの津波に対しては，被害の最小化を主眼とする「減災」の考え方に基づき，海岸保全施設等のハード対策と，津波ハザードマップ整備などの避難を中心とするソフト対策を組み合わせて実施する．
- 津波からの避難は，強い揺れや長い揺れを感じた場合，迷うことなく自ら高い場所に避難することが基本である．
- 津波到達時間が短い地域では，おおむね5分程度で避難できるようなまちづくりを目指すべきである．

③地震・津波に強いまちづくり，防災意識の向上
- 多重防護と施設整備
- 行政関連施設，福祉施設などは，浸水リスクが少ない場所に建設
- 地域防災計画と都市計画の有機的な連携
- ハザードマップの充実
- 徒歩避難原則の徹底などと避難意識の啓発
- 防災教育の実施と地域防災力の向上

3.2 東日本大震災復興まちづくりの現状と課題

3.2.1 復興の制度的枠組み

　発災から3箇月後の平成23年6月24日に東日本大震災復興基本法が公布・施行され，本法に基づく「東日本大震災からの復興の基本方針」が同年7月29日に策定された．基本方針では，復興期間は10年とし，復興需要が高まる当初の5年間を「集中復興期間」と位置づけるとともに，集中復興期間の復旧・復興対策規模として少なくとも19兆円程度，10年間の復旧・復興対策については少なくとも23兆円程度を見込んだ．この基本方針に基づき，復興財源確保法，復興特別区域法，復興庁設置法などが制定され，財源措置，復興特別区域制度の創設，政府の復興推進組織の設立が行われた．なお，事業規模については，2013年1月に5年間19兆円から25兆円に見直しが行われた．
　市街地の復興の際に活用される面的整備事業では，いわゆる高台移転の際に活用が想定される，危険な地域から安全な地域への集団的移転を支援する防災集団移転促進事業と，土地の交換分合などにより宅地と公共施設の一体的整備を行う土地区画整理事業の活用が想定されており，いずれについても平成23年度第3次補正予算において支援内容の大幅な拡充が図られた．
　防災集団移転整備事業で実施される移転先の団地造成は，土地収用法の対象とはならない．被災地の速やかな復興には，拠点となる市街地を早期に形成することも求められることから，土地収用制度を活用することのできる面的整備事業の検討もあわせて行われた．結果として，平成23年12月に成立した津波防災地域づくりに関する法律において，新たに都市計画法に基づく都市施設として「一団地の津波防災拠点市街地形成施設」が追加されるとともに，第3

次補正予算において，予算制度としての津波復興拠点整備事業も創設された．
(1) 復興特別区域制度
　復興特別区域法（全体枠組みは図 3.3）により，地方公共団体が作成する復興特別区域に係る計画に基づき，規制・手続きの特例，税・財政・金融上の特

復興特別区域としての計画作成ができる地方公共団体の区域	＝	東日本大震災により一定の被害が生じた区域である財特法の特定被災区域など（222 市町村の区域）

復興特別区域基本方針（閣議決定）	（主な内容） ・復興特別区域における復興の円滑かつ迅速な推進の意義に関する事項 ・復興特別区域における復興の円滑かつ迅速な推進のために政府が着実に実施すべき地方公共団体に対する支援その他の施策に関する基本的な方針 ・復興推進計画の認定に関する基本的な事項 ・復興特別区域における特別措置　など

⇩　　　　⇩　　　　⇩　　　　⇩

国と地方の協議会
・地域からの新たな特例の提案などについて協議
・県ごとに設置（地域別などの分科会設置も可能）
・現地で開催
・復興庁が被災地の立場に立って運営

特例の追加・充実

復興推進計画の作成
県，市町村が単独または共同して作成
民間事業者などの提案が可能

個別の規制，手続きの特例や税制上の特例などを受けるための計画

⇩

内閣総理大臣の認定

⇩

・住宅，産業，まちづくり，医療・福祉などの各分野にわたる規制，手続きの特例
・雇用の創出などを強力に支援する税制上の特例措置
・利子補給

復興整備計画の作成
市町村が単独または県と共同して作成

土地利用の再編に係る特例，許可・手続きの特例などを受けるための計画

⇩

・必要に応じ，公聴会，公告，縦覧
・復興整備協議会で協議・同意

⇩

計画の公表

⇩

土地利用再編のための特例
・事業に必要な許可の特例
・手続きのワンストップ処理
・新しいタイプの事業制度の活用

復興交付金事業計画の作成
市町村が単独または県と共同して作成

交付金事業（著しい被害を受けた地域の復興のための事業）に関する計画

⇩

内閣総理大臣に提出

⇩

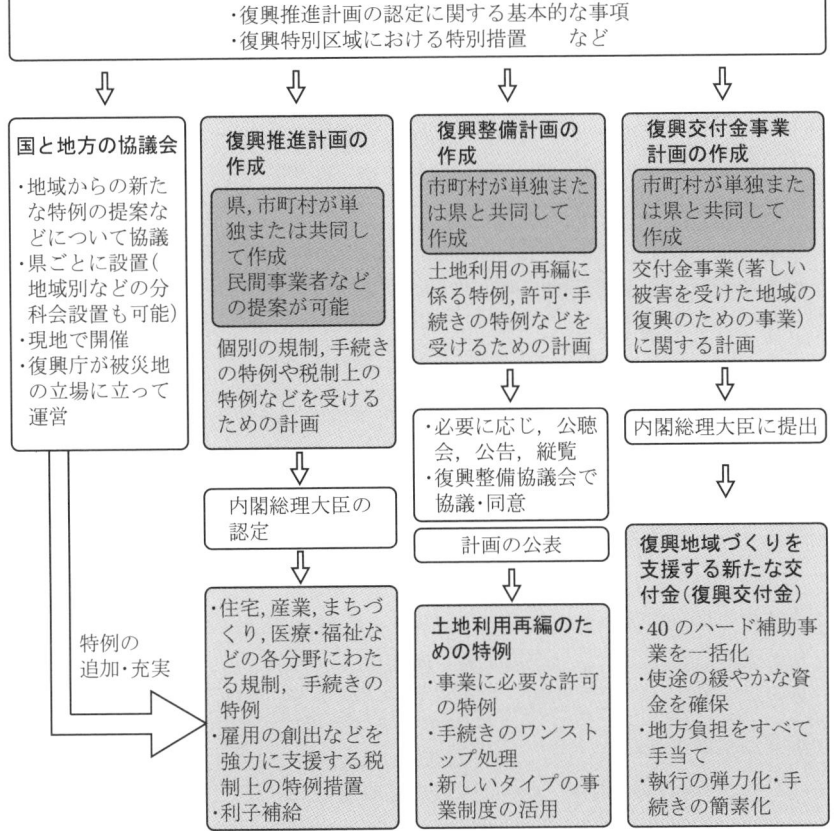

復興地域づくりを支援する新たな交付金（復興交付金）
・40 のハード補助事業を一括化
・使途の緩やかな資金を確保
・地方負担をすべて手当
・執行の弾力化・手続きの簡素化

図 3.3　復興特別区域法の枠組み

例，既存の土地利用規制（都市，農地，森林など）の枠組みを超えた迅速な土地利用再編を行う特別措置，復興交付金の活用などに関する枠組みが整備された．復興整備計画は，2013年11月現在，岩手県の10市町村，宮城県の13市町，福島県の5市町で作成・公表されている．

(2) 復興交付金制度

復興交付金制度は，東日本大震災によって著しい被害を受けた地域において，災害復旧だけでは対応が困難な市街地の再生などの復興地域づくりを，一つの事業計画の提出により一括で支援する制度として創設された．

基幹事業として，災害公営住宅整備事業や防災集団移転促進事業など，5省庁40事業に及ぶハード事業を対象にするとともに，基幹事業に関連して自主的かつ主体的に自治体が実施するハード・ソフト事業を，使途の自由度の高い資金（補助率80％，基幹事業費の35％を上限）により支援する効果促進事業などを設けた．復興交付金に係る地方負担については，追加的な国庫補助と地方交付税の加算により，すべて国が手当てする制度とした．また，執行の弾力化・手続きの簡素化があわせて講じられた．

(3) 市街地整備事業の制度拡充

平成23年度第3次補正予算において，被災市街地の面的復興事業の中核的な事業制度となる土地区画整理事業，防災集団移転促進事業について必要な制度改正が行われるとともに，新たに津波復興拠点整備事業が創設された（図3.4）．

①都市再生区画整理事業（被災市街地復興土地区画整理事業）：東北地方太平洋沖地震による津波および液状化による甚大な被害に対応するため，施行地区要件の拡充がなされたことに加え，津波による被災が甚大な地域において，想定される既往最大津波に対して，防災上必要となる市街地のかさ上げ費用（津波防災整地費）が国費算定対象経費（限度額）に追加された．

②津波復興拠点整備事業：東日本大震災からの復興の拠点となる市街地（一団地の津波防災拠点市街地形成施設：医療施設，官公庁施設，業務施設など）を用地買収方式で緊急に整備する事業に対して支援を行う津波復興拠点整備事業が創設された．

③防災集団移転促進事業：災害が発生した地域などにおいて，住民の居住に適当でないと認められる区域内の住居の集団的移転を支援する事業であり，東北地方太平洋沖地震による津波によって被災地域が広域に及び，都市によっ

防災集団移転促進事業	被災市街地復興土地区画整理事業	津波復興拠点整備事業
(事業目的) 災害が発生した地域または災害危険区域のうち，住民の居住に適当でないと認められる区域内にある住居の集団移転を促進	(事業目的) 被災した市街地の復興を図るため，計画的に宅地と公共施設を一体的に整備	(事業目的) 被災した地域の復興の拠点として，住宅，業務施設，学校，医療施設，官公庁施設などの機能を一体的に有する市街地(都市施設)を用地買収方式で緊急に整備
⇩	⇩	⇩
(主な適用イメージ) 比較的小規模で移転への全員合意が得られやすい地区 **漁村集落や農村集落など**	(主な適用イメージ) 現位置での復興を基本とする地区 **被災した市街地の再整備など** ＊必要に応じて背後の丘陵地と一体的に実施	(主な適用イメージ) 被災地の復興を先導する地区 ＊高台への行政機能，医療・福祉施設などの集約立地，造成した市街地への水産加工施設や工場の集約立地
(活用上の留意点) ・移転も住宅団地の買収整備も合意が前提の任意事業 ・住宅団地の整備には別途開発許可などの手続きが必要な場合もある ・災害公営住宅の整備などとの連携も可能	(活用上の留意点) ・防災上の理由から高台へ換地を行う場合には，高台の買収(公共)が必要 ・防災上必要な市街地のかさ上げ(盛土)を行う場合も可能	(活用上の留意点) ・一団地の津波防災拠点市街地形成施設(都市施設)としての都市計画決定には，津波が発生した場合でも都市機能を維持するための拠点として，一体的に整備される自然的・経済的・社会的条件を備えていることが必要

図 3.4 市街地整備事業制度の比較

ては都市機能が喪失するような甚大な被害が生じていることから，次のような拡充が行われた．
- 補助限度額の引き上げ，戸当たり限度額の不適用
- 住宅団地の用地取得・造成費について，移転者などに分譲する場合も分譲価格（市場価格）を超える部分を補助対象化
- 住宅団地に関連する公益的施設（診療所など）の用地取得・造成費の補助対象化

(4) 市町村の復興計画策定への支援

国土交通省都市局では，「津波被災市街地復興手法検討調査」として平成23年度第1次補正予算において約71億円の直轄調査費を措置し，被災状況などの調査・分析，市街地の復興パターンの分析などを行った．被災状況調査は津

波被災62市町村において，復興パターンの検討は市町村の要望に応じて43市町村において実施した．この直轄調査は復興計画そのものを策定するものではないが，自治体が定める市街地の復興方針や復興計画の策定に際し，必要となる住民意向把握，現地の状況に即した市街地復興構想案（多様なパターン）の検討とメリット・デメリットの整理などの検討を行うことで，復興計画の早期策定や復興計画に基づく復興事業の早期実現を支援したものである．

　国土交通省都市局では，被災市町村ごとに本省職員からなる地区担当チームを編成し，できるかぎり現地に出向き，自治体職員や関係機関と共同で直轄調査を実施するなどにより，自治体の復興計画の策定を支援した．また，この枠組みを活用し，関係10府省からなる連絡会議による省庁連携のもと，地元自治体からの問合せや調整にワンストップで対応を行った．

(5) 被災市町村への人材派遣など

　被災自治体では，復興まちづくりに従事する専門的職員をはじめとして，人手不足が深刻であった．このため，全国の都道府県・市町村から2056人（2013年5月時点）の職員が派遣された．さらに，公務員OB，民間実務経験者，青年海外協力隊帰国隊員などの活用，都市再生機構（UR）の現地の人員体制の強化（325人，2013年12月時点）に取り組んでいる．

　また，被災自治体の事務負担軽減のため，CM（コンストラクションマネージメント）を活用した設計・施工一括発注方式の活用や，土地買収関連業務の補償コンサルタントへの委託による事務のアウトソーシングなど，事業実施に必要な職員や労力を軽減する取り組みを推進している．

3.2.2　復興計画の基本的考え方

　東北地方太平洋沖地震では，従来の想定を大幅に超える巨大な地震・津波が発生した．このため，政府の中央防災会議において，「東北地方太平洋沖地震を教訓とした地震・津波対策に関する専門調査会」を設置して検討を重ね，2011年9月28日に報告がとりまとめられた．

　その中で，今後の津波対策に際しては，「発生頻度はきわめて低いものの，甚大な被害をもたらす最大クラスの津波」と「発生頻度は高く，津波高は低いものの大きな被害をもたらす津波」の二つのレベルの津波を想定する必要があるとされた．前者は住民避難を柱とした総合的防災対策を構築するうえで想定する津波であり，後者は防波堤などの構造物によって津波の内陸への浸入を防

ぐ海岸保全施設などの建設を行ううえで想定する津波である．前者の最大クラスの津波に対しては，被害の最小化を主眼とする「減災」の考え方に基づいて対策を講じることとし，海岸保全施設などのハード対策に加え，それを超える津波に対しては避難を中心としたソフト対策を重視すべきとされた．

また，津波被害を軽減するための対策として，円滑な避難行動のための体制整備（情報伝達体制の充実・強化や津波避難所の指定など），地震・津波に強いまちづくり（多重防護の施設整備や地域防災計画と都市計画の連携など），津波に対する防災意識の向上（津波ハザードマップや防災教育の充実など）などの基本的考え方が示された（詳細は図3.5参照）．

この考え方を踏まえ，津波被災自治体の復興計画の策定に際しては，津波シミュレーションを実施し，再度津波による浸水を想定することで，地盤かさ上げや高台移転などによるハード対策と避難などのソフト対策による総合的な津波対策を盛り込んでいけるように検討が進められた．

3.2.3　復興計画の全体像と課題
(1) 市街地などの復興パターン

各自治体が策定した市街地・集落の復興構想について，復興計画などで示された市街地などの復興パターンを，主に居住地に着目して分類すると，表3.4のようにA：移転，B：現地集約，C：かさ上げ，D：移転＋かさ上げ，E：施設などの整備による現地復興に大別される．それぞれの復興パターンの詳細を表3.5に示す．分析対象としたのは，青森県，岩手県，宮城県，福島県，茨城県，千葉県の6県中の32市町村における，高台への移転や宅地のかさ上げなど，市街地の再整備を行う地区別の復興構想案208事例（2012年4月時点）である．なお，被災前に沿岸部にあった産業地については，ほぼ同位置での復興を目指すこととされているため，この分類には含まれない．

「A：移転」が約6割，「E：現地復興」が約2割採用されており，この二つで8割を占めている．

①想定津波最大浸水深との関係：浸水深がおおむね2m未満の場合には「E：現地復興」が採用される場合が多く，2mを超える「A：移転」，「CまたはD：かさ上げなど」の採用が増える傾向がみてとれた．

②地形特性との関係：各地区の地形特性を，「平野部（宮城県牡鹿半島以南のみ）（33地区）」，「平野部ではないが，背後地に造成可能な土地がある程度存在（94

(1) 基本的考え方
- 最大クラスの津波に対しては，被害の最小化を主眼とする「減災」の考え方に基づき，海岸保全施設などのハード対策と，津波ハザードマップ整備などの避難を中心とするソフト対策を組み合わせて実施
- 津波からの避難は，強い揺れや長い揺れを感じた場合，迷うことなく自ら高い場所に避難することが基本
- 津波到達時間が短い地域では，おおむね5分程度で避難できるようなまちづくりを目指すべき．ただし，地形的条件などの状況により，このような対応が困難な地域では，津波到達時間などを考慮して避難方策を検討

(2) 円滑な避難行動のための体制整備とルールづくり
- 津波警報と防災対応
  津波警報は，その伝達すべき内容について，受け手の立場に立って検討する．津波警報や予想される津波高に応じた防災活動・避難行動について，より具体的な検討を行う
- 情報伝達体制の充実・強化
  津波襲来時の情報伝達は，防災行政無線，J-ALERT，テレビ，ラジオ，携帯電話，ワンセグなどのあらゆる手段を活用するとともに，広域停電や庁舎被災などを想定した対応を検討する
- 地震・津波観測体制の充実強化
  津波予測の高精度化のため，海域部の海底地震計，沖合水圧計，GPS波浪計などの観測体制を充実する
- 津波避難所などの指定，津波避難所や避難路の整備
  まちづくりと一体となって津波避難所や避難路・避難階段を整備する．津波避難所などについては，指定要件や構造・立地基準の見直しを行う
- 避難誘導・防災対応に係る行動のルール化
  避難行動や避難状況などについて網羅的に調査分析を行う
  津波到達時間内での防災対応や避難誘導に係る行動ルールを定める

(3) 地震・津波に強いまちづくり
- 多重防護と施設整備
  津波による浸水被害を軽減し，避難のためのリードタイムを長くするため，粘り強い海岸保全施設などや多重防護としての道路盛土などの交通インフラの活用などによる二線堤を整備する
- 行政関連施設，福祉施設などは，浸水リスクが少ない場所に建設
  最大クラスの津波が発生した場合においても，行政・社会機能を維持するために，行政関連施設，避難所，福祉施設，病院などは浸水リスクが少ない場所に建設する
- 地域防災計画と都市計画の有機的な連携
  地域防災計画と都市計画を有機的に連携させ，長期的な視点で安全なまちづくりを進める．その際，防災に関する専門家の参画を必要に応じて求める

(4) 津波に対する防災意識の向上
- 津波ハザードマップの充実
  配布することだけで認知度を高めることには限界があり，津波ハザードマップの内容について，しっかりと伝える制度・仕組みを構築する
- 徒歩避難原則の徹底などと避難意識の啓発
  徒歩による避難を原則とする．今回自動車で避難し生存した者も多く存在することを踏まえ，避難者が自動車で安全かつ確実に避難できる方策について，今後検討する
- 防災教育の実施と地域防災力の向上
  住んでいる地域の特徴や地震・津波に対する危険性，過去の被害状況，得られた教訓について，継続的かつ充実した防災教育を全国的に実施し，住民においても共有していく取り組みを強化する

図 3.5　津波被害を軽減するための対策

表 3.4 復興パターンの分類別の市町村数および地区数

	全体数	復興パターン				
		A	B	C	D	E
市町村数	32	25	3	7	12	16
地区数	208	127	6	19	18	38
市街地など	83	30	5	8	14	26
集落	125	97	1	11	4	12

地区)」,「背後地が急峻な山地であり,造成が困難 (81 地区)」の 3 区分とし,復興パターンとの関連をみてみる.いずれのケースも「A:移転」が多くおよそ 6〜7 割を占めた.背後地が急峻な山地の地区では,「C または D:かさ上げなど」の採用が 1/4 ほどみられるが,平野部ではかさ上げの採用は 1 割程度と少なかった.

③土地利用特性との関係:市街地などについてみると,「A:移転」を採用したのは約 1/3 と比較的少なく,現地での再建が約半分を占めた.一方,集落についてみると,「A:移転」の採用が 3/4 を占めた.

(2) 復興パターンの決定要因

復興パターンの採用にあたり,208 地区中 88 地区ではほかの復興パターンとの比較検討を行っており,残り 120 地区では当該案を基本として復興パターンの検討が行われていた.

復興パターン採用の決定要因を表 3.6 に示す.復興パターンの選択は,住民の意向を踏まえつつ,津波シミュレーションにより安全性の確認を行ったうえで行ったところが多かった.次に,事業の費用・期間などの妥当性が重視されていた.

(3) 復興まちづくりの進捗状況

震災から 2 年半が経過した 2013 年 9 月末時点における復興まちづくり事業の進捗状況は表 3.7 のとおりであり,想定している事業地区のほとんどにおいて事業着手に必要な法定手続きなどを終えているものの,工事着手に至っているのは面的整備事業でおよそ半分程度に留まっている.政府においても,住宅再建や復興まちづくりに際して,スピードアップを図るために市町村における地域住民との調整や事業実施を円滑に進めることが最大の課題との認識のもと,支援策の充実に努めている.

表 3.5 復興計画にみられる復興パターン分類［津波被災市街地復興手法検討調査（とりまとめ），H24.4 国土交通省都市局］

分 類	イメージ
A：移転 　今次津波による浸水区域の中で，居住を認めない区域を設定し，浸水区域外へ住宅を移転． ・移転跡地などの沿岸部で，産業系用途のための整備（かさ上げがある場合を含む）が行われる場合であっても，住宅が集団で移転する場合は A とする． ・海岸堤防などの整備にともなって移転が生じた場合は，集団的な移転のための移転先が計画的に確保される場合は A とする．	移転先→移転しない区域（個別再建・かさ上げしない面整備など）／居住に適さない区域／海岸堤防など／今次津波による浸水区域
B：現地集約 　今次津波による浸水区域の中で，海岸堤防や二線堤などの整備により津波に対する安全性が高められた区域に居住地を集約． ・住宅の移転・集約先が今回の浸水区域内であっても，農地などが間にあるなど被災区域から離れている場合は，A とする．	二線堤など／海岸堤防など／安全性が高まった区域（集約）←居住に適さない区域／今次津波による浸水区域
C：かさ上げ 　今次津波による浸水区域の中の一部の区域をかさ上げし，そこに居住地を集約． ・今次分類では，住宅用地について行われる宅地のかさ上げを「かさ上げ」として分類． ・地盤沈下への対応や内水排除を目的とするもの，あるいは個別の敷地単位で行われるものは，今回分類での「かさ上げ」には含めない．	海岸堤防など／宅地を盛土でかさ上げした区域（集約）／居住に適さない区域／今次津波による浸水区域
D：移転＋かさ上げ 　移転とかさ上げの組合せ．住宅の区域外への移転と，区域内でのかさ上げ区域への集約を同時に実施． ・移転とかさ上げが同時に計画されている場合で，いずれか一方の住宅地の規模が明らかに大きい場合は，大きいほうを主として A または C に分類する．	移転先→宅地を盛土でかさ上げした区域（集約）／居住に適さない区域／海岸堤防など／今次津波による浸水区域
E：施設などの整備による現地復興 　海岸堤防などの整備により津波に対する安全性を確保したうえで，基本的に被災前と同じ位置に住宅を再建． ・市街地の面的な整備が行われる場合で，その目的が海岸堤防など施設の整備や道路などの基盤整備であり，津波対策としての土地利用の再編や宅地のかさ上げが行われない場合は，E とする．	海岸堤防など／基本的に被災前と同じ位置に住宅を再建／今次津波による浸水区域

＊分析対象は，青森県から千葉県までの 6 県，32 市町村の 208 地区（2012 年 4 月現在）．主に居住地に着目して分類整理

表 3.6　復興パターン採用の決定要因

決定要因	採用された復興パターン（地区数）				合計
	A 移転	B, C 現地集約, かさ上げ	D 移転＋かさ上げ	E 現地復興	
住民意向	26(40%)	7(44%)	10(53%)	10(42%)	53(43%)
津波シミュレーションの結果に基づいて判断	28(48%)	3(19%)	4(21%)	5(21%)	40(32%)
事業の費用・期間などの妥当性を考慮	8(12%)	4(25%)	1(5%)	6(25%)	19(15%)
都市全体の土地利用のあり方を勘案		2(12%)	3(16%)	1(4%)	6(5%)
すでに現地での再建者が存在	3(5%)		1(5%)	2(8%)	6(5%)

表 3.7　事業ごとの進捗状況（2013 年 9 月現在）

	防災集団移転促進事業[*1][地区]	土地区画整理事業[地区]	災害公営住宅整備事業[戸]
想　定	332	51	(2 万以上)[*2]
法廷手続き済など	332（大臣同意）	46[*3]	
工事着手	170	20	4773（15633[*4]）

*1　移転先の住宅団地の地区数
*2　主な内訳は，岩手県約 6 千戸，宮城県約 1 万 5 千戸，（福島県は未定）
*3　事業認可済，事業認可手続き中，緊急防災空地整備事業着手済み地区数
*4　用地確保した戸数

(4) 復興まちづくりに向けた課題

復興まちづくりを早期に進めることが最重要であるが，加えて，次のような視点に留意して進めることが重要である．
①サスティナブルな「まち」の実現
②総合的な復興まちづくりの推進
③住民意向への柔軟な対応
④広域的観点からの復興計画の調整
⑤今後の防災計画への活用

3.3 津波を意識した防災都市計画のあり方

3.3.1 津波を意識した都市計画の必要性

　我が国の防災都市計画は，「火災」を主たる対象として発展してきた．木造家屋は火災に弱く，都市はたびたび大きな火災に襲われた．明治になってレンガ造りの建物も現れるようになったが，1923年に起こった関東大震災はレンガ造りの建物を倒し，近代化を進めていた東京を焼きつくしてしまった．

　1923年9月1日午前11時58分に発生した地震によって各所で出火，当日は非常に強い風が吹いており，約3日間に及ぶ火事で東京は焼きつくされた．結果として，10万人を超える死者の大半は焼死であった．この経験によって，その後，「地震のあとの大火災」を意識した近代防災都市計画が形づくられるようになった．具体的には，不燃化集合住宅を建設する主体として同潤会が組織され，各地にコンクリートの集合住宅を建築した．この流れは，住宅営団，そして戦後の日本住宅公団へとつながり，今日のマンションの原型が生まれた．また，避難と延焼防止のために広幅員の道路が生みだされ，避難所となる学校に隣接して大きな公園が意図的に用意された．このような都市不燃化，避難路・避難地の体系的整備は，その後の都市防災計画の中心軸となった．

　また，1995年には兵庫県神戸市を中心として，直下型の大地震による阪神淡路大震災が発生した．戦争のときに焼失しなかったために戦災復興土地区画整理事業区域に組み入れられなかった地域（JR新長田駅周辺や六甲道駅周辺）を中心に多くの建物が崩壊し，死者は約6500人に及んだ．このような建物の下敷きによる死者が多かったのが，阪神淡路大震災の特徴であった．阪神高速道路が横倒しになるなど，構造物そのものの耐震性について大きな問題が提起されたため，震災後にこのような構造物の耐震基準の見直しが行われた．また，阪神淡路大震災の教訓を踏まえて，1997年10月には建設省（当時）から「都市防災構造化対策の推進について」という都市局長通達が出され，「防災都市づくり計画」の立案が推奨された．この計画でも地震による建物倒壊や火災延焼被害を強く意識しており，結果的に老朽木造密集市街地（いわゆる木密地域）に対する対策が中心となっていた．

　しかし，今回の東日本大震災では，地震の特性・耐震基準改正後の補強などもあって，建物が倒壊した例は比較的少なく，その後も火災で焼きつくされたというより，基本的に「津波」による被害であった．死者数に比べて負傷者数

がきわめて少ないことが，その特徴を物語っている．津波によってリアス式海岸に張り付いていた漁村集落だけでなく，宮城県石巻市のような人口16万人に及ぶ都市の中心市街地，あるいは宮城仙南平野の奥深くにまで影響が及び，2万人近い死者・行方不明者を出した．従来の都市防災は，必ずしもこのような「水」による被災を十分に想定し，対処していたとはいえない．もちろん，近年，都市型集中豪雨が多発しており，内水を中心として都市の水災害が議論されてはいたが，ここまで大きな津波を想定して都市防災に取り組んでいた都市は多くない．今後は，津波も含めて，多様な外力を想定した都市防災の取り組みが求められるようになっている．

　実際，南海トラフ巨大地震をはじめとする海溝型地震が近い将来高い確率で発生する可能性がある状況を踏まえて，2011年12月，最大クラスの津波が発生した場合でも，「なんとしても人命を守る」という考え方のもと，ハード・ソフト対策を総合的に推進するための「津波防災地域づくりに関する法律」が制定された．現在，大規模な津波による浸水被害が生じるおそれがある地域を中心に，従来の防災計画を見直す動きが出てきている．

　また，2013年5月，国土交通省は新たな防災まちづくりの指針「防災都市づくり計画策定指針」を提示した．そこでは，従来の地震や火災だけでなく水災害も含めた多様なリスクを考えるという姿勢で取り組むこと，都市計画の目的として防災を明確に位置づけること，しっかりとしたリスク評価に基づいて都市づくりを行うこと，このようなリスクを開示して自助・共助の力を地域に根付かせること，リスクを事前に回避するように先手を打った取り組みを関係部局との連携のもとに進めることが提案された．

　今後，とくに海岸部に位置する都市においては，地震・火災とともに，津波を意識した防災計画の立案が強く求められるようになったといえるであろう．

3.3.2　今後の防災都市計画

　戦後，我が国で展開されてきた都市計画は，まず，戦災からの復興であり，次に経済の高度成長，都市人口の急増を受け止めるための「土地利用規制」と「先行的基盤整備」であった．1968年の都市計画法に位置づけられた土地利用規制は，いわゆる「線引き」とよばれる市街化区域と市街化調整区域の区域区分や地域地区とよばれる用途地域制度などがその中心である．一方，先行的基盤整備は，都市の骨格を形成する道路などの基盤施設の位置と規模を明示する

「都市施設の都市計画決定」と，郊外部における土地区画整理事業による「新たな市街地の先行整備」が中心であった．しかし，我が国が成熟に向かい，少子化の傾向が強まったこともあって，今後は都市全体の人口減少が進むとみられ，都市も今よりさらに集約的な構造へと転換していくことが強く求められるようになった．高齢者が増え，公共交通機関への期待も高まり，あわせて福祉・医療・介護といった分野での行政ニーズが高まってきたことにより，お互いに支えあい，しかも環境に優しく生活する，いわば「賢く住む」ための工夫が求められている．

　このような状況のもと，今後の防災都市計画は，3.3.1項で指摘したようなさまざまな災害を意識して実施しなければならない．「都市の進むべき方向と都市の防災をどのように結びつけるか」は大きな課題であり，いま長期的な都市整備の方向性を示す都市マスタープランと被災直後に的確な対応をとるための地域防災計画をつなぐ施策が必要とされており，これを担うものとして「防災都市づくり」に期待が高まっている．

　なお，3.3.1項でも触れたように，中央防災会議で提示された津波に対する考え方を踏まえ，2011年12月に「なんとしても人命を守る」，「災害に上限はない」という考えのもと，「減災」の視点に立ち，最大クラスの津波を対象に「逃げる」ことを前提として，ハード・ソフト対策を組み合わせた「多重防護」の発想による津波災害に強い地域づくりを推進するため，「津波防災地域づくりに関する法律」が制定された．同法では，まず，国土交通大臣が定める基本方針に基づき，都道府県知事が最大クラスの津波が悪条件下において発生することを前提に算出した津波浸水想定を設定する．この津波浸水想定を踏まえて，ハード・ソフト対策を組み合わせて市町村が推進計画を策定する．この推進計画においては，「避難路，避難施設，公園，緑地，地域防災拠点施設その他の津波の発生時における円滑な避難の確保のための施設の整備および管理に関する事項」を定めなければならない．また，市町村長は津波の発生時における円滑かつ迅速な避難の確保を図るため，津波災害警戒区域内に存在する施設で一定の基準に適合するものを指定避難施設として指定することができる．この推進計画の策定が，津波を意識したまちづくりへの一歩である．

　以下に，このような状況も踏まえて，今後の防災都市計画が向かうべき方向について整理する．

(1) 多様なリスクの的確な把握とその情報の開示

　まず，地球温暖化の影響も含めて，いま都市が抱えている自然災害リスクを，しっかりと認識する必要がある．このためには，5年に一度行われる「都市計画基礎調査」において，防災を意識したデータの収集と分析を行うことが重要である．都市計画基礎調査は都市計画の見直しを行うために土地利用などの都市の動向を確認する重要な調査であるが，防災という観点でみれば，まだ改善の余地がある．津波を含めたさまざまなリスクの把握，GIS を利用した各種ハザードマップの重ね合わせ，地域の安全性に対する的確な情報の整理とそれを広く市民に明示するシステムを作り上げなければならない．安全安心に関する基礎情報，都市の動向，問題点などを広く市民に周知することによって，自ずと防災に対する自助・共助の意識も高めることができ，安全な地域を市民がそれぞれの判断で選択するようになる．このようなリスク情報の開示を徹底して行うことによって，地域の防災力が高まり，より安全な地域を作り上げることができる．

(2) リスク評価情報の都市計画マスタープラン・立地適正化計画への反映

　都市が拡大していた時期，長期的な計画の適合性がやや劣っていてもそれぞれの地域ではそれなりに人口が増加をしており，成長の風を感じ取ることができたし，基盤整備に関して投資の不足が感じられることはあっても無駄になることは少なかった．しかし，人口が減少する局面ではそうはいかない．過大な計画を立てると，投資の無駄を生みだすことにつながりかねない．都市が進むべき方向，都市の将来の姿をしっかりと見定めて，それに沿った行政投資を行うことが求められる．その意味では，人口減少という現実を踏まえた都市の将来像を共有すること，集約型都市構造の形を具体的に示す都市計画マスタープランの重要性が増している．

　この都市計画マスタープランの作成にあたって，地域の安全に関する情報を的確に反映させることが重要である．とくに，人口減少の状況下では居住地域の集約化が大きな課題となるが，一度拡大した都市をコンパクトに整えなおすことは容易ではない．しっかりとしたリスク評価に基づいて，安全安心の観点から地域の特性を見定め，計画に反映させることが必要である．そのためには，関係部局間の協調が非常に重要である．これまで，自然災害のリスクについて担当部局がそれぞれに情報を収集し，将来を予測し，対応を検討してきたプロセスを都市計画部局と共有することよって，リスク評価や防災対策を反映した

都市計画マスタープランが実現する．

また，2014年8月1日に都市再生特別措置法が改正施行されて，今後各自治体で「立地適正化計画」が立案されることとなった．新たに定められる「居住誘導区域」と「都市機能誘導区域」の内外で，税や施設立地に対する助成が異なるという仕組みを活用して，将来目指すべき都市像へ向かって着実に歩みを進めることが重要である．災害リスクを確実に評価して，リスクの高い地域をこれらの誘導区域から外すというプロセスが求められる．

(3) 防災と減災の組合せ

今回，東日本大震災の復興計画の策定にあたっては，今後の津波への対応として，2段階の施策がとられることとなった．一つはレベル1とよばれる比較的頻度高く（数十年から百数十年に一度）来襲する津波に対する対策で，これは防潮堤などの海岸施設や河川堤防などを中心にしっかりと抑え込むという「防災」の対応である．

一方，今回の東北地方太平洋沖地震による津波のように，レベル1をはるかに超える最大クラスの津波（レベル2）に対する対策も必要である．しかし，これを防潮堤などの物理的防災施設で抑え込もうとすると，実に巨大・長大なものとなり，しかも500年，1000年に対する対応であることを考えれば，その施設の維持管理・更新が非常に困難である．したがって，このような巨大な津波に対しては，少なくとも人命を守り，できるだけ被害を少なくするという「減災」の考え方をとることとなった．すべてを守るということは不可能であり，命を守り，被害をできるだけ少なくするという対応である．

実際には，今回の東日本大震災被災実態調査から，木造家屋では浸水深が2mを超えると全壊に近い状況となることが多いと判明したため，各地で津波シミュレーションを行って浸水深が2mを超える地域では居住を制限しようという動きが広がった．つまり，深夜に津波が襲ってきたときのことを考えて，2階に寝ていても助からない危険性が高い（家屋が全壊に近い形になる）地域には居住しないという方針である．二線提の役割を果たす高盛土道路などの配置によって，このような危険な地域をできるだけ減らそうという取り組みも行われている．

なお，津波に対しては，到達時間に比較的余裕がある場合には高台の安全な地域への避難，時間的余裕がない地域では近傍の高い建物（津波避難所）への避難が必要で，これらの安全な地域・施設をどのように確保するかも重要な課

題である.これから起こるかもしれない大地震では,津波が来るまでにきわめて短い時間しか残されないという予測が示されている.明治期や昭和期にも大きな津波を経験した東北地方の人々が,今回「平日の午後」に被災した際に,まずとった行動は家族,隣人の安否確認であった.この安否確認に時間を要すると,津波からの避難が遅れる.日頃から安否確認の方法を家族で共有すること,訓練を重ねてできるだけすばやく近くの津波避難所に逃げ込むことなどの地道な取り組みが一人ひとりの命を守り,被害を少なくすることに結びつく.

(4) 先手を打ったリスク回避

リスク評価によって危険性が高いと判断された地域においては,当然,先手を打った対策が必要となる.実際,3.3.1項で示したように,老朽木造密集市街地に対しては,すでにさまざまな対策が実施されてきた.

しかし,津波や内水氾濫に対しては,まだ十分とはいえない.もちろん,防潮堤整備や下水道施設整備といった対策が基本であるが,これらの水のリスクは低地部に襲い掛かるため,とくにレベル2の災害を考えれば結局は低地の利用のしかたを変えていかなければ本質的には解決しない.実際,今回の東日本大震災復興計画でも,現地での再建を指向するところは高盛土を前提とせざるをえず,結局,高台への移転を選択した地域が多い.同様に,このような危険性を抱えている低地については,できるだけ早い時期に安全な地域へ移転する道を選ばざるをえない.この移転を強制的に実現するのか,市場への情報開示によって自主的に実現するのかについては意見が分かれるところかもしれないが,まずはそのリスク評価を居住者に対して情報として開示することが重要である.

なお,今後,進められるさまざまな事業において,防災を意識した設え方を心がけることも重要である.たとえば,浸水被害や津波被害が想定されるような地域においては,公園・学校・公民館・図書館・体育館・福祉センターなどの公共公益施設の整備に関してはその位置とともにその設置する地盤高を十分意識して取り組むべきであるし,建物内部においても機械室は上部階に設置するなどの工夫が必要である.

(5) 特定の地域の対策強化

今回の東日本大震災の大きな特徴の一つは,福島第一原子力発電所の事故であった.これは,これまで安全であるといわれていた原子力発電所が津波によって電源を失い,原子炉の冷却装置が可動しなくなったことに起因している.

このような特定の場所については，より高い安全性を確保するということを今後とも考えなければならない．発電施設，コンビナート，貯水池などのさまざまなエネルギー関連の施設だけでなく，政府，自治体の役所などの非常時に指揮をとるための施設はなんとしてもその機能を確保しなければならない．

まず，災害リスクをわかりやすい方法で市民に提供し，安全性を高めるために都市が進むべき道を皆で共有する．そして，先手を打った土地利用規制やリスク回避の事業実施に加えて，防災・減災のための複合的な施設整備を着実に実施する．加えて，的確な避難計画の立案と繰り返し実施する避難訓練，さらに市場メカニズムを使って都市を安全な構造へ変化させる取り組みも加速化させる必要がある．さらに，絶対に守らなければならない施設は，これまで以上にリスクを多面的に検討してより高い安全性を確実に担保しなければならない．

都市計画のあらゆる段階で，防災への着実な取り組みが求められている．

参考文献

[3.1] 国土交通省都市局：津波被災市街地復興手法検討調査（とりまとめ），2012.
[3.2] 国土交通省都市局街路交通施設課：津波避難を想定した避難路，避難施設の配置及び避難誘導について（第3版），2012.
[3.3] 中央防災会議東北地方太平洋沖地震を教訓とした地震・津波対策に関する専門調査会：東北地方太平洋沖地震を教訓とした地震・津波対策に関する専門調査会報告，2011.
[3.4] 阪口進一：東日本大震災復興事業の取組について，新都市，第67巻第3号，公益財団法人都市計画協会，2013.
[3.5] 東日本大震災復興対策本部事務局：復旧の現状と復興への取組［平成24年1月16日］，2012.
[3.6] 鎌田秀一：津波被災市街地復興手法検討調査について，新都市，第65巻第12号，財団法人都市計画協会，2011.
[3.7] 国土交通省都市局市街地整備課，都市安全課：被災地における市街地整備の取組について，新都市，第67巻第3号，公益財団法人都市計画協会，2013.
[3.8] 復興庁：復興の現状と取組［平成25年11月29日］，2013.

第4章
海岸保全施設・津波避難施設の耐津波構造

4.1 耐津波構造物の役割

4.1.1 耐津波構造物

　耐津波構造物としては，津波の陸上への浸入を防ぎ，人命とともに財産（生活・産業）を守るための海岸保全施設などと，津波が浸入した際に人命を守るための避難を目的とした津波避難施設がある．

　海岸保全施設には，海岸堤防，海岸護岸，胸壁，水門，陸閘などがある．堤防は背後の陸域の浸水を防ぐための施設であり，天端は地盤よりも盛り上がったものとなる．護岸は背後の陸地を保護するためのものであり，天端高が背後の地盤とほぼ同じものである．津波や高潮による災害から陸域を保全する必要がある区間では，堤防や護岸を海岸線に沿って連続させて，防護線を作る．港湾や漁港などでは，海岸線を岸壁などとして利用するために，堤防や護岸を設置するわけにはいかないので，港湾・漁港用地の背後に，胸壁というコンクリートなどの壁を建てる．堤防，護岸，胸壁によって防護線はほぼつながるが，途中で河川や道路，海への出入り口による不連続ができる場合には，水門や陸閘を設置し，防護線の連続性を確保する．なお，東日本大震災を受け，堤防や胸壁と一体となる根固工や樹林も海岸保全施設として認められた．

　海岸保全施設に対して，港湾・漁港施設は，主目的は船舶の停泊や荷役という利用であるものの，防波堤などは津波を防ぐのにある程度効果がある．とくに,湾口防波堤の中には海岸保全施設としての機能をあわせもったものもある．いずれにしても，港湾・漁港施設も津波の作用を受けるものであるから，耐津波設計が必要である．

　津波が陸上に浸入した場合には，高い場所に避難する必要がある．自然地形としての高台があればよいが，ない場合には避難のための施設が必要となる．

津波から避難する際に利用する建物を津波避難所とよび，十分な高さをもった既設のビルを市町村が指定する．適当なビルがない場合には，津波避難タワーとよばれるもっぱら津波避難を目的とした十分高い構造物を建てる．また，津波通過時に水没するものの，出入り口を塞いで水密にし，内部への浸水を防いで避難空間とする津波避難シェルターや，船を水密にして津波に流されながら生きのびるための津波救命艇も作られている．

第 4，5 章においては，それぞれの構造物の耐津波設計の方法と課題について述べる．

4.1.2 津波防災の枠組み

2011 年 3 月 11 日に発生した東北地方太平洋沖地震による津波による甚大な被害を受け，国は「東日本大震災復興構想会議」をはじめとするさまざまな検討組織を設置し，対策を議論してきた．6 月 26 日にはこの会議から復興への提言がなされるとともに，同 27 日には「中央防災会議東北地方太平洋沖地震を教訓とした地震・津波対策に関する専門調査会」の中間とりまとめと提言がなされた．これらを受けた復旧・復興の枠組みを図 4.1 に示す．

そこでは，津波対策を考えるうえで，最大クラスの津波と，比較的頻度の高い一定程度の津波の 2 種類を対象とすることにしている．最大クラスの津波に対しては減災の考え方に基づいて，住民の避難を軸に，土地利用，避難施設，防災施設の整備などの手段を尽くした総合的な津波対策により人命を保護することを目標とする．また，比較的頻度の高い津波は海岸保全施設の設計に用いる津波（設計津波）であり，人命保護に加え，住民財産の保護，地域の経済活動の安定化，効率的な生産拠点の確保を目標とする．したがって，海岸保全施設はこの設計津波に対して健全に機能する構造とするが，さらにそれを超える津波に対しても倒壊しない粘り強い構造物にするための技術的検討が求められている．

これを受けて，同 28 日には海岸を担当する省庁の「海岸における津波対策検討委員会」において，設計津波の設定手法が決定された．具体的には，設計津波は発生頻度が数十年から百数十年に一度のものであり，これは人が一生に一度遭遇する程度の津波ということになる．これを受けて，岩手県，宮城県，福島県の東北 3 県では，9 月から 10 月にかけて設計津波が地域海岸ごとに決定され，海岸保全施設の天端高が決められた．ただし，国の設定手法の記載に

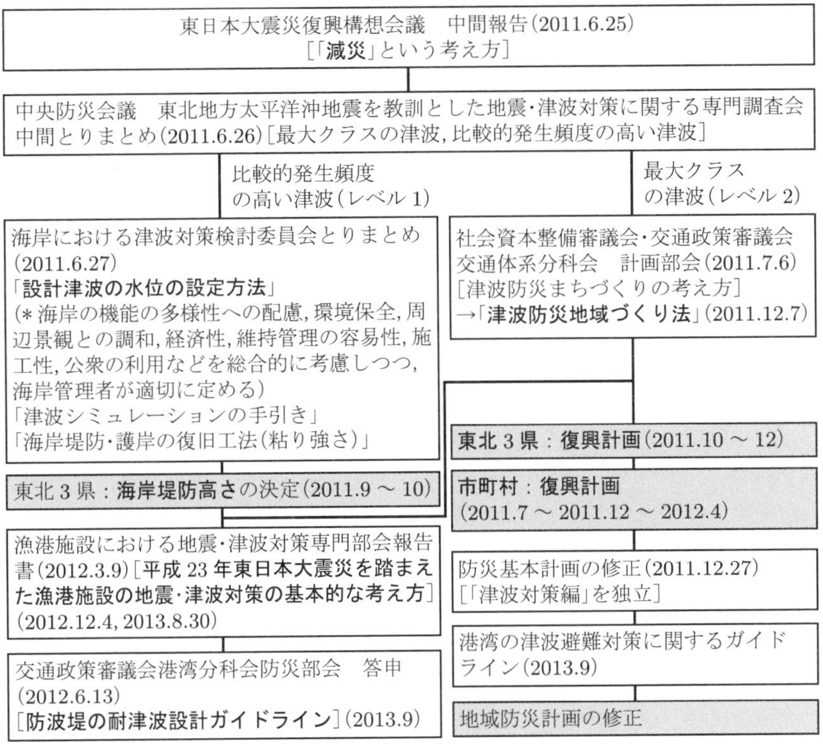

4.1 耐津波構造物の役割

```
┌─────────────────────────────────────────────────────┐
│ 東日本大震災復興構想会議　中間報告(2011.6.25)       │
│ 「「減災」という考え方」                              │
└─────────────────────────────────────────────────────┘
┌─────────────────────────────────────────────────────┐
│ 中央防災会議　東北地方太平洋沖地震を教訓とした地震・津波対策に関する専門調査会 │
│ 中間とりまとめ(2011.6.26)［最大クラスの津波, 比較的発生頻度の高い津波］│
└─────────────────────────────────────────────────────┘
        比較的発生頻度                最大クラス
        の高い津波(レベル1)          の津波(レベル2)

┌──────────────────────────────┐  ┌──────────────────────────────┐
│海岸における津波対策検討委員会とりまとめ│  │社会資本整備審議会・交通政策審議会│
│(2011.6.27)                   │  │交通体系分科会　計画部会(2011.7.6)│
│「設計津波の水位の設定方法」    │  │［津波防災まちづくりの考え方］  │
│(*海岸の機能の多様性への配慮,環境保全,周│  │→「津波防災地域づくり法」(2011.12.7)│
│辺景観との調和,経済性,維持管理の容易性,施│  └──────────────────────────────┘
│工性,公衆の利用などを総合的に考慮しつつ,│
│海岸管理者が適切に定める)      │
│「津波シミュレーションの手引き」│  ┌──────────────────────────────┐
│「海岸堤防・護岸の復旧工法(粘り強さ)」│ │東北3県：復興計画(2011.10～12)│
└──────────────────────────────┘  └──────────────────────────────┘
┌──────────────────────────────┐  ┌──────────────────────────────┐
│東北3県：海岸堤防高さの決定(2011.9～10)│  │市町村：復興計画              │
└──────────────────────────────┘  │(2011.7～2011.12～2012.4)     │
┌──────────────────────────────┐  └──────────────────────────────┘
│漁港施設における地震・津波対策専門部会報告│
│書(2012.3.9)［平成23年東日本大震災を踏まえ│  ┌──────────────────────────────┐
│た漁港施設の地震・津波対策の基本的な考え方］│  │防災基本計画の修正(2011.12.27)│
│(2012.12.4, 2013.8.30)        │  │［「津波対策編」を独立］      │
└──────────────────────────────┘  └──────────────────────────────┘
┌──────────────────────────────┐  ┌──────────────────────────────┐
│交通政策審議会港湾分科会防災部会　答申│  │港湾の津波避難対策に関するガイド│
│(2012.6.13)                   │  │ライン(2013.9)                │
│［防波堤の耐津波設計ガイドライン］(2013.9)│ └──────────────────────────────┘
└──────────────────────────────┘  ┌──────────────────────────────┐
                                   │地域防災計画の修正            │
                                   └──────────────────────────────┘
```

図 4.1　国・自治体における復旧・復興の枠組み

あるとおり，海岸保全施設の天端高は「海岸の機能の多様性への配慮、環境保全、周辺景観との調和、経済性、維持管理の容易性、施工性、公衆の利用等を総合的に考慮しつつ、海岸管理者が適切に定めるものであることに留意する」となっており，各県においても，最終的な天端高は同様の注釈のもとで決定するとされている．

その後，海岸堤防などについての具体的な設計が行われ，そこで設計津波に対して越流を生じない天端高で，さらに設計津波を超える津波に対してもある程度粘り強い構造が国の直轄事業の中で示された．また，港湾や漁港の構造物においても，この考え方に従って，粘り強い構造にするためのガイドラインが出された．これらによって，今後の海岸・港湾・漁港施設の設計を行うこととなった．

従来の海岸保全施設では，設計外力は既往最大または津波数値シミュレーションなどによる一定の再現確率値を用いていた．そして，設計外力を超える外力の発生に対して，津波ハザードマップを作成して避難体制を整えるという二重の構えもとられてきた．しかし，震災後の提言においては，海岸保全施設の設計津波を最大クラスの津波よりも低いものとして明確に定義し，そこまでは構造物によって防災するが，それを超える外力が来襲する場合を想定して，構造物を粘り強くするとともに避難などの人命救助策を別途準備することとした．構造物による防災の限界を定め，二重の防災体制が明確化されたことは震災前の考え方と一線を画すものであり，津波にかぎらず今後の防災の考え方に応用されうるものである．

この津波防災の枠組みを模式化したのが図 4.2 である．海岸保全施設は，津波と高潮の設計外力に耐えられるように設計される．我が国の場合，外海に面した海岸などでは台風による高潮が高いため，津波よりも高潮によって天端高が決まる場合も多い．いずれにしても，ある程度の高さにはなる．したがって，地域海岸ごとの詳細な検討が不可欠ではあるが，予想高 1 m までの津波注意報や予想高 3 m までの津波警報に対しては，海岸保全施設によって津波の浸水を防ぐことができる地域が多い．しかし，それを超える大津波警報が発せられた場合には，最大クラスの津波を含めて海岸保全施設を超える可能性があるので，必ず避難することが必要である．その際，太平洋側では，最大クラスの

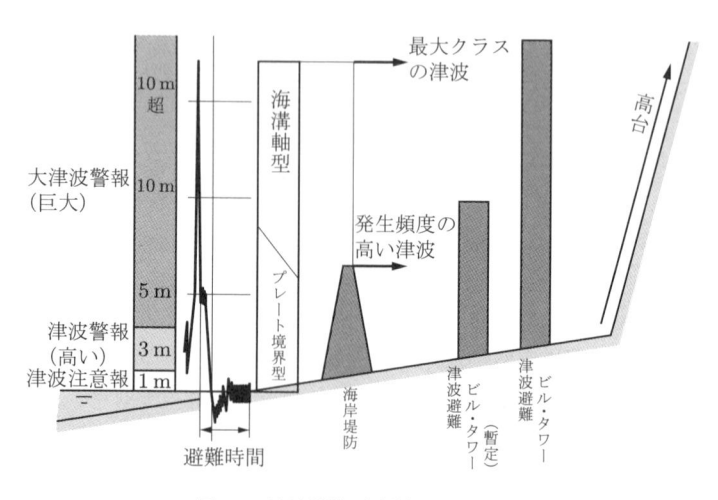

図 4.2 津波避難（減災）体制の整理

津波の最高水位は沖合にあるプレート軸の場所で発生するので，その部分が海岸に到達するまでにはある程度の時間がかかる地域がほとんどである．それ以前に到達する津波については海岸保全施設によって防げることが前もって確認できれば，避難のための時間を稼ぐことができる．そこで，津波浸入までに許される避難時間をあらかじめ知っておくことにより，高台や最大クラスの津波よりも十分に高い避難施設と，それ以下の避難施設という優先順位で津波避難所に避難する．

なお，このような防災システムを構築するには，構造物は耐津波設計とともに，耐震設計にもなっていなければならないことに注意が必要である．設計津波を起こす地震に対して耐えられる構造であることは最低限必要であるが，さらに最大クラスの津波を発生させるような地震に対しても，津波の最高水位が到達するまでの津波を防ぐために，地震では破壊せずに残る構造にすることが今後の課題となる．

構造物別の設計条件に注目すると，津波避難施設には最大クラスの津波に耐えられる構造を必要とする．それに対して，海岸保全施設などは設計津波に耐えられるようにしたうえで，それよりも大きな津波に対して粘り強い構造にしなければならない．

このように，最大クラスの津波と設計津波に対して，前者は主に避難によるソフト対策，後者は主に海岸保全施設によるハード対策であるが，それらは完全に区別できるものではなく，ハード対策とソフト対策をシステムとして組み合わせ，総合的な防災体制を整備する必要がある．

4.2 海岸保全施設の耐津波構造

4.2.1 東日本大震災における海岸堤防の被災実態

最初に，東日本大震災における海岸堤防の被災実態について振り返る．東日本大震災では，青森県から千葉県までの海岸堤防で津波の越流が発生した．北海道の太平洋沿岸や千葉県以南でも津波は来襲しているが，海岸堤防の越流や背後地の浸水被害は確認されておらず，これらの地域では海岸堤防が津波による浸水被害を防止したと考えられる．また，被害が大きかった岩手県や宮城県の中でも，岩手県北部の平内海岸や太田名部海岸では津波高が堤防天端高を下

回り，背後の浸水被害を防止していることが確認された．太田名部海岸は前面が漁港となっているため，漁港の防波堤による津波低減の効果もあった．このように，津波が海岸堤防を越流しなければ海岸堤防は防護効果を確実に発揮する．一方，海岸堤防の標準的な構造である三面張構造，とくに天端保護工と裏法被覆工は多少の波浪の越波は想定しているものの，津波の越流を前提とはしていないため，津波越流が発生したあとの機能の発揮は保証できない構造物である[4.1]．

図4.3は，千葉県南九十九里海岸から青森県海岸までの，三面張海岸堤防の越流水深と被災率，全壊率の関係を整理したものである[4.2]．図(a)は収集したデータの越流水深を七つの帯域に分けて各帯域の収集データの延長を合計した被災率，全壊率をグラフにしたものである．図(b)は，海岸堤防の構造が同じ区間を一つの区間として，区間ごとの被災率，全壊率をグラフにしたものであ

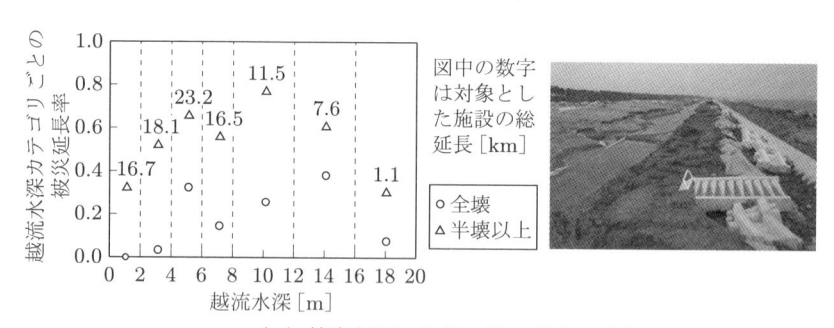

(a) 越流水深カテゴリごとの被災延長率

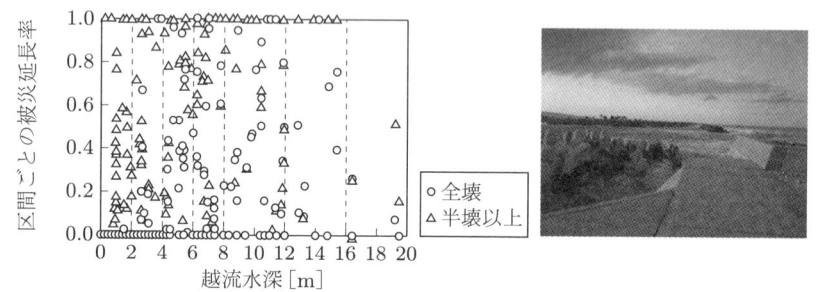

(b) 区間ごとの被災延長率

図4.3 三面張海岸堤防の被災実態［渡邊国広・諏訪義雄・加藤史訓・藤田光一：東北地方太平洋沖地震津波による海岸堤防の被災分析，土木学会論文集B2（海岸工学），Vol.68, No.2, pp.356-360, 2012.］

る．全壊率は図(b)の写真のように基礎から堤体がなくなっている延長の率であり，被災率は図(a)の写真のように堤体が半分残っている状態も含めた延長率である．図(b)の写真から明らかなように，半壊といっても堤体土が無防備に露出している状態であり，半壊が必然というよりもたまたま全壊に至らなかったと考えられるものが多く，越流時間がもっと長ければ全壊に至る可能性は十分に考えられるものであることに注意が必要である．図(a)から，堤防破壊の外力である越流水深が大きくなるにつれて，被災率，全壊率ともに大きくなる傾向が読み取れる．最も小さい帯域である越流水深 $0 \sim 2$ m でも，全壊率は 0 であるものの被災率が 30％強ある．越流水深 $8 \sim 12$ m では全壊率が 30％弱，被災率が 80％弱となっている．一方，図(b)からは，同じような越流水深であっても被災率，全壊率ともに幅が非常に大きいことが読み取れる．

　海岸堤防の全壊率に影響を与える要因を分析するため，越流水深，比高，天端幅，表・裏の法勾配，裏法尻被覆幅の六つの要因を対象に多重ロジスティック分析を行った結果を表 4.1 に示す[4.2]．表 4.1 から，越流水深＞裏法尻被覆幅＞表・裏法勾配＞比高の順に影響が強く，天端幅には有意な影響は認められなかった．なお，裏法尻被覆は，チリ地震による津波後に整備された海岸堤防の法尻水叩き，法尻背後の道路などであった．実態分析からは，全壊率を減らすためには越流水深を減らすことが最も有効であるが，次に有効なのが裏法尻被覆を行うことであることがわかった．

　海岸堤防の被災状況から破壊パターンを推定し，その内訳を分類した[4.3]．想定した破壊パターンは，次のとおりである．

①裏法尻の洗掘からの破壊

表 4.1　三面張海岸堤防全壊の多重ロジスティック分析結果[4.2]

説明変数（mean ± s.d.）	係数 β	p 値	標準化回帰係数	オッズ比（95％CI）
越流水深（5.8 ± 3.9 m）	0.261	< 0.001	1.013	1.30 (1.23-1.37)
裏法尻被覆幅（1.6 ± 3.1 m）	−0.264	< 0.001	−0.810	0.77 (0.68-0.85)
表法勾配 1 : n（1.7 ± 1.3）	−0.328	0.004	−0.436	0.72 (0.57-0.90)
裏法勾配 1 : n（1.5 ± 0.4）	−0.982	< 0.001	−0.403	0.37 (0.23-0.61)
比高（3.5 ± 1.9 m）	0.096	0.075	0.183	1.10 (0.99-1.22)
天端幅 m（3.6 ± 2.3 m）	0.019	0.830	0.044	1.02 (0.84-1.18)

②裏法肩・天端からの被災
③押し波による波返工の破損
④表法先の洗掘からの破壊
⑤引き波による波返工の破損
⑥押し波による重力式堤防の転倒
⑦引き波による重力式堤防の転倒
⑧主に地震動による破壊
⑨その他，または不明

その内訳を図 4.4 に示す．図から，裏法尻の洗掘からの破壊が約半数を占めていたことがわかる．次に，⑨その他，または不明が約 3 割を占め，⑤引き波による波返工の破損が 9.2 %，②裏法肩・天端からの被災が 4.5 %，④表法先洗掘からの被災が 3.4 %，⑨その他が 2.6 %，③押し波による波返工の破損が 1 %，⑥〜⑧が 0.8 % であった．裏法尻の洗掘が破壊の大きな要因であることがここからもわかる．

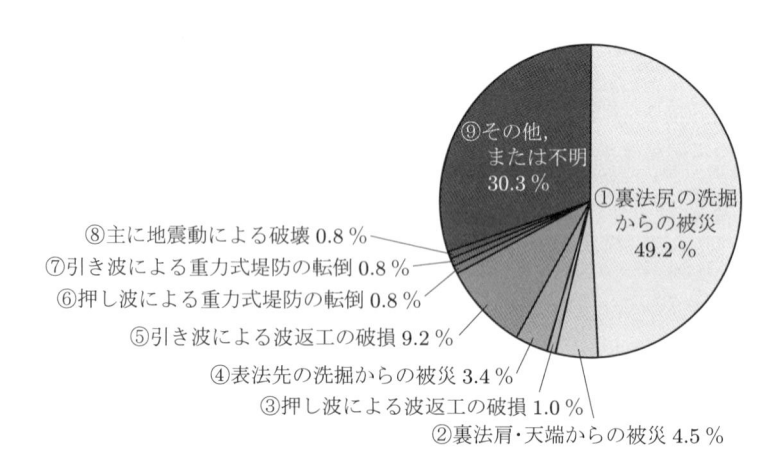

図 4.4 海岸堤防の破壊パターン分類結果[4.3]

4.2.2 津波越流時に海岸堤防に作用する外力

国土技術政策総合研究所海岸研究室の水理実験結果から，海岸堤防を津波が越流する際にどのような外力が作用するのかを整理する．図 4.5 は，越流水深 2，6，10 m（現地換算）における台形の堤防を越流する定常流の水面形（破線）

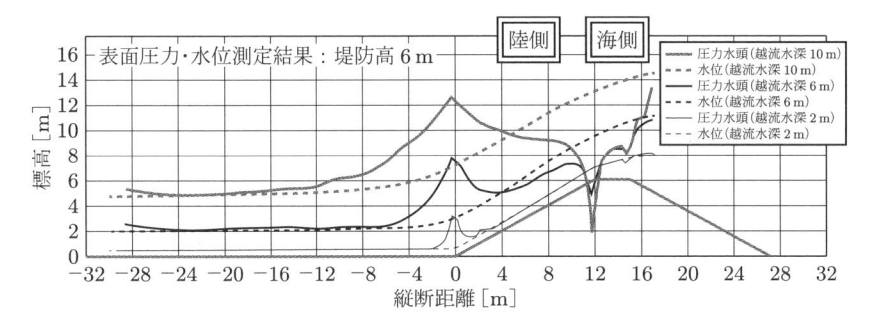

図 4.5 海岸堤防越流水の水面形と堤体表面圧力分布（水頭表示）[国土技術政策総合研究所河川研究部：粘り強く効果を発揮する海岸堤防の構造検討（第 2 報），p.21，国総研技術速報 No.3, 2012.8., http://www.nilim.go.jp/lab/bcg/sokuhou/file/120810.pdf]

と堤体表面に作用する圧力の測定結果を水頭で表示したものである[4.4]．図 4.5 から，堤防の法肩で圧力低下が，法尻で圧力上昇が生じることがわかる．また，越流水深が大きくなるほどその範囲は大きくなることもわかる．図 4.6 は同じ越流水深における断面平均流速を示したものである．図 4.6 から，法尻では越流水深 2 m でも 10 m/s 弱の，それ以上の越流水深では 10 m/s を超える高流速が発生していることがわかる．位置別・越流水深別の断面平均流速を示したものが図 4.7 である．図 4.7 からは，越流水深 3 m まで流速の増大が顕著であることがわかる．堤体法尻から陸地側を移動床にした場合に，図 4.8 のような越流時間 10 分の越流波形を与えた場合の裏法尻の洗掘形状を図 4.9 に示す[4.5]．図 4.9 から裏法尻では越流水深と同程度以上の洗掘が生じることがわかる．な

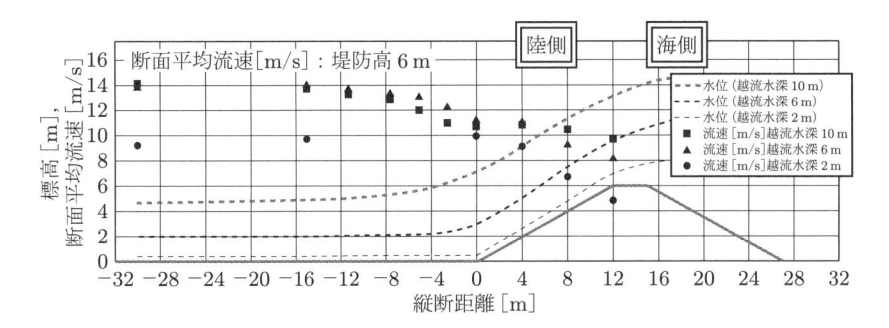

図 4.6 海岸堤防越流水の断面平均流速 [国土技術政策総合研究所河川研究部：粘り強く効果を発揮する海岸堤防の構造検討（第 2 報），p.21，国総研技術速報 No.3, 2012.8., http://www.nilim.go.jp/lab/bcg/sokuhou/file/120810.pdf]

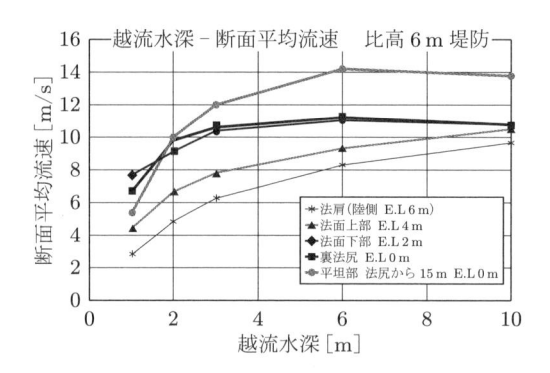

図 4.7 海岸堤防越流水の越流水深－断面平均流速の関係［国土技術政策総合研究所河川研究部：粘り強く効果を発揮する海岸堤防の構造検討（第 2 報），p.21，国総研技術速報 No.3, 2012.8., http://www.nilim.go.jp/lab/bcg/sokuhou/file/120810.pdf］

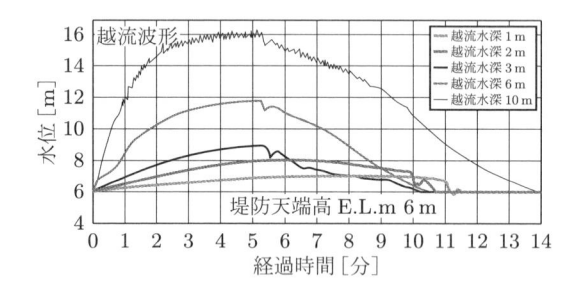

図 4.8 裏法尻洗掘実験の津波越流波形［諏訪義雄：津波越流に対して粘り強く機能する海岸堤防とは，建設物価/2013・4 月号，pp.10-16, 2013.］

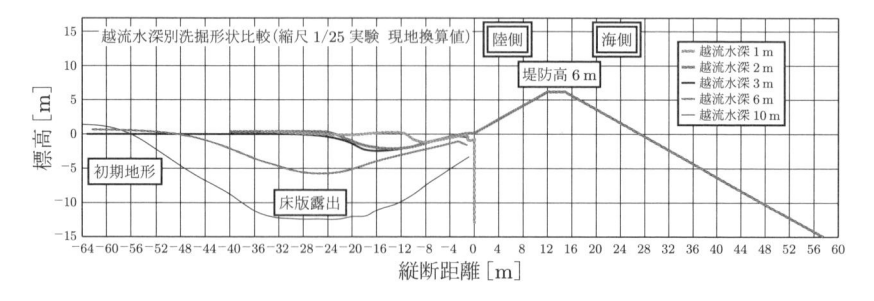

図 4.9 裏法尻洗掘実験で得られた越流水深別裏法尻洗掘形状［諏訪義雄：津波越流に対して粘り強く機能する海岸堤防とは，建設物価/2013・4 月号，pp.10-16, 2013.］

お，この実験は，縮尺 1/25 を想定して移動床を 0.3 mm の砂で作成しているが，フルードの相似則で単純に現地換算した場合，地盤が粒径 7.5 mm の小砂利になっており，中砂が主体と考えられる実海岸に比べて洗掘深を小さく評価している可能性がある．また，実験水路の制約から，水位が急上昇することが多い津波と比較して，越流水深が小さくなるほど水位上昇速度が小さくなっている点にも注意が必要である．これらの高流速の発生，裏法尻の洗掘，法肩の圧力低下を踏まえると，法尻からの破壊，法肩・裏法からの破壊が生じることがわかる．

4.2.3 設計津波の水位と海岸堤防高設定の考え方

東日本大震災を踏まえて，海岸堤防の高さを設定するための外力となる設計津波の水位設定法が整理された[4.6]．比較的頻度の高い津波として，数十年から百数十年に一度の頻度の津波を選定するために，岬に挟まれた地形がある程度一定の海岸（地域海岸）に区分し，対象海岸ごとに発生年と津波高を図 4.10 のような時系列グラフに整理する．防災計画で将来発生が懸念される津波もプロットする．その中で，発生頻度が数十年から百数十年に一度の津波高のグループを選定し，設計津波の対象候補群とする．次に，対象候補群の津波について，海岸堤防位置で壁立ての条件で津波シミュレーションを行い，津波高の沿岸分布図を作成する．壁立て条件のシミュレーションを行うことにより，堤防によるせり上がり（図 4.11）を考慮できる．対象候補群の津波高沿岸分布図をもとに，設計津波の水位を設定する．地域海岸内で津波高が大きく違っている場

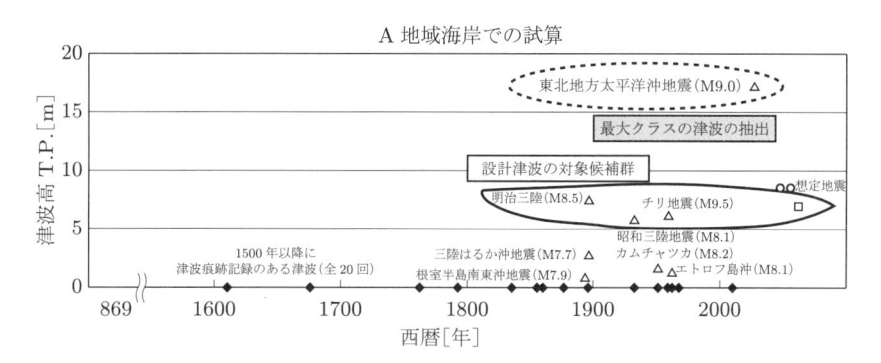

図 4.10 設計津波の水位設定方法［農林水産省・国土交通省：設計津波の水位の設定方法等について，2011.7., http://www.mlit.go.jp/report/press/river03_hh_000361.html］

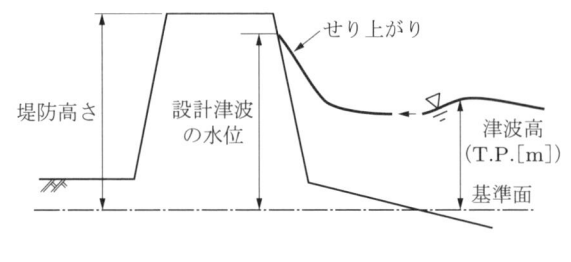

図 4.11 津波のせり上がり

合には，必要に応じて地域海岸の設定の修正・細分を行い，設計津波の水位を設定する．

　海岸堤防の天端高は，設計津波の水位に加えて，高潮・高波に対する堤防必要高を考慮して，余裕高を加えて設定する．なお，海岸堤防は，地域と海の間に設定されることが多く，海への行き来を分断するものであることから，前記の堤防高を上限として，海岸の機能の多様性への配慮，環境保全，周辺景観との調和，経済性，維持管理の容易性，施工性，公衆の利用などを総合的に考慮しつつ，海岸管理者が適切に定めることとしている．

　設計津波の水位設定法は，東日本大震災被災地の復旧で適用されている．図4.12 は，岩手県の設定結果例である[4.7]．岩手県では，対象津波の変更，せり上がりなどの影響により復旧堤防高が被災前より高くなる地域が，とくに南部で多い（従来はチリ地震による津波などの実績の津波痕跡高が多かった）．この傾向は宮城県三陸地域でも同様である．一部の地域では，復興のための地域づくりと海岸堤防の調和について問題提起がなされ，合意形成が難航している事例がある．その一方，たとえば岩手県の大槌町赤浜地区では，利用のしやすさを考慮するとともに避難により防護する地域の合意形成がなされ，復旧堤防高を上げない選択が行われ，海岸保全施設の整備と復興まちづくりが進められている事例もある．

4.2.4　海岸堤防の粘り強い構造について

　東日本大震災においては，これまでの想定を大きく上回る津波が発生し，甚大な被害をもたらした．このことを踏まえ，政府の中央防災会議で，今後の津波対策の構築にあたって，「発生頻度は極めて低いものの，発生すれば甚大な被害をもたらす最大クラスの津波」（レベル2の津波）と「最大クラスの津波

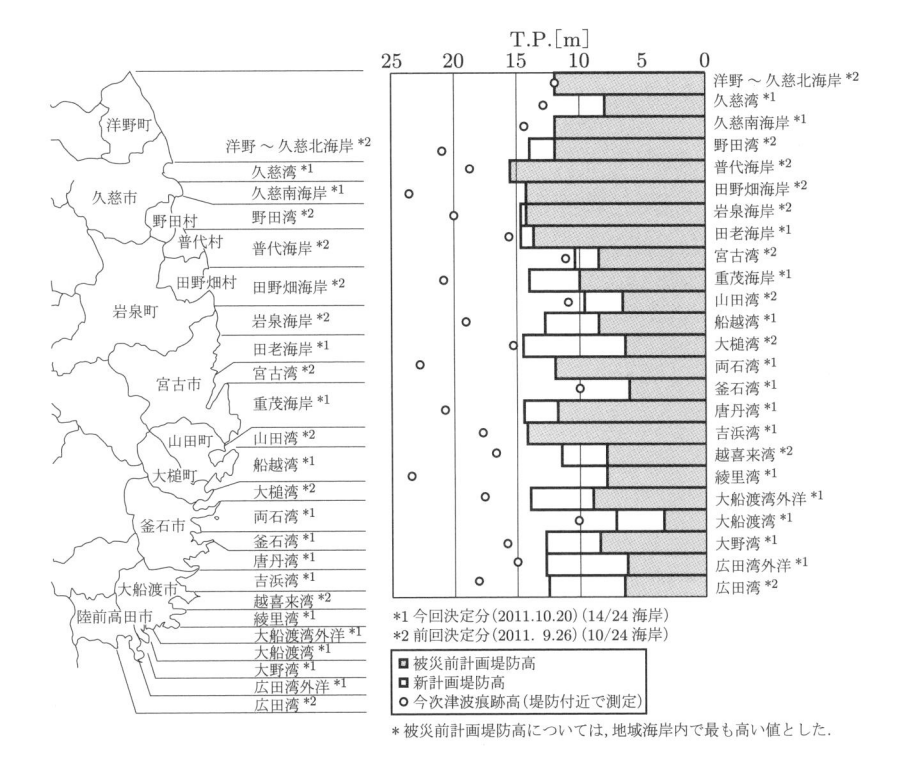

図 4.12　岩手県沿岸の海岸堤防高設定結果［岩手県：岩手県沿岸における堤防高さの設定について，p.18, 2011.10., http://www.pref.iwate.jp/view.rbz?cd=41052］

に比べて発生頻度は高く，津波高は低いものの大きな被害をもたらす津波」（レベル1の津波）の二つのレベルの津波を想定する必要があると定められた．また，今後の海岸保全施設の整備にあたっては，引き続き，比較的発生頻度の高い一定程度（数十年から百数十年に一度程度）の津波高，すなわちレベル1の津波に対して整備を進めていくことが求められるが，設計対象の津波高を超えた場合でも施設の効果が粘り強く発揮できるような構造物の技術開発を進め，整備していくことが必要との考えが示されている[4.8]．これを受けて，海岸省庁が設置した「海岸における津波対策検討委員会」がとりまとめた「平成23年東北地方太平洋沖地震及び津波により被災した海岸堤防等の復旧に関する基本的な考え方」[4.9]において，海岸堤防などの構造上の工夫の方向性が示された．その中では，設計対象津波高を超える津波が来襲し，海岸堤防などの天端を越

流することにより破壊，倒壊する場合でも施設の効果が粘り強く発揮できるような構造を，以下のいずれかの減災効果を目指した構造上の工夫が施されたものとしている．
- 施設が破壊，倒壊するまでの時間を少しでも長くする．
- 施設が完全に流失した状態である全壊に至る可能性を少しでも減らす．

国土技術政策総合研究所では，海岸堤防の粘り強い構造について水理模型実験などによる検討を行い，構造上の工夫の留意点を整理した[4.4]．これを反映したものとして，図 4.13 に示す構造が仙台湾南部海岸の復旧堤防で採用されている[4.10]．この工夫点を以下に述べる．

① 堤防越流時に弱点となりやすい裏法尻部に継ぎ目ができないように基礎工を大きくした．
② 裏法尻基礎工の外側に地盤改良を設けた．これにより，裏法尻保護の幅が約 3.4 m 確保され，根入れが約 2 m 確保された．地盤改良土には津波堆積物などの残土を有効利用している（図 4.14(a)）．
③ 長期にわたる堤体土の締固め・地震時の変形などが生じても変形に追随できるようにするため，裏法被覆工に噛み合わせ構造の厚さ 50 cm のブロックを採用した．また，津波越流時に堤体内の浸潤線が上昇した際に残留空気が抜けやすいようにする効果も期待している．厚さ 50 cm は，波浪に対して必要重量を確保する表法の被覆ブロックと同等の厚さとした．噛み合わせ構造は，堤体土の変形にブロックが追随しても高流速が不陸面に直接作用しな

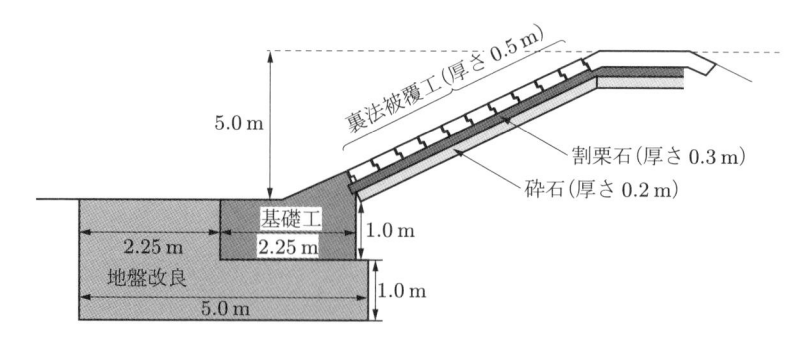

図 4.13　海岸堤防の粘り強い構造［国土技術政策総合研究所河川研究部：粘り強く効果を発揮する海岸堤防の構造検討（第 2 報），p.21，国総研技術速報 No.3, 2012.8., http://www.nilim.go.jp/lab/bcg/sokuhou/file/120810.pdf］

(a) 裏法尻部　　　　　　　　(b) 天端部

図 4.14　仙台湾南部海岸の粘り強い構造

いようにするための工夫である．
④裏法被覆コンクリートの下に 2 層のフィルター層を設置し，高流速が流れ下る際にブロック下から堤体土が吸いだされにくくした．
⑤津波越流時に裏法肩で発生する圧力低下に対して帯工を流失しにくくするため，天端の帯工と天端被覆工を一体化した．なお，復旧現場では生コンが不足していたため，天端被覆にコンクリートブロックを用いたが，一体化するためブロックどうし・ブロックと帯コンクリートを連結している（図 4.14 (b)）．
⑥津波越流時に浸潤線の上昇にともない，残留空気が閉じ込められて空気圧が高まらないようにするため，天端に空気抜き工を設置した．この孔は，堤体土の締固めなどによる沈下・空洞発生の点検穴も兼ねる．
⑦津波波圧に対する構造上の弱点となりやすい天端の波返し構造を回避した．台形断面とすることにより，津波波圧を堤体で受けとめる安定した構造にできる．

4.2.5　課題

「命を失わないためには津波に巻き込まれないことが第一」，「津波から逃げるためには構造物の限界を理解しておく必要がある」ということは忘れてはいけない東日本大震災の教訓の一つである．4.2.4 項で説明したように，越流が発生することにより，海岸堤防の堤体にそれまで作用しない外力が作用して破壊に至る．海岸堤防の粘り強い構造の効果が発揮されるためには，流体の作用

に対する構造や計算だけでなく，長期間にわたる維持管理や地域におけるその存在や効果の限界の理解を得る必要があることを改めて確認しておきたい．そこで，流体作用以外の要素についても考えてみる．

　大きな堤体を作ると，圧密などによる地盤の沈下が起こりやすい．また，津波に先立つ地震動によって堤体の変形が生じる可能性が大きくなる．これらの堤体の沈下や変形は，海岸堤防の被覆工に高流速が流下する際の弱点となる不陸を発生させやすくする．これらの弱点の発生を防ぐには，地盤を改良するなどをして良好なものとし，締固めなどの施工管理を完璧に行って地震動に対して変形を起こさない構造とすることが求められる．現在の技術水準では，越流による破壊のきっかけの一つである不陸の発生まで評価できるような地震動による堤体の変形解析法は存在しない．仮に精度の高い解析法が開発されたとしても，海岸堤防は良好な地盤だけを選んで作ることは難しく，延長が長い構造物であり，全区間にわたって多様な地盤の構造を把握することも困難であることから，解析結果の精度を高めるには限界がある．また，津波越流に対して有害な不陸の発生の防止を管理できるだけの水準で老朽化の点検や健全度評価を行い，数百年から千年にわたって維持管理・更新をし続ける体制が整っているとはかぎらない．現在でも，数十年前に建てられた構造物の老朽化の健全度評価に必要な点検の実施に苦労している現実があることを思いだす必要がある．
これらの状況を踏まえて，海岸堤防の粘り強い構造は，「構造上の工夫」とせざるを得なかった．もちろん，越流しても壊れない構造に向けた研究・技術開発はあきらめず進めていく必要がある．しかし，上記にあげた多岐にわたる課題を克服する画期的な技術の開発と維持管理の体制が構築されるまでには時間を要する．当面，粘り強い構造は，破堤・全壊の可能性を減らす，破堤に至るまでの時間を少しでも延ばす「構造上の工夫」とならざるを得ない．

　それでは，「壊れない構造」に対して中途半端に思えるこのような「構造上の工夫」は無駄なものであろうか．4.2.4項で紹介した「海岸における津波対策検討委員会」が，「平成23年東北地方太平洋沖地震及び津波で被災した海岸堤防等の復旧に関する基本的な考え方」において，構造上の工夫による海岸堤防などの「粘り強い構造」の結果として期待される効果をとりまとめている[4.9]．それによれば，海岸堤防などの「粘り強い構造」により施設の効果が粘り強く発揮された場合の効果は，以下のとおりである．
①浸水までの時間を遅らせることにより避難のためのリードタイムを長くする

ことなどの効果
②浸水量が減ることにより浸水面積や浸水深を低減し，浸水被害を軽減する効果
③第2波以降の被害を軽減する効果

さらに，施設が全壊に至らず，一部残存した場合には，次の効果がある．
④迅速な復旧を可能にして二次災害のリスクを減らす効果
⑤復旧費用を低減する効果

また，今回の津波においては，堤防が残存した箇所では浸食がほとんどみられなかった事例も確認されており，次の結効果もある．
⑥海岸地形を保全する効果

①〜③は逃げ遅れた人の避難を支援するもの，②，③は財産被害の軽減に寄与するもの，④，⑤は復旧・復興の遅れにともなう災害後の二次被害・三次被害を軽減するものである．⑥は風波による外力の軽減に有効な自然のインフラであり，海岸の自然環境・景観を構成する重要な要素でもある砂浜の損失を防ぎ，復旧・復興に寄与するものである．

なお，海岸堤防は，地域と海岸の境界を引く構造物であり，作り方によっては地域と海岸を結びつける存在にもなりうる．しかも，数百年から千年単位で機能を発揮していくものである．一つ間違えば，刑務所の塀のようにただ地域と海岸を隔てるだけの存在になるし，成功すれば和歌山県の広村堤防のように地域の復興のシンボルにもなりうる．その計画や設計においては，水理学や地盤工学のみの観点で考えるだけでなく，地域の中における存在のあり方，環境や景観なども含めて総合的に考えていくことが重要である．

仙台湾南部でモデル的に実施された図4.15に示す「緑の防潮堤」は，一つの可能性を示している．「緑の防潮堤」とは，粘り強い構造の海岸堤防に覆土し，苗を植樹するものである．覆土と将来育つ樹林は，海岸堤防による景観の悪化を緩和する効果が期待される．また，覆土は津波が越流した際に削り代となって堤防が全壊するまでの時間を稼ぐ効果を発揮する．樹林の根は越流水が盛土を洗掘・浸食する際に高流速に対する抵抗として機能することにより，覆土が洗掘・浸食する時間を長くする効果が期待される．近年，海岸堤防も老朽化の懸念が高まっているが，築造後50年を経過した海岸堤防でも，砂浜に覆われていた海岸堤防の被覆コンクリートには劣化が進行していないことが確認されており[4.11]，覆土には，コンクリートの劣化抑制効果が期待される．さらに，

(a) 裏法尻　　　　　　　　　(b) 天端裏法肩

図 4.15　仙台湾南部で試験的に実施された緑の防潮堤

裏法被覆工を覆土が上から抑えることで，地震動による不陸を発生しにくくなり，越流時の高流速に対する弱点を生じにくくさせる効果も期待される．何より，地域住民が植樹や樹林の育成に参加することにより，海岸堤防と緑の防潮堤が地域インフラとして認知され，津波の教訓や海岸堤防の限界を伝承する機会を継続的にもてる可能性が高まることの意義が大きい．

4.3　津波避難施設の耐津波構造

4.3.1　はじめに

2011年3月11日に発生した東北地方太平洋沖地震による被害は岩手県，宮城県，福島県の3県に集中し，数多くの建築物・家屋の倒壊や流失ならびに人的被害による甚大な津波被害が生じたことから，避難を含む耐津波安全対策の重要性が切迫感をもって再認識された．

我が国においては東海地震，東南海・南海トラフ巨大地震などを念頭に「津波避難ビル等に係るガイドライン」(以下，旧ガイドラインとよぶ)[4.12] を2005年6月に内閣府がとりまとめて公表したが，従来，建築構造の分野では，陸上構造物に作用する津波荷重を定量的に検討した研究事例はきわめて少なく，古くは1960年チリ地震による津波被害調査に基づく検討事例[4.13] がみられる程度で，その後は旧ガイドラインの構造的要件のとりまとめの基礎となった日本建築センターによる自主研究事例[4.14]，2004年スマトラ島沖地震イン

ド洋大津波を対象とした被害事例分析に基づく津波荷重評価[4.15],建物開口が津波荷重に及ぼす影響に関する解析的検討[4.16]などがある.構造設計法や荷重評価の妥当性について実被害事例に基づいて検証された事例はきわめて少ない.

本節では,東北地方太平洋沖地震後に建築物に作用する津波荷重評価に関する調査事例[4.17, 4.18],この結果に基づく新たな津波避難所などの構造設計の概要と設計事例[4.19-4.21]について紹介する.

4.3.2 実被害に基づく津波荷重の評価事例

東北地方太平洋沖地震による津波を経験した構造物の耐力と,その被害程度の比較に基づく津波荷重の評価事例[4.17, 4.18]を以下に紹介する.なお,ここで紹介する評価結果は,「東日本大震災における津波による建築物被害を踏まえた津波避難ビル等の構造上の要件に係る暫定指針」(国土交通省 平成23年11月17日 国住指第2570号 別添,以下,新ガイドラインとよぶ)および「津波浸水想定を設定する際に想定した津波に対して安全な構造方法等を定める件」(同12月27日施行 平成23年国土交通省告示第1318号)に反映されている.

(1) 調査および検討の概要

調査対象地域は青森県八戸市から福島県相馬市とした.構造物の耐力と被害程度から,作用した津波荷重を推定することを調査の目的としている.構造物の耐力評価の精度ができるだけ高まるように,建築物に加えて橋脚や防潮堤などの土木構造物,塀や門柱などの耐力評価が比較的容易な工作物も調査対象として,津波浸水深,構造部材寸法,配筋状況を含む調査を行った.調査にあたっては,被害事例に加えて構造被害がない,あるいは軽微な事例も対象とした.詳細検討対象とした構造物の例を図 4.16 に示す.

浸水深については,岩手県久慈市から宮城県女川町までの三陸地方では津波を受けた建築物の前面と背面の津波痕跡高の違いは顕著ではなかったため,津波痕跡高を検討用の計測浸水深 η_m とした.一方,宮城県の石巻市から相馬市までの平野部では前面に跳ね上がりの痕跡がみられたため(背面の津波痕跡高の約 1.25 ～ 1.35 倍),側面もしくは背面の津波痕跡高を検討用の計測浸水深 η_m とした.

構造物の水平耐力は,現地で実測した構造物の寸法や,材料試験結果をもとに,建築物では耐震診断基準[4.22]の第1次診断法に基づき,また単純な工作物

(a) 層崩壊した建築物　　(b) 残存する建築物　　(c) 崩壊したブロック塀
(岩手県陸前高田市，RC造1F)　(宮城県女川町，RC造4F)　(宮城県亘理町，CB造)

(d) 残存するRC塀　　(e) 崩壊した鉄道橋　　(f) 崩壊・転倒した防潮堤
(岩手県大船渡市，RC造)　(岩手県田野畑村，RC造)　(岩手県山田町，RC造)

図4.16　詳細検討の対象とした構造物の例

では観察された破壊形式に応じて，ひび割れ耐力 M_c, 曲げ降伏耐力 M_y, 曲げ破断（主筋破断）耐力 M_u, 転倒耐力 M_{OT}, 滑動耐力 P_s から算定した．ここで，M_c, M_y, M_u は建築物の耐力評価で一般に用いられる略算式を用いて評価した．また，M_{OT} は重力式の防潮堤や転倒した石碑・門柱が，P_s は滑動した石碑がそれぞれ対象である．なお，ここではまず簡易に波力を評価することに主眼をおき，浮力の影響が想定される建築物の転倒事例は含めていない．

(2) 構造物に作用する津波荷重の波圧分布の仮定

実用的な設計式としての利用を想定し，構造物に作用した津波荷重は，式(4.1)で表される文献[4.12, 4.14]の設計用津波波圧算定式を参考に，式(4.2)の静水圧式の形式で設定し，これによる波力と各建物の耐力が等しくなるときの係数を水深係数 a と定義し，調査対象ごとに水深係数 a を逆算した．

$$q_z = \rho g(3h - z) \tag{4.1}$$
$$p_z = \rho g(a\eta_m - z) \tag{4.2}$$

ここで，q_z：文献[4.12, 4.14]による構造設計用の津波波圧 $[kN/m^2]$
ρ：水の単位体積質量 $[t/m^3]$（本検討では1.0を仮定した）

g：重力加速度 $[m/s^2]$
h：設計用浸水深 $[m]$
z：当該部分の地盤面からの高さ $[m]$
  式(4.1)：$0 \leqq z \leqq 3h$, 式(4.2)：$0 \leqq z \leqq a\eta_m$
p_z：耐力相当時の津波波圧 $[kN/m^2]$
a：耐力相当時の浸水深/計測浸水深
η_m：計測浸水深（G.L. からの実測値で定義）$[m]$

　式(4.1)による波圧分布は，図4.17に示すとおり設計用浸水深 h の3倍の高さに達する三角形分布（波圧分布の最下部で静水圧の3倍となる最大波圧）を想定したものである．なお，津波荷重は浸水深，構造物の高さ，立面形状などの影響を受けるため，文献[4.12, 4.14]ではいくつかのケースで評価法が提示されているが，ここでは最も基本と考えられる図4.18の2ケースを対象とした[4.15, 4.17]．なお，受圧面（津波波圧を直接受ける面）に開口を有する建築物に津波荷重が作用する場合は，1から受圧面の開口率（受圧面の開口部面積/受圧面の建築物見付面積）を減じた数値を低減率 α と定義し，これを同図に示すとおり，高さ方向に一様に乗じて波圧を低減させた．

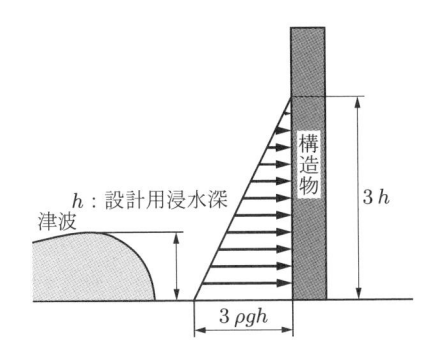

図 4.17　設計用津波波圧分布[4.12, 4.14]

(3) 構造物の被害程度と水深係数 a の関係に基づく津波荷重評価

　調査事例のうち，前述の検討が可能と判断した比較的単純な工作物43件および鉄筋コンクリート造建築物8棟を選定し，水深係数 a を式(4.2)による波力と4.3.1項(1)で求めた調査対象の耐力が等しいとして逆算した．検討にあたっては，構造物の立地条件による被害程度の差を考慮するために，津波高と

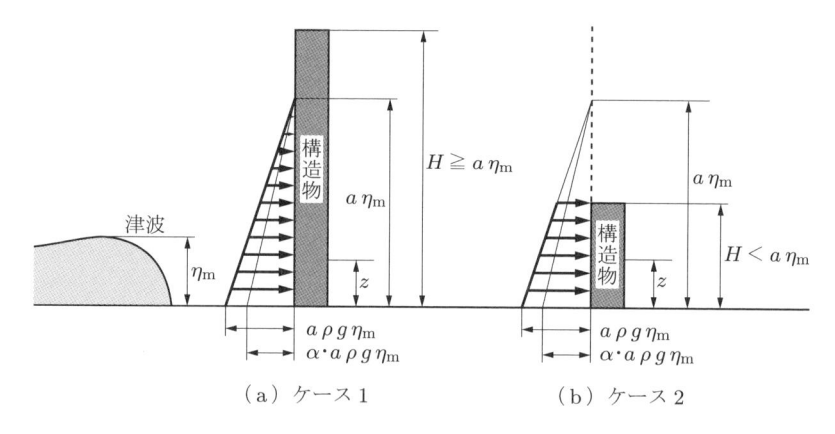

図 4.18 想定した計測浸水深 η_m, 構造物高さ H と波圧分布 p_z の関係

防波堤や防潮堤などの津波防災施設の規模などを総合的に勘案し，海側に津波の波力低減を期待しうる遮蔽物がある構造物と，遮蔽物がない構造物に分類した．ここでは，遮蔽物として釜石市，大船渡市，女川町に設置された湾口防波堤と，陸前高田市，石巻市，仙台市などにみられる津波高に対して十分な高さを有する防波堤や防潮堤を想定した．また，気仙沼湾の内部に来襲した津波は，蜂ヶ崎地区を通過して波力が低減されていると考えられるため，蜂ヶ崎地区を遮蔽物と想定した．ただし，山田町や大槌町のように津波高に対して十分な高さを有する防潮堤が設置されていても，防潮堤自身を検討対象とする際は，遮蔽物がないものとした．図 4.19 に，「計測浸水深 η_m」と「水深係数 a」の関係を示す．

被害程度は被害のない工作物と残存する建築物をそれぞれ○と◇で，崩壊した工作物と建築物をそれぞれ×と＊で，わずかな傾斜やひび割れなどの軽微な損傷がみられる工作物を△で示した．すなわち，○と◇は作用した津波波力が構造物の耐力より小さかったこと，×と＊は作用した津波波力が構造物の耐力より大きかったこと，△は両者が同程度であったことをそれぞれ意味する．そこで，○，◇と×，＊の境界を探ることで津波波力の推定を試みると，以下のとおりである．図 4.19(a) の遮蔽物による波力低減効果が期待できる場合は，計測浸水深 η_m がおおむね 10 m 以下の場合では図中の①のデータ群を除けば被害の有無（○と×など）の境界は水深係数 $a = 1$ 程度（計測浸水深 η_m 相当）である．また，計測浸水深 η_m がおおむね 13 m を超える場合では水深

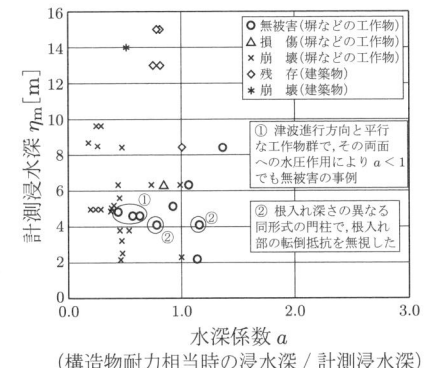

図 4.19 計測浸水深と被害程度の関係（比較的単純な工作物およびRC造建築物）

(a) 遮蔽物による波力低減効果が期待できる場合
(b) 遮蔽物による波力低減効果が期待できない場合

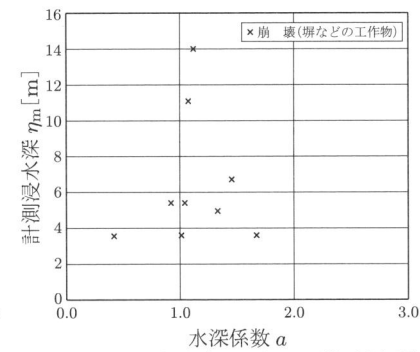

係数 a が1を下回る建築物も残存し，これらには計測浸水深相当の静水圧荷重は作用しなかったと推察される．一方，波力低減効果が期待できない場合を図(b)に示す．調査対象群には該当する建築物はなく，比較的単純な工作物のみである．×が水深係数 $a=1$ を超えて数例プロットされており，計測浸水深のおおむね1.7倍以上の静水圧に相当する波力が作用したものと考えられ，遮蔽物の有無による波力低減効果の差がみられる．以上から，本検討対象における被害・無被害の境界値となる水深係数 a は，遮蔽効果が期待できる場合で1.0程度，また期待できない場合で1.7程度以上であった．

また，式(4.3)に示す抗力式を対象に，その抗力 F_D が建物耐力に等しくなるとして，前述の遮蔽物の有無の影響に加えて三陸地方と平野部の地域差も考慮して，流速，波圧，フルード数についてより詳細に検討したところ[4.17, 4.18]，水深係数 a について前記と同様の結果を得ている．また，静水圧式と抗力式に基づく検討のいずれにおいても，海側に波力低減を期待しうる遮蔽物がない場合の水深係数 a は，遮蔽物がある場合に対して平均で1.5倍以上であった．

$$F_D = \frac{1}{2}\rho C_D u^2 A_D \tag{4.3}$$

ここで，F_D：抗力 [kN]
ρ：海水の単位体積質量 [t/m^3]
C_D：抗力係数

u：流速 [m/s]

A_D：津波進行方向から見た受圧部分の見付面積 [m²]

なお，ここで用いたデータは東日本大震災の津波被害の調査結果を対象とした限定的なものであること，旧ガイドライン[4.12]や文献[4.14]で参照されている検討事例[4.23]では，実験結果による波圧の最大値を包絡するものとして $a = 3$ が設定されていること，スマトラ島沖地震インド洋大津波における被害調査[4.15]では，建物の立地条件は異なるものの $a = 2.0 \sim 2.5$ の結果が得られていること，津波シミュレーションによる浸水深の推定精度の検討例によると浸水深が深くなると若干その誤差は小さくなるものの実測浸水深に対して推定浸水深は $1/1.5 \sim 1.5$ 倍程度であったこと[4.24]，遮蔽物のない地域での無被害構造物のデータが少ないことなどから，設計用の水深係数 a の設定にあたっては，遮蔽物がない場合は本検討による数値に余裕を考慮して旧ガイドラインにおける $a = 3$ を基本に，これを低減できる条件を設定した．

4.3.3 津波避難所の構造設計法の概要

　津波避難所など（工作物を含む）の指定を検討する際の，建築物の選定基準（構造的要件）の基本的な考え方は，4.3.2項で紹介した検討結果などに基づいてとりまとめられた「津波に対し構造耐力上安全な建築物の設計法等に係る追加的知見について」（平成23年11月17日付国住指第2570号）における「東日本大震災における津波による建築物被害を踏まえた津波避難ビル等の構造上の要件に係る暫定指針」（以下，「新ガイドライン」とよぶ）に示されており，その内容は設計例も含め，文献[4.21]に詳細に解説されている．本項ではその概略を以下に紹介する．

　津波荷重に対する建築物の構造計画では，まず耐圧部材（津波波圧を直接受け，破壊しないように設計する部材）と非耐圧部材（津波波圧を直接受け，破壊することを容認する部材）を明確に区分して配置することが基本である．津波波力に対する構造計算では，具体的には，建築物に想定される津波荷重に対して，旧ガイドライン同様，倒壊，転倒，滑動が生じないことを確認するが，建築物の耐力算定に用いる受圧面の部材のうち，構造耐力上主要な部分は耐圧部材として設計する（津波波圧により破壊しないことを確かめる）必要がある．一方，非耐圧部材のうち，津波波圧により破壊すると考えられる部材による開口部（外壁にある窓，ドア，シャッターなど）は，津波波圧を受圧しないもの

として波力を低減することが可能であるが，その他の非耐圧部材は，津波波圧に耐えることを確かめることは要しない（破壊することを容認する）ものの，この場合も波圧を受圧するものとして，津波波力を算定することが原則である．
図 4.20 に構造設計の流れを示す．各項目の考え方は以下のとおりである．
①津波波圧の算定：津波波圧は式(4.4)で評価する．

$$q_z = \rho g(\alpha h - z) \tag{4.4}$$

ここで，q_z：構造設計用の進行方向の津波波圧 $[kN/m^2]$
ρ：水の単位体積質量 $[t/m^3]$
g：重力加速度 $[m/s^2]$
h：設計用浸水深 $[m]$
z：当該部分の地盤面からの高さ（$0 \leq z \leq ah$）$[m]$
a：水深係数で表 4.2，図 4.21 による．

設計用の水深係数については 4.3.2 項での検討結果を踏まえつつ，以下の条件を勘案して表 4.2 に示す水深係数 a の基本値およびその低減条件を設定した．

● 遮蔽物なしの場合の設計用の水深係数 a を，朝倉らの研究結果[4.23]やスマ

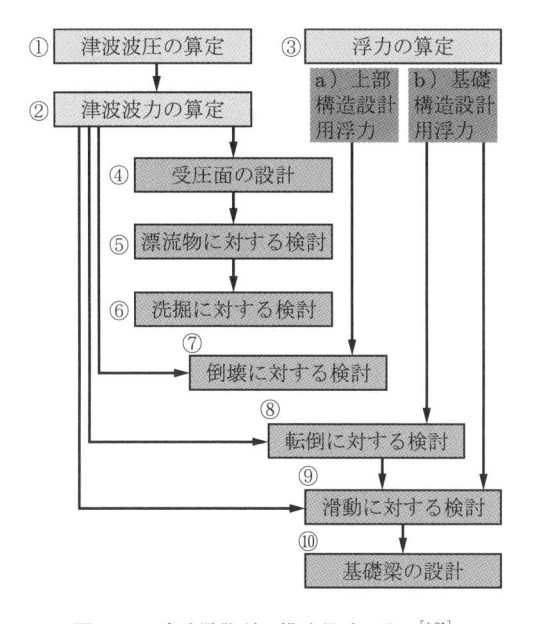

図 4.20 津波避難所の構造設計の流れ[4.21]

表 4.2 水深係数 a の設定

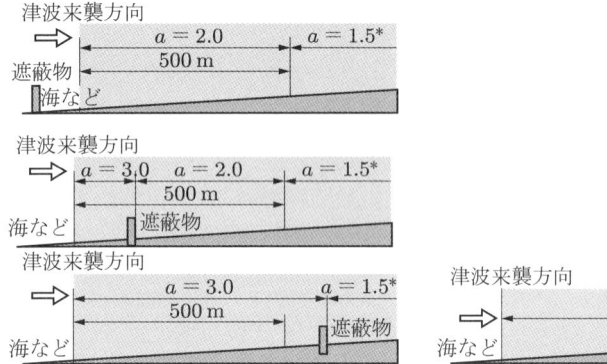

遮蔽物あり		遮蔽物なし
海岸や河川などからの距離		(距離によらず)
500 m 以上	500 m 未満	
1.5	2	3

（a）遮蔽物のある地域　　　　　　（b）遮蔽物のない地域

* $a = 1.5$ への低減は津波の流速増加がない地域を対象とする.

図 4.21　遮蔽物の有無, 海岸などからの距離と水深係数 a

トラ島沖地震インド洋大津波による調査結果[4.15]を参考に 3 とする.

- 遮蔽物の有無による水深係数の比は 1.5 程度であったことから, 遮蔽物ありの場合の設計用水深係数 a を 2（= 3/1.5）とする.
- 海岸や河川などからの距離と津波の水勢についての検討結果によると, 地形特性（たとえば, 下り勾配や谷筋など）や構造物の配置などの影響による流速増加が生じない地域で距離に応じて津波の減衰が期待できる場合は, 距離が 500 m 以上で $a = 1$ 程度以下とみなせること[4.17], ただしこれはかぎられたデータによる結果であることや津波シミュレーションによる浸水深の推定精度などを考慮し, 1.5 程度の余裕を考慮して 500 m 以上で $a = 1.5$ とする.

②津波波力：津波波力は①で求めた津波波圧を建物の高さ方向に積分して算定する. 算定にあたっては, 開口による波圧低減効果を考慮してよいが, その場合にあっても内壁などの影響を考慮して無開口時の 7 割までを低減の限

度とする．ただし，ピロティ部分の柱・梁などの耐圧部材以外の開口部には，この制限は適用しなくてもよい．なお，ピロティ構造で十分な耐震性能を確保するためには設計上十分な配慮が必要とされており，津波避難所には，当然のことながら十分な耐震性能が求められるため，耐震設計と耐津波設計の両面を考慮した構造計画が必須である．

③浮力の算定：建築物に作用する浮力は，建築物に流入する水の体積（浸水体積）により大きく変化するが，通常の構造設計においてこれを事前に精度よく評価することは必ずしも容易ではない．一方，鉄筋コンクリート構造の柱や杭では，一般に作用軸力（建物重量による）が低いほど耐力も低く算定される．そこで，建物内への津波の流入が不明確な場合は，安全側の仮定として倒壊，転倒，滑動の耐力が低めに評価される（軸力が小さくなる）以下の2種類の浮力を考える．

 (a) 倒壊の検討における構造骨組（上部構造）の設計に用いる浮力は，一般に水没部分の躯体に作用する浮力および各層の床下の空気溜りによる浮力の和として求める．

 (b) 転倒や滑動の検討における基礎の設計に用いる浮力は，一般に建築物の容積分の浮力として求める．

④受圧面の設計：受圧面の全部材を破壊させないことは技術的にも経済的にも困難であるから，受圧面の部材を耐圧部材と非耐圧部材とに明確に区分し，耐圧部材についてのみ波圧により破壊しないことを確認する．耐圧部材（柱や耐力壁など）は，作用する波力によって破壊しないことを，さらに波力による曲げモーメントおよびせん断力がそれぞれ当該部材の曲げ耐力，せん断耐力を超えないことにより確認する．一方，非耐圧部材は，構造骨組に損傷を与えることなく壊れることを容認する．

⑤漂流物に対する検討：漂流物の衝突により構造耐力上主要な部分が破壊しないこと，または柱や耐力壁のような鉛直部材（衝突が予想される外周部の部材）の一部が破壊しても，それにともなって建築物全体が崩壊しないことを確認する．これは，あらゆる漂流物に対して部材が損傷しないことを確かめることは困難であることから，漂流物の衝撃によって，一部の柱が破壊しても，当該柱が支持していた鉛直荷重をほかの柱で負担することにより，建築物が容易に倒壊，崩壊をしないことを確かめることなどを想定したもので，これは建築物の耐震診断手法[4.22]で一般に用いられている第2種構造要素

(その部材が破壊した場合にこれに代わって軸力（自重）を支持しうる部材が周辺にない部材）の検討と同様の概念である．

⑥洗掘に対する検討：洗掘に対して，上部構造が沈降，傾斜しないように杭基礎とするか，直接基礎にあっては地下室の設置，十分な深さの基礎根入れ，建築物などより下部の地盤改良や周辺部の舗装などによる洗掘防止策を検討する．

⑦倒壊に対する検討：地震時における保有水平耐力の検証と同様に，津波波力によって計算した各階に生じる力が当該建築物などの水平耐力を超えないことを確かめる．各階の水平耐力は，③(a)の浮力を考慮して②の波力による荷重増分解析により算定する．

⑧転倒に対する検討：津波荷重により発生する転倒モーメントが，基礎重量を含んだ自重および杭の引き抜き耐力による抵抗モーメントを上回らないことなどを確認する．このとき，③(b)の浮力による転倒モーメントの増大を考慮する．ただし，直接基礎構造の場合は，杭の抵抗は0とする．

⑨滑動に対する検討：津波荷重により杭に作用する水平力が杭の終局せん断耐力（津波波力，自重，浮力による応力状態を適切に考慮した軸力を用いる）の総和を上回らないことを確認する．

⑩基礎梁の設計：上部構造および杭による応力（モーメントおよびせん断力）に対して，終局耐力を超えないことを確認する．

4.3.4 津波避難所に要求される建物規模と耐力の概略

新ガイドラインでの設計により，建築物にどの程度の規模や耐力が必要となるかを検討した事例[4.25]を紹介する．対象建築物としては鉄筋コンクリート造集合住宅を想定し，張間方向は連層耐力壁構造で長さ12m，桁行方向はフレーム構造で構造特性係数D_sを0.3と仮定した．水深係数aを1.5，2.0，3.0の3種類，浸水深を5，10，15mの3種類とし，それらの組合せに対して，4.3.3項の設計法を満足するための張間方向のベースシア係数C_Bと，桁行方向の建物長さを計算した．なお，建築物は各層の高さを3.5m，開口率を0.3とし，また被害調査結果[4.17]によると建物前面での津波のせり上がりで生じる室内流入により，津波の建築物内での浸水位置は計測浸水深よりも最大4m程度高く，これを考慮した生存空間を確保するために必要となる次式で定義される避難安全階の階数を建物階数として仮定している．

$$避難安全階（階数）= 整数切り上げ\left(\frac{浸水深 + 4\,\mathrm{m}}{3.5\,\mathrm{m}}\right) + 1$$

算定結果を表 4.3 に示す．表中の◎，○，△は，それぞれほぼ従来の耐震設計で対応できるレベル，通常よりもかなり強度を増すなどの工夫を要するレベル，上部構造，杭，基礎などの強度を大きく高めるための特別な工夫を要するレベルを表している．C_B は，浸水深が 5 m の場合は $a = 3.0$ でも 0.97，また浸水深が 10 m の場合は $a = 1.5$ では 0.78 であり，十分設計可能である．しかし，$a = 2.0$ では $C_\mathrm{B} = 1.44$，桁行方向で建物長さ 60 m が必要となり，両方向とも通常の耐震設計よりもかなりの強度上昇が必要となる．さらに，$a = 3.0$ では $C_\mathrm{B} = 2.83$ となり，上部構造に加えて杭や基礎の強度を高めるために特別な工夫を要すること，また浸水深が 15 m の場合は，$a = 1.5$ でも通常よりかなり高い強度が要求され，$a = 2.0$ 以上では上部構造，杭，基礎などに特別な工夫が必要となる[4.25]．

表 4.3 浸水深ごとに建築物に要求される張間方向の強度（ベースシア係数 C_B）と桁行方向の長さ[4.25]

	浸水深と建築物の階数		
	5 m (4F)	10 m (5F)	15 m (7F)
$a = 3.0$	◎ $C_\mathrm{B} = 0.97$ 長さ 40 m	△ $C_\mathrm{B} = 2.83$ 長さ 36 m ($C_\mathrm{B} = 1.0$)	△ $C_\mathrm{B} = 4.56$ 長さ 54 m ($C_\mathrm{B} = 1.0$)
$a = 2.0$	◎ $C_\mathrm{B} = 0.38$ 長さ 15 m	○ $C_\mathrm{B} = 1.44$ 長さ 60 m	△ $C_\mathrm{B} = 2.42$ 長さ 54 m ($C_\mathrm{B} = 0.55$)
$a = 1.5$	◎ $C_\mathrm{B} = 0.3$ 長さ 9 m	◎ $C_\mathrm{B} = 0.78$ 長さ 33 m	○ $C_\mathrm{B} = 1.36$ 長さ 54 m

＊◎は従来の耐震設計による断面や配筋などで対応可能なレベル
○は強度を高める工夫を要するが，ほぼ対応可能なレベル
△は上部構造・杭・基礎などの強度を大きく高めるための特別な工夫を要するレベル

津波避難所の構造設計法では，以上の倒壊に関する検討に加え，基礎や杭にも終局時に対応するいわゆる二次設計を要求していることから，転倒や滑動を考えると，杭には従来の許容応力度計算による設計に比べて，相当大きな水平耐力と引き抜き抵抗力が要求されることになる．

また，文献[4.26]では，既存の鉄筋コンクリート造建築物を対象に耐津波性能を評価し，構造耐力，転倒耐力，滑動耐力のいずれが弱点となるかを簡易判定するための手法が提案されている．その結果によると，一般に滑動耐力あるいは転倒耐力が性能を支配する傾向にあり，今後の津波避難所の指定にあってはこれらの性能を向上させるための補強工法の開発が重要である．

4.3.5 試設計による検討例

津波避難所などの設計例を 2 例，文献[4.21]より紹介する．なお，文献[4.21]ではここで紹介する事例を含め，全 8 例の設計例が提示されており，具体的な構造計算についての詳細はこれを参照してほしい．

(1) 設計用浸水深 10 m，水深係数 $a = 2.0$ に対する設計例 1

対象建築物は地上 6 階，地下階なし，塔屋 1 階，杭基礎による高さ 18 m の鉄筋コンクリート造共同住宅で，桁行方向がラーメン構造，梁間方向が耐力壁付きラーメン構造である．平面図，立面図を図 4.22 に，杭伏図を図 4.23 に示す．本建築物は 8 階建て実建築物の上部 2 層を撤去して 6 階建てとし，妻面の耐力壁厚の増大（例：1 階 230 mm → 350 mm），杭の増設（18 本 → 20 本），杭径の変更（1300ϕ → 1900ϕ）などにより必要耐力を確保するように修正したものである．その結果，津波作用時耐力/津波荷重の余裕度は，上部構造についてはせん断力で桁行方向 1.58，梁間方向 1.06 であった．また，基礎構造について，杭の引抜抵抗力/引張最大軸力で最小値 1.07，杭の水平耐力/津波波力で 1.27 であった．

以上のように，上部構造のほか，とくに基礎構造には通常の設計に比べて大きな強度が求められるが，設計は対応可能な範囲である．

(2) 設計用浸水深 15 m，水深係数 $a = 2.0$ に対する設計例 2

(1)の原設計 8 階建てを基本に，耐力壁厚の増大（例：1 階 230 mm → 500 mm），杭の増設（18 本 → 34 本），杭径の変更（1300ϕ → 2000ϕ）などにより，必要な耐力を確保するように修正したものである．杭伏図を図 4.24 に示す．その結果，津波作用時耐力/津波荷重の余裕度は，上部構造についてはせん断

4.3 津波避難施設の耐津波構造　77

(a) 基準階平面図

(b)

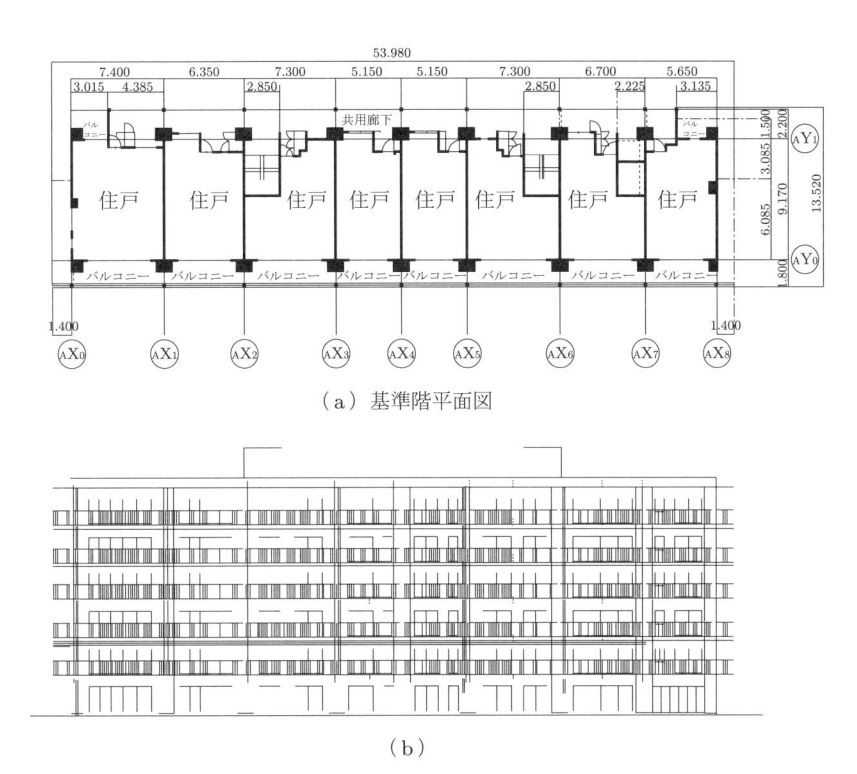

図 4.22 設計例 1 の平面図および立面図［国土交通省国土技術政策総合研究所，建築性能基準推進協会，建築研究所（協力）：津波避難ビル等の構造上の要件の解説，2012.2.，http://www.kenchiku-bosai.or.jp/seismic/tsunami_text.html］

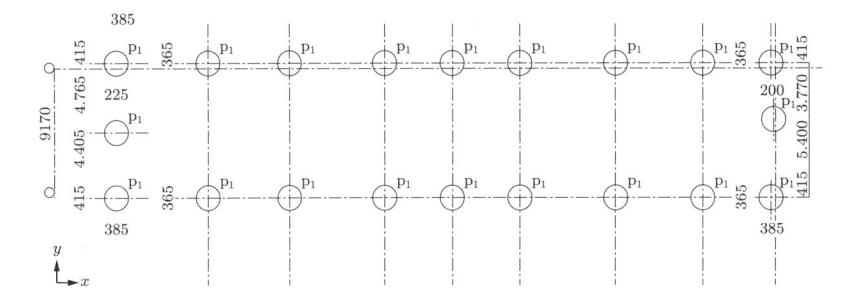

図 4.23 設計例 1 の杭伏図［国土交通省国土技術政策総合研究所，建築性能基準推進協会，建築研究所（協力）：津波避難ビル等の構造上の要件の解説，2012.2.，http://www.kenchiku-bosai.or.jp/seismic/tsunami_text.html］

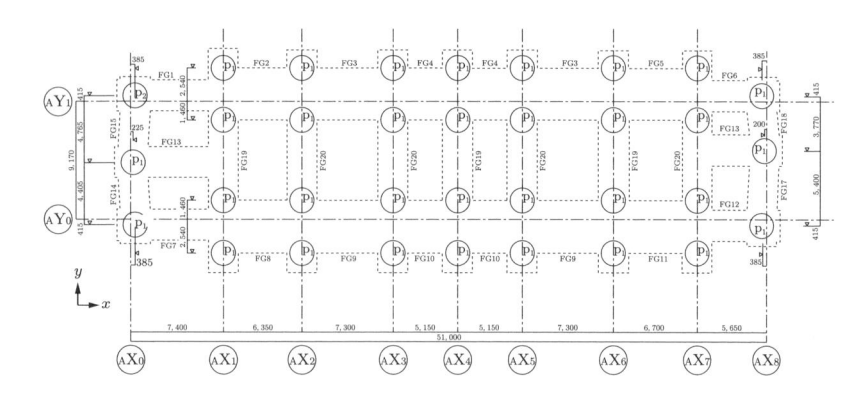

図 4.24 設計例 2 の杭伏図［国土交通省国土技術政策総合研究所，建築性能基準推進協会，建築研究所（協力）：津波避難ビル等の構造上の要件の解説，2012.2., http://www.kenchiku-bosai.or.jp/seismic/tsunami_text.html］

力で桁行方向 1.09，梁間方向 1.02 であった．また，基礎構造について，杭の引抜抵抗力/引張最大軸力で最小値 1.03，杭の水平耐力/津波波力で 1.03 であった．

以上のように，上部構造のほか，とくに基礎構造は大きな強度を確保する必要があり，特別な対策を必要とする結果となった．

参考文献

[4.1] 佐藤清一：海岸堤防の設計について，海岸工学研究発表会論文集，pp.105-111, 1954.
[4.2] 渡邊国広，諏訪義雄，加藤史訓，藤田光一：東北地方太平洋沖地震津波による海岸堤防の被災分析，土木学会論文集 B2（海岸工学），Vol.68, No.2, pp.356-360, 2012.
[4.3] Fuminori Kato, Yoshio Suwa, Kunihiro Watanabe, Satoshi Hatogai : Damages to Shore Protection Facilities Induced by the Great East Japan Earthquake Tsunami, Journal of Disaster Research, Vol.8 No.4, pp.612-625, 2013.
[4.4] 国土技術政策総合研究所河川研究部：粘り強く効果を発揮する海岸堤防の構造検討（第 2 報），p.21, 国総研技術速報 No.3, 2012.8., http://www.nilim.go.jp/lab/bcg/sokuhou/file/120810.pdf
[4.5] 諏訪義雄：津波越流に対して粘り強く機能する海岸堤防とは，建設物価

/2013・4月号,pp.10-16, 2013.
[4.6] 農林水産省,国土交通省:設計津波の水位の設定方法等について,2011.7., http://www.mlit.go.jp/report/press/river03_hh_000361.html
[4.7] 岩手県:岩手県沿岸における堤防高さの設定について,p.18, 2011.10., http://www.pref.iwate.jp/view.rbz?cd=41052
[4.8] 中央防災会議東北地方太平洋沖地震を教訓とした地震・津波対策に関する専門調査会:東北地方太平洋沖地震を教訓とした地震・津波対策に関する専門調査会報告,p.44, 2011., http://www.bousai.go.jp/kaigirep/chousakai/tohokukyokun/pdf/houkoku.pdf
[4.9] 海岸における津波対策検討委員会:平成23年東北地方太平洋沖地震及び津波により被災した海岸堤防等の復旧に関する基本的な考え方,p.9, 2011., http://www.mlit.go.jp/river/shinngikai_blog/kaigantsunamitaisaku/kangaekata/kangaekata111116.pdf
[4.10] 東北地方整備局:「明日へつなぐ」仙台湾南部海岸堤防復旧プロジェクト,http://www.thr.mlit.go.jp/Sendai/kasen_kaigan/fukkou/kouzou.html
[4.11] 田中浩充,田中茂信,大中武易,土屋文人:築堤後50年を経過した海岸堤防の評価,海岸工学論文集,第51巻,pp.876-880, 2004.
[4.12] 津波避難ビル等に係るガイドライン検討会(内閣府):津波避難ビル等に係るガイドライン(巻末資料② 構造的要件の基本的な考え方),http://www.bousai.go.jp/kohou/oshirase/h17/pdf/guideline.pdf, http://www.bousai.go.jp/kohou/oshirase/h17/pdf/tsunami_siryo2.pdf, 2005年6月
[4.13] 志賀敏男,小川淳二:チリ地震津波の大船渡市海岸等における勢力について(構造),日本建築学会論文報告集(69-1), pp.417-420, 1961.10.
[4.14] 岡田恒男,菅野忠,石川忠志,扇丈朗,高井茂光,浜辺千佐子:津波に対する建築物の構造設計法について—その1:予備検討—,ビルディングレター,2004.10.,津波に対する建築物の構造設計法について—その2:設計法(案)—,ビルディングレター,2004.11.
[4.15] 中埜良昭:スマトラ島沖地震津波の被害調査結果に基づく津波避難施設の設計外力評価,日本建築学会技術報告集,第13巻第25号,pp.337-340, 2007.6.
[4.16] 奥田泰雄,阪田升:建築物に作用する津波のシミュレーション その2 開口部の影響,日本建築学会大会学術梗概集,2008.9.
[4.17] 東京大学生産技術研究所:平成23年度建築基準整備促進事業「40. 津波危険地域における建築基準等の整備に資する検討(研究代表者:中埜良昭)」報告書,2012.3.

[4.18] 芳賀勇治，浅井竜也，舘野公一，中埜良昭，福山洋，菅野忠，岡田恒男：建築物等の被害調査結果に基づく津波荷重の評価 その1 静水圧式に基づく検討／その2 抗力式に基づく検討，日本建築学会大会学術梗概集，Vol. C-2, pp.73-80, 2012.9.

[4.19] 福山洋，奥田泰雄，加藤博人，石原直，田尻清太郎，壁谷澤寿一，深井敦夫，中埜良昭：RC造建築物の津波被害に基づく津波避難ビルの設計目標，日本建築学会大会学術梗概集，Vol.C-2, pp.81-84, 2012.9.

[4.20] 田尻清太郎，福山洋，奥田泰雄，加藤博人，石原直，壁谷澤寿一，深井敦夫，中埜良昭：津波避難ビルの構造設計法，日本建築学会大会学術梗概集，Vol. C-2, pp.85-88, 2012.9.

[4.21] 国土交通省国土技術政策総合研究所，建築性能基準推進協会，建築研究所（協力）：津波避難ビル等の構造上の要件の解説，2012.2., http://www.kenchiku-bosai.or.jp/seismic/tsunami_text.html

[4.22] 日本建築防災協会：既存鉄筋コンクリート造建築物の耐震診断基準 同解説，2001.10.

[4.23] 朝倉良介，岩瀬浩二，池谷毅，高尾誠，金戸俊道，藤井直樹，大森政則：護岸を越流した津波による波力に関する実験的研究，海岸工学論文集，第47巻，pp.911-915, 2000.

[4.24] 国土交通省水管理・国土保全局海岸室，国土交通省国土技術政策総合研究所河川研究部海岸研究室：平成23年東北地方太平洋沖地震による津波の対策のための津波浸水シミュレーションの手引き，2011.7.

[4.25] 田尻清太郎，福山洋，深井敦夫，壁谷澤寿一，中埜良昭：津波避難ビルの構造設計法，日本地震工学会誌（第17号2012年7月），日本地震工学会，pp. 45-50.

[4.26] 太田勤，迫田丈志，望月滋人，柳敏幸，崔琥，中埜良昭：RC造建物を対象とした耐津波性能の簡易判定に関する基礎的検討 その1既存建物の耐津波性能評価による予備検討/その2 簡易手法の提案とその検証，日本建築学会大会学術梗概集，Vol.C-2, pp.649-652, 2013.8.

第 5 章

港湾施設・漁港施設の耐津波構造

5.1 港湾施設の耐津波構造

5.1.1 防波堤の津波低減効果

　防波堤の本来の目的は港内を波浪から守ることであり，通常の防波堤の配置は，最も頻度の高い波浪および最も波高の大きい波浪に対して，効果的に港内を遮蔽するように決められる．津波に関しては，防波堤本体の津波に対する安定性の検討は行われるが，港内への津波の侵入を防ぐことは原則として考慮していない．ただし，防波堤の配置によっては，結果的に多少の津波低減効果を有する場合もある．一方，岩手県の釜石港や大船渡港などに建設された津波防波堤は，通常の波浪だけでなく津波の侵入を防ぐことを目的としており，津波低減効果を発揮できるように，防波堤の配置および形状が決められている．ここでは，釜石湾の湾口部に建設された津波防波堤を例に，防波堤の津波低減効果について紹介する．

　図 5.1 は，釜石湾口防波堤の写真である．幅約 2 km の湾口部に対して，船舶の航行のための開口部 300 m を挟んで，南北に防波堤が設けられている．図ではわかりにくいが，開口部から湾の最奥部までの距離は 4 km 以上もあり，湾内で津波が増大する前に湾口部で津波を防ぐというコンセプトで建設された．図 5.2 は，湾口部における防波堤の縦断面を示したもので，図の左が北側である．湾口部の水深は最大で -63 m であり，世界で最も深い防波堤である．図からわかるように，水深のほぼ半分程度の深さまで石が投入され，防波堤の基礎マウンドを形成しており，その上に，ケーソンが設置されている．また，開口部においても，海中に潜堤とよばれるハイブリッドケーソンが基礎マウンドの上に設置され，締め切り効果を高めており，開口部の断面積は本来の湾口部の断面積の 1 割以下になっている．

図 5.1　釜石湾口防波堤全景［提供　東北地方整備局］

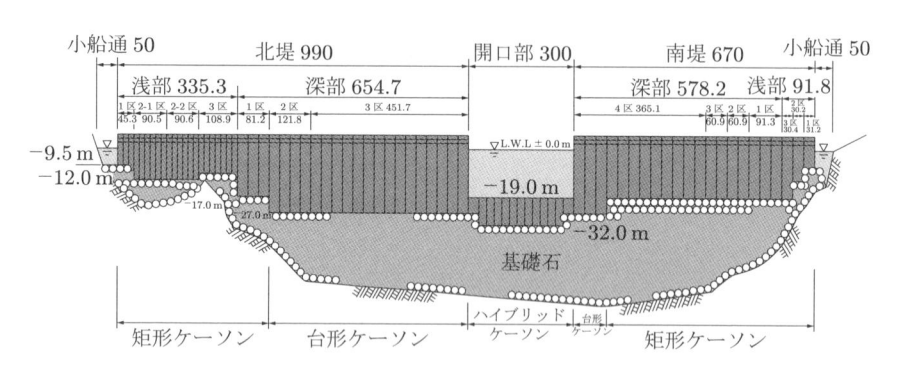

図 5.2　釜石湾口防波堤縦断図［提供　東北地方整備局］

　また，防波堤の高さは明治三陸地震（マグニチュード 8.5）による津波に相当する津波（防波堤位置での設計津波波高 5.0 m）でも越流しないように，天端高は 6.0 m に設定されている．図 5.3 は，北堤深部 2 区と 3 区の標準断面を示したもので，下部が台形となっているスリットケーソンである．なお，防波堤に作用する外力としては，防波堤の設計波浪である 50 年確率波（周期 13 秒，波高 13.3 m）による津波波力のほうが，明治三陸地震による津波による津波波力よりも大きく，防波堤の断面形状は波浪に対して安定となるように決められていた．

　明治三陸地震による津波を想定した場合，防波堤の効果により，津波による浸水面積は 141 ha から 25 ha に縮小され，市街地へ浸水したとしても浸水深

5.1 港湾施設の耐津波構造　**83**

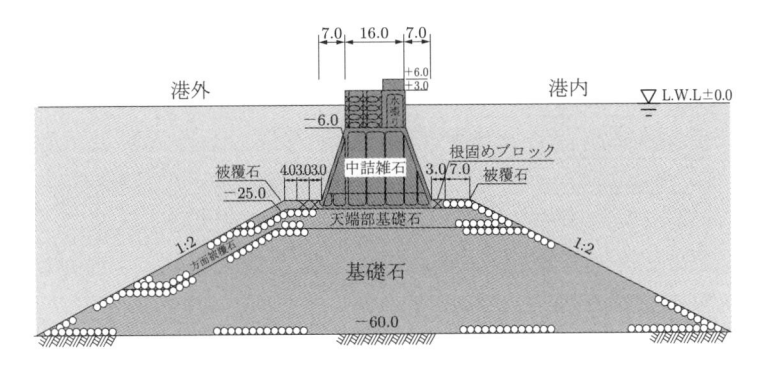

図 5.3　釜石北堤深部標準断面図［提供　東北地方整備局］

は 0.5 m 程度と計算されていた．東北地方太平洋沖地震による津波は，残念ながら明治三陸地震による津波をはるかに上回るものであり，津波は開口部からだけでなく防波堤を越流して湾内に侵入し，防波堤本体も津波によって大きな被害を受けた．ただし，現地で撮影された映像などによれば，防波堤は津波高が最も大きかった第一波ではあまり大きな被害を受けておらず，第二波以降で被害が拡大した．図 5.4 は，数値計算による湾口防波堤の津波低減効果の検証結果を示したものである．図(a)は湾口防波堤がないものと仮定した場合の最大津波高を示したもので，図(b)は湾口防波堤がある場合の最大津波高である．図に示した 3 箇所での現地調査により観測された津波痕跡高が，防波堤がある場合の計算値とほぼ一致していることから，防波堤が湾内の津波を軽減したことがわかる．また，図 5.5 は，湾奥の防潮堤前面における水位の変化を比較し

（a）湾口防波堤がない場合　　　　　　（b）湾口防波堤がある場合

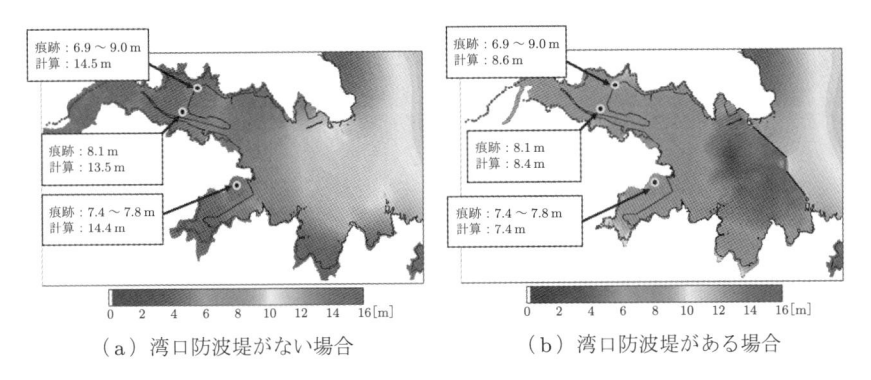

図 5.4　釜石湾口防波堤の津波低減効果

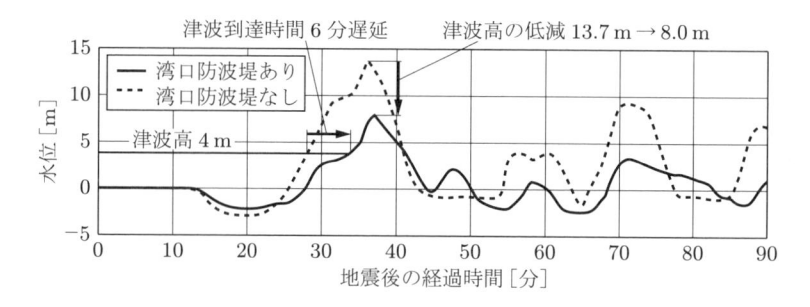

図 5.5 防潮堤前面における水位の時間変化

たものである．湾口防波堤がある場合，防波堤がない場合に比べて最大水位が 13.7 m から 8.0 m に低減しているだけでなく，水位が防潮堤の高さ（4 m）となって越流がはじまる津波到達時刻も，6 分遅くなっており，避難のための時間を稼いだことがわかる．

5.1.2 防波堤の被災状況と被災メカニズム

東北地方太平洋沖地震による津波によって，港湾の防波堤は青森県八戸港から茨城県鹿島港に至る全長約 60 km のうち，約 26 km が被災し，釜石港および大船渡港の津波防波堤が被災したほか，八戸港や福島県相馬港の防波堤も大きな被害を受けた[5.1]．本項では，釜石港と八戸港における防波堤の被災状況とその被災メカニズムを紹介する．

(1) 釜石湾口防波堤

5.1.1 項で述べたように，釜石湾口防波堤は津波低減効果を発揮したものの，最終的には防波堤本体のかなりの部分が被害を受けた[5.2]．図 5.6 は，防波堤の被災状況を示したもので，白は滑動してマウンドから転落したケーソン，薄

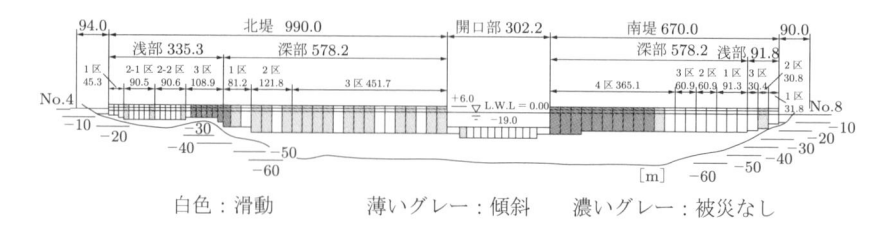

図 5.6 防波堤の被災状況［提供　東北地方整備局］

いグレーはマウンド上に残ったものの傾斜したケーソン，濃いグレーは被災しなかったケーソンである．また，図 5.7 は，ナローマルチビーム測深機による被災後の測量結果を平面的に示したものである．北堤については，44 函のうち浅部 3 区付近の 7 函程度がほぼ原形を留めているものの，それ以外のケーソンについてはほとんど何らかの移動がみられる．浅部に関しては原形を留めているもの以外はかなりの部分が港内側へ転落しており，深部については大半が港内側に傾斜しつつ水没した隣接ケーソン側（開口部方向）に大きく傾いている．一方，南堤については，22 函のうち最深部（開口部側）から 10 函はほとんどそのまま残っているが，11 函めは港内側へやや傾斜しつつ，水没した隣接ケーソン側に大きく傾いており，12 函め以降に関しては，ほとんどのケーソンが港内側へ転落している．開口部の潜堤もほとんどのケーソンが港内側へ転落している．図 5.8 は北堤堤頭部から見た被災後の防波堤の状況である．

北堤側浅部および南堤の被災原因は，設計をはるかに上回る大きな津波が作用したことであり，ケーソン前面と背面に大きな水位差が生じて滑動限界を超

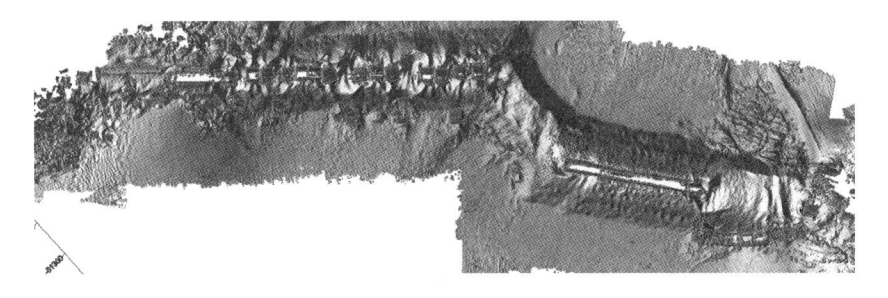

図 5.7　ナローマルチビームによる測深データ［提供　東北地方整備局］

図 5.8　被災後の防波堤（北堤堤頭部から）

える水圧が作用したことによってケーソンが一気に滑動した．また，開口部については潜堤ケーソンが速い流れによって滑動し，さらに基礎マウンドの洗掘も発生した．北堤の深部に関しては，一部のケーソンが滑動してマウンドから転落したあとで，ケーソンの抜けた箇所に速い流れが作用して洗掘が生じて隣接するケーソンが傾斜・変形したことによって広がったケーソンとケーソンの目地部分でも同様の洗掘を受け，被害が徐々に拡大した．図 5.7 のナローマルチビームによる測量結果でも，北堤側のマウンドには目地を中心に局所的な洗掘が確認されている．

(2) 八戸港防波堤

図 5.9 は，被災後に撮影した八戸港における防波堤の配置である．東北地方太平洋沖地震による津波では，中央第 1 防波堤および中央第 2 防波堤は堤頭函の一部を除いてほとんど被災しなかったが，八太郎北防波堤では大きな被害が生じた．この防波堤は，ケーソンの前面に消波ブロックが設置された，いわゆる消波ブロック被覆堤とよばれる構造形式で，図 5.10 に示すように，防波堤のハネ部（16～19 区）については，灯台のある堤頭部以外はほぼすべて，防波堤ケーソンおよび消波ブロックが海中に水没している．この被災の原因は，釜石の場合と同じく滑動限界を超える水圧差が生じたこと，すなわち，防波堤ケーソンの重量不足である．一般に，消波ブロックは通常の波浪の作用による波力を低減する効果があるため，消波ブロック被覆堤は通常の防波堤に比べてケーソンの重量を低減することができる．しかし，津波に対してはこうした波力低減効果がほとんど期待できないため，今回の津波により作用した水圧が設計で考慮していた波浪による外力を大幅に上回り，ケーソンが滑動した．

図 5.9 八戸港防波堤全景［提供　東北地方整備局］

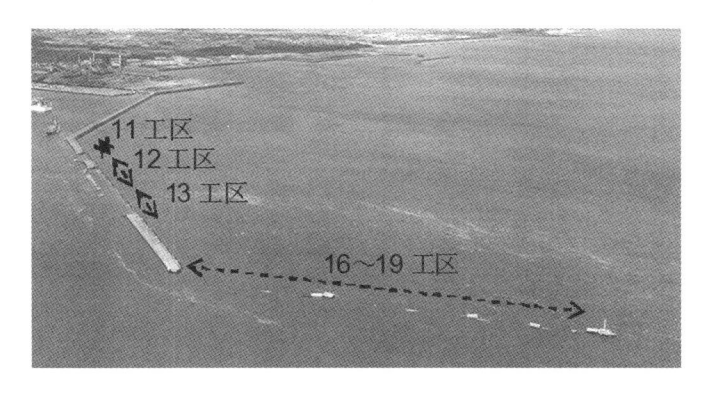

図 5.10 八太郎北防波堤の被災状況 ［提供　東北地方整備局］

一方，11〜13 区にかけても被災がみられるが，ケーソンが多少移動はしているものの完全に水没してしまったものは少なく，ケーソンの一部が水面上に見えている．この部分については，津波数値シミュレーションによって再現された津波高から計算される津波による水圧に対しては，ほぼ安定となる重量であった．このことから，被災の原因は，防波堤を越流した津波によって背後の基礎マウンドおよび海底地盤が洗掘され，不安定となったケーソンが傾斜・移動したことである．実際，この付近においては，ケーソンが比較的健全な箇所でもケーソン背面の基礎マウンドや海底地盤が洗掘されているところがみられた．また，現地を再現した水理模型実験でも，越流によって背後が洗掘され，ケーソンが移動する現象が確認された．図 5.11 は，実験における越流の発生

(a)　　　　　　　　　　　　　(b)

図 5.11　水理模型実験による越流洗掘の再現

前後の状況を比較したものである．越流によって背面の砂地盤および基礎マウンドが洗掘され，ケーソンが滑落している．

5.1.3　防波堤の耐津波安定性
(1) 被災メカニズムの分類と対策

　5.1.2項で説明したように，津波による防波堤の被災メカニズムは大きく以下のように分類できる．
①防波堤前面と背面の水位差による水圧によるケーソンの滑動
②速い流れによる基礎マウンドや海底地盤の洗掘
③越流による防波堤背後の洗掘

　①の例としては，5.1.2項(1)で説明した釜石湾口防波堤，八戸港の八太郎北防波堤のハネ部のほか，大船渡湾口防波堤，相馬港沖防波堤などがある．釜石湾口および大船渡湾口については，津波防波堤のため締め切り効果が高く，防波堤前面と背面の水位差が大きくなりやすい状況であった．一方，八戸港および相馬港については，消波ブロック被覆堤でケーソン本体の重量が比較的小さかったため，被災が生じた．なお，港内の水域が狭く津波による港内の水位上昇が大きい場合，引き波時に防波堤前面の水位が大きく低下し，防波堤が沖側へ滑動することもある．なお，一般の防波堤の場合，防波堤の天端はそれほど高くなく大きな津波では越流が生じやすいことや，開口部からの津波の流入も多いことから，設計波高が大きくケーソン重量の大きな第一線の防波堤であれば，水位差によるケーソンの滑動が発生することは比較的少ない．防波堤の前面と背面でどのくらいの水位差が生じるかについては，津波数値シミュレーションによってある程度予測することが可能である．ケーソンの滑動を防ぐためには，ケーソン自体の重量を大きくしたり，背面に滑動抵抗を増加させるための構造を付加したりする方法などが考えられる．

　②の現象は，流れによる渦が発生しやすい防波堤の開口部や堤頭部（先端部）周辺でとくに顕著となる．例としては，釜石湾口防波堤の潜堤や八戸港中央防波堤の堤頭部などがある．釜石湾口の開口部については，設計流速8.2 m/sとかなり速いものであったが，実際にはその2倍程度の流速が作用した．潜堤ケーソンの場合，高さを変えることはできないため，重量を大きくするためには幅を広げるしかないが，流速がある程度以上になると，重量の増加よりも作用する揚力の増加のほうが大きくなり，計算上，どれだけ幅を広げても安定と

ならなくなる．したがって，通常のケーソンに比べて揚力を低減できるような特殊な構造を用いるなどの工夫が必要である．一方，堤頭部の洗掘に関しては，基礎マウンドの石が移動しないように，マウンドを保護する被覆材を十分安定なものとする必要がある．具体的には，1〜2t程度の被覆石では被災した事例がみられたのに対して，数t以上のコンクリートブロック（被覆ブロック）を用いたところでは被災が少なかったことから，ある程度以上の流速が想定されるところでは，流れに対して安定なコンクリートブロックを被覆材として用いる必要がある．

通常の波浪においても越波は頻繁に生じるが，それによって防波堤背後のマウンドや地盤が被災するようなことはほとんどないため，③の現象は，東日本大震災以前にはほとんど考慮されていなかった．そのため，防波堤背面（港内側）の設計は，堤頭部付近を除いてあまり重要視されていなかった．しかし，この現象は多くの防波堤において，ある程度大きな津波が作用すれば起こりうるものであり，いったん洗掘が生じると，想定よりも小さな外力でケーソンの滑動につながるおそれがある．このような越流洗掘による被災を防ぐためには，②と同様に越流に対して十分安定なコンクリートブロックなどを被覆材として用いる方法が考えられる．また，越流した水塊が作用する場所は防波堤の形状や水深など，さまざまな条件によって変化するため，防波堤上部の形状を工夫して水塊をより遠くに落下させ，背後のマウンドに直接作用しないようにする方法もある．ただし，水塊の落下位置は津波高によって，時間とともに変化することに注意する必要がある．

(2) 耐津波安定性の考え方と粘り強い構造

5.1.1項でも述べたように，防波堤の本来の目的は港内を波浪から守ることである．港湾における防波堤の場合，通常は50年確率波に対して十分な安定性を確保するように設計されている．津波に関しては，発生頻度の比較的高い（数十年から百数十年に一度程度の）津波に対しては十分な安定性を確保する必要がある．一方，最大クラス（千年に一度程度以上）の津波に対しても十分な安定性を確保するのは，経済性の観点からも不可能であり，多少の変形は許容するが倒壊しにくい「粘り強い構造」とするのが現実的である[5.3]．これは，壊滅的な破壊によって被害が一気に拡大するのを防ぐという意味だけでなく，震災後の早期復旧のための港湾機能の維持という観点からもきわめて重要である．

図 5.12 は，粘り強い構造の防波堤の一例を示したもので，ケーソン背面に石による腹付工を設置し，その上を十分な重量のコンクリートブロックで被覆している．これにより，最大クラスの津波によって越流が生じても背面が洗掘されず，万一ケーソンの滑動が生じても腹付工が抵抗となって変形を最小限に留め，ケーソンがマウンドから転落するような壊滅的な破壊を防ぐことができる．ただし，この方法はあくまでも一つの例であり，港内側のマウンド幅が広がるため，背後にすぐ航路がある場合など，水域に制約がある場合には適用できない．したがって，腹付工として石の代わりに特殊なブロックを用いる方法や，杭構造による抵抗を付加する方法など，さまざまな対策工法も検討されている．

（a）平常時　　　　　　　　　　（b）津波の来襲時

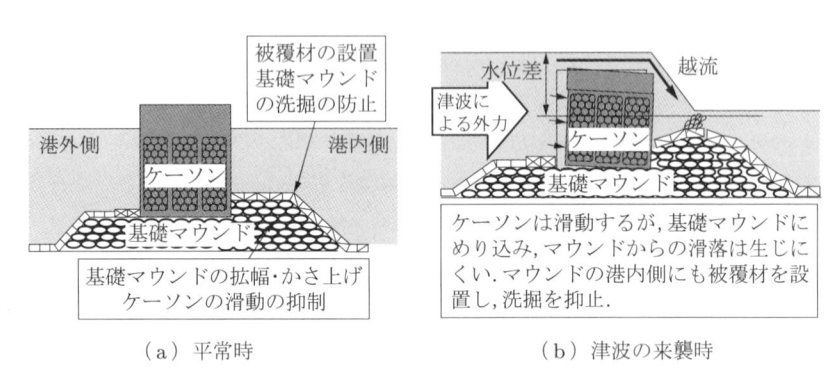

図 5.12　粘り強い構造の防波堤の例

5.1.4　津波対策としての可動式防波堤

津波の場合，通常の波浪よりも防波堤開口部からの回折の影響が大きいため，防波堤による津波低減効果を期待するためには，開口部をできるだけ小さくすることが望ましい．しかし，通常の防波堤の場合，船舶の安全な航行のためにはある程度の開口部が必要であり，そこから侵入する津波の影響が大きく，十分な低減効果が得られない場合も少なくない．この問題を解決する方法の一つとして，可動式の防波堤が考えられる．すなわち，通常は海底に沈めた状態としておき，津波来襲時にのみ海中に姿を現して機能するというものである．本項ではこのような可動式防波堤の例として，現在検討が進められているフラップゲート式構造物と直立浮上式防波堤の概要について紹介する．

(1) フラップゲート式構造物

図 5.13 は，フラップゲート式構造物（以下，フラップゲート）のイメージを表したものである．図 5.14 に示すように，フラップゲートは，常時には海底に伏せた状態で設置されており，高潮や津波の来襲時にはフラップ（扉体）に空気を送り込み，浮力を与えることで急速に浮き上がらせる構造となっている．このため，常時は港口や航路を閉塞することがなく，船舶の航行や海水の流れを阻害しない．フラップの海底側はピン構造であり，フラップ内外の水位差により発生する水圧荷重は，海底部ピン構造付近に設けた支持機構あるいはチェーン，鋼棒などのテンション材を介して基礎構造部へ伝達される．高潮や津波が過ぎたあとはフラップ内の空気を排出して海水を取り込み，フラップを海底に沈降させて再度格納する．

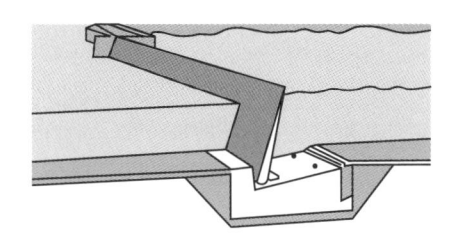

図 5.13　フラップゲート式構造物

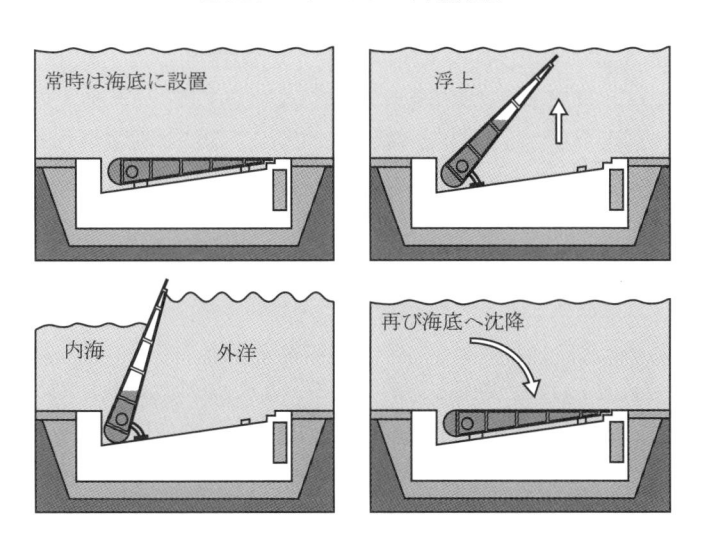

図 5.14　フラップゲート式構造物の原理

フラップゲートは，最初は高潮対策の構造物として細長い湾の入り口などに設置することを目的として開発されたもので，イタリアのベネチアでは，大型フラップゲートを用いた「モーゼ計画」とよばれる高潮対策プロジェクトが進められている．一方で，短時間で浮上させられることから津波対策としても有効な構造物として検討が行われている．日本において津波および高潮対策としてフラップゲートを設置する場合，かなり大きな水位差と波力が想定され，ベネチアと同様の構造形式で設計すると，大きな浮力を得るために扉体が巨大なものとなってしまう．そこで，我が国において現在検討しているフラップゲートは，起立時に海側（水位の高い側）に傾斜させる形式となっている．そのため，扉体は越波を防ぐ余裕高分の扉体重量を海面上に確保するための浮力を必要とするものの，陸側に傾斜させるベネチアのものに比べると，かなり小さな扉体体積の構造となる．また，津波時にはフラップを固定しなければ所定の機能が発揮できないため，支持機構のないベネチアのものとは基本的に構造が異なっている．

フラップゲートを可動式防波堤として細長い湾の入り口や港口部（既存防波堤の開口部）に設置することにより，湾奥や港内への津波の侵入を防ぎ，津波に対する被害を低減することができる．フラップゲートは，数mオーダの小型のものから数百mオーダの超大型のものまであらゆる規模に対応でき，さまざまな条件の場所への適用が可能である．津波対策としてのフラップゲートに関する研究は2004年頃から行われており[5.4]，2011年から2年間，静岡県の焼津において実海域試験も実施された[5.5]．また，フラップゲートを陸上の防潮堤として利用することも検討が進められている．陸上に設置した場合，浸水時には浮力によって自動的に浮上するため送気システムなどは不要で，海底に設置する場合に比べて非常に単純な構造となる．

(2) 直立浮上式防波堤

直立浮上式防波堤も，フラップゲートと同様に常時は船舶航行の障害とならないように鋼管を海底面以下に沈設し，高波や津波来襲時などの必要なときにだけ鋼管を水面上に浮上させるものである．図5.15に直立浮上式防波堤の構造を，図5.16にその浮上原理を示す．本防波堤は上部鋼管（内鋼管）と下部鋼管（外鋼管）から形成される鞘管方式の鋼管を壁状に構築した構造物で，常時は海底に設置された下部鋼管の中に上部鋼管が格納されている．高波や津波来襲時などの必要なときには，陸上に設置されたコンプレッサーから上部鋼管

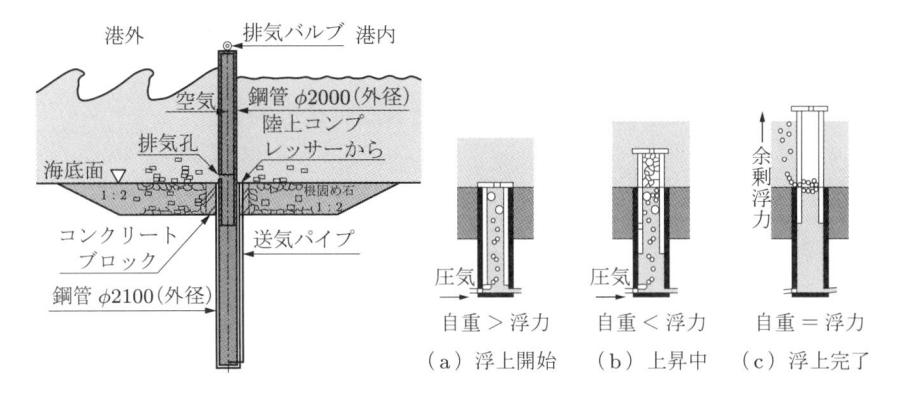

図 5.15 直立浮上式防波堤の構造   図 5.16 直立浮上式防波堤の浮上原理

内に空気を圧送し，浮力によって上部鋼管を水面上に浮上させる．高波や津波が収まると鋼管内の空気を排気することにより，鋼管は自重により徐々に降下し，再び海底に格納される．上部鋼管格納時には，下部鋼管内の排出水により自動的に周辺土砂を排除する機構を有している．

直立浮上式防波堤の特長としては，次のものがあげられる．
①海底地盤中に格納されているため，地震に対する安全性が高い．
②鋼管の浮上・降下には浮力を利用するため，大規模な駆動装置が必要ない．
③構成材料は施工実績の多い鋼管であるため，信頼性，安全性が高い．

一方，課題として，次のものがある．
①潮流などの一方向外力が作用している状態，あるいは上部鋼管と下部鋼管の隙間に土砂が侵入しても，浮上・降下が確実に行われなければならない．
②浮上後の隣りあう鋼管どうしには隙間があり，津波来襲時における隙間からの海水流入による防波堤内側の水位上昇量を定量的に評価しなければならない．

直立浮上式防波堤に関する研究も 2004 年頃から行われており[5.6, 5.7]，2006年 9 月から 2009 年 5 月まで，静岡県の沼津において現地実証実験が実施された[5.8]．また，2013 年 3 月には，和歌山下津港に建設されたフルスケールの直立浮上式防波堤の動作試験が行われている．

5.2 漁港施設の津波対策とその構造

5.2.1 東日本大震災における漁港施設被害の特徴

東日本大震災では，東北地方太平洋沿岸を中心に水産関係に甚大な被害が発生し，その被害総額は1兆2千億円を超えた．とくに，震源に近い北海道から千葉県の7道県は，我が国の漁業生産量の約5割を占める地域であり，津波による漁業の被害はきわめて甚大なものであった．このうち，漁港の被災は北海道から千葉県の7道県で319漁港（被害額8990億円）で，その数は全国の漁港総数の1割に相当し，被災の大きかった岩手県，宮城県，福島県にかぎれば，全263漁港のうち，実に260漁港が被災した[5.9]（図5.17）．その数，規模，被災パターンともにこれまでに類を見ないものである．漁港施設の耐津波

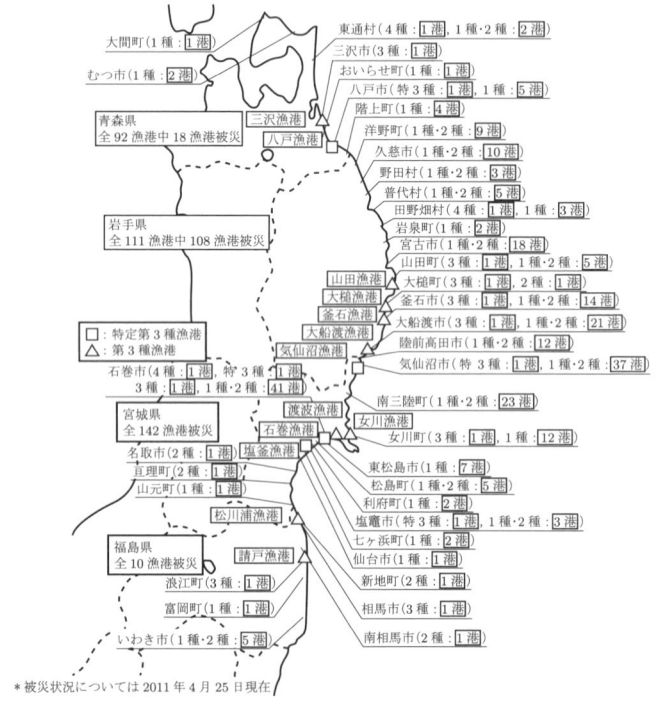

図5.17 青森県，岩手県，宮城県，福島県の被災漁港の状況〔農林水産省：東日本大震災について～東北地方太平洋地震の被害と対応～，2011., http://www.maff.go.jp/j/kanbo/joho/saigai/higai_taiou/index.html〕

構造を考えるうえで被災の特性を把握しておくことは重要であるため，ここではまず漁港の防波堤と岸壁について東日本大震災の主に津波による被災の特徴を整理する．

(1) 漁港の防波堤の被災

はじめに漁港の防波堤について，東北地方太平洋沖地震による津波による比較的大規模な被災事例をあげ，津波による被災のパターンを概観する．図 5.18 (a)～(c)に，代表的な被災例として，岩手県田老漁港，宮城県女川漁港，志津川漁港の防波堤の被災状況を示す．

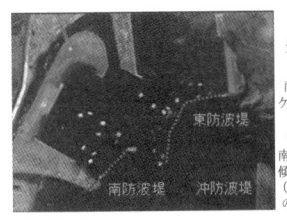

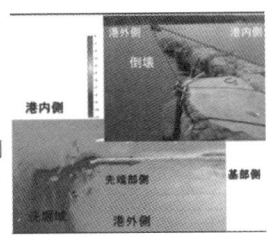

（a）押し波による防波堤の倒壊（ケーソン式など：田老漁港）

（b）引き波による防波堤の倒壊（ケーソン式，傾斜堤式：女川漁港）

（c）洗掘による防波堤の倒壊（鋼管斜杭式：志津川漁港）

（d）矢板式岸壁の倒壊（山田漁港）

（e）直立消波式岸壁の流出（田老漁港）

（f）桟橋式岸壁渡板の飛散（女川漁港）

図 5.18 東北地方太平洋沖地震による津波での漁港の防波堤・岸壁の被災事例

田老漁港は，漁港に隣接する巨大な防潮堤（天端高 T.P. 10 m）の被災が有名であるが，防波堤も甚大な被害を受けた．沖防波堤（ケーソン式混成堤）は大きな被災を免れたが，港内側に位置する東防波堤，南防波堤（ケーソン式混成堤，堤体幅 9～11 m）は堤頭部，基部の一部を残して全体的に港内側に倒壊，ケーソンが最大で 150 m 程度飛散した．堤体の倒壊方向が港内側であることから，押し波により被災したものである[5.10, 5.11]．

一方，女川漁港の湾口部防波堤も基部の一部を残して全体的に倒壊し，甚大な被害を受けている．本防波堤は，港口部を挟んで北堤と南堤に分かれ，北堤の一部（傾斜堤）を除いてケーソン式構造となっている大部分が堤外側へ倒壊しており（海底測量結果を図 5.18(b) に表示），移動方向が堤外側であることから（移動距離は最大で 120 m 程度），ケーソン式堤体の多くが引き波時に倒壊した[5.10, 5.12]．

このように，同じ津波による被災でも防波堤の倒壊状況は両漁港で大きく異なる．そこで，津波作用時の防波堤安定性照査の考え方により津波来襲時の堤体の安定性（安全率）を両漁港で比較した．図 5.19 には，津波数値シミュレーションによる被災した防波堤前後の水位と水位差，安定性照査から算出される堤体の滑動安全率の時系列を表示している[5.13]．田老漁港では津波来襲時に水位が急激に上昇，堤体前後で大きな水位差が生じて堤体の滑動安全率が 1 を下回っている．これは，波形が切り立った津波が来襲して押し波時に堤体前後に急激に大きな水位差が形成されることで防波堤が倒壊したことを示している．これに対して，女川漁港では津波来襲時の水位変化（津波波形）は田老漁港よりも緩やかであり，押し波時よりも引き波時に堤体前後で大きな水位差が生じた結果，堤体の安定性を低下させて安全率が 1 以下となっている．実際の防波堤倒壊プロセスは，津波波力による堤体の滑動，転倒以外に，マウンド部の洗掘も加わるため，より複雑と考えられるが，来襲する津波波形と防波堤を含む周辺地形により堤体前後に形成される水位差が防波堤の倒壊パターンを支配する重要な要素の一つである．さらに，図 5.18(c) には，志津川漁港の防波堤の被災例を示している．この場合，鋼管斜杭式防波堤の先端部分が倒壊・流出し

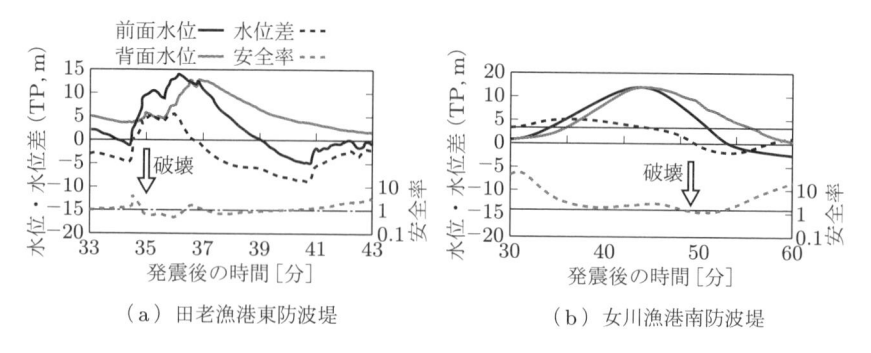

（a）田老漁港東防波堤

（b）女川漁港南防波堤

図 5.19 安定性照査解析結果

ている．同図に表示した海底測量結果から，先端部を中心に海底が大きく洗掘された範囲が港外側に拡がっていることがわかる．これは引き波時に防波堤先端を中心として洗掘が発生して防波堤が倒壊に至ったものと考えられ，防波堤周辺の洗掘現象も被災の重要な要因であることを示している[5.10, 5.13]．

被災パターンとは別に，漁港の防波堤などで被災が発生しやすい箇所には一定の傾向がみられる[5.13]．一つは，内湾域にある漁港の防波堤である．これらは，一般に波浪条件が静穏な内海域に位置しているため防波堤の設計波高が小さく，外海に面した漁港の主防波堤に比べると施設の規模も小さい（図5.20(a)の大船渡漁港）．一方，外海に面した漁港でも海岸線に近い防波堤基部や波除堤，導流堤などは，沖側の主防波堤部と比べると設計波高が小さく，そのような箇所で今回の津波によって被災が多く発生している（図(b)の松川浦漁港）．これらの被災箇所は，いずれも通常の波浪に対して構造物の耐力が相対的に小さく設計されている部位であるため，波浪の影響が小さいこれらの場所に津波が進入した結果，多くの被災を生じた．図5.21は，東北地方太平洋沖地震による津波での防波堤被災箇所について，防波堤の耐力の指標として堤体幅と津波高の関係を調べたものである．ここでは，青森県から千葉県の主な漁港（特定第3種および3種）と岩手県内の中規模漁港（2種）を，比較的被災が大きい箇所（被災箇所延長と施設長の比が25％以上）について堤体構造形式ととも

(a) 堤体幅の狭い内湾域の防波堤
　　（大船渡漁港）

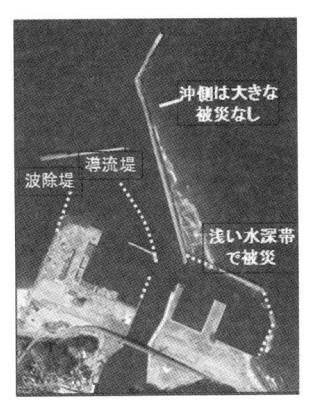

(b) 浅い水深帯の防波堤，波除堤，導流堤
　　（松川浦漁港）

図5.20　漁港防波堤で津波被災が発生しやすい箇所（図中破線で表示）

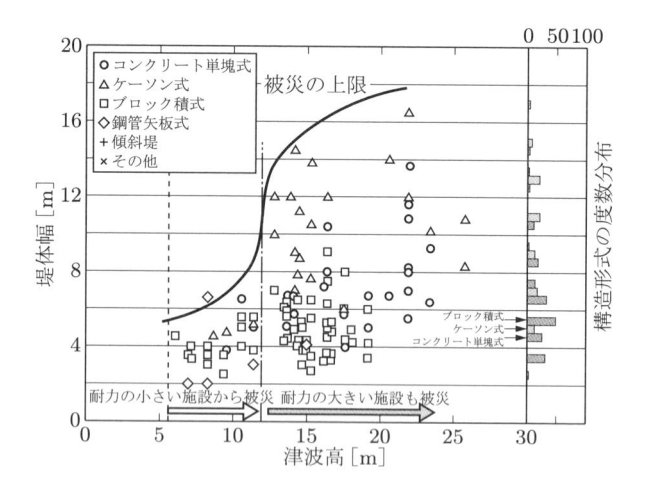

図 5.21 東日本大震災による防波堤被災箇所の津波高と構造物の堤体幅

に表示している．これをみると，津波高が 5 m を超えると，耐力の小さい防波堤部位・構造形式（堤体幅小，ブロック積式など）から被災がはじまり，津波高の増大とともに耐力の大きい堤体（堤体幅大）に被災が拡がっていることがわかる．とくに，津波高が 10 m 程度を越えると，ケーソン式などの耐力が大きい防波堤に被災が大きく拡がる傾向がある．

(2) 漁港の岸壁の被災

岸壁は，構造形式（矢板式，重力式，桟橋式）によって被災状況が大きく異なるのが特徴的であった[5.10]．矢板式岸壁は，ほとんど無被災の施設もあるが，背後のエプロン部が津波で流出した箇所あるいは液状化の発生が著しい箇所では，壊滅的な崩壊に至っているケースもある（図 5.18(d)の岩手県山田漁港の例）．これは，地震もしくは津波によって損壊したエプロン部に津波の強い流れが作用することでエプロン・裏込土が流出，引き波時に矢板に強い流体力が作用することで前面に大きく倒壊した．また，重力式のうち直立消波式岸壁については，たとえば田老漁港では直立消波ブロックが背後の漁港用地などに最大 100 m 程度飛散するなど，大きく損壊した箇所がみられた（図(e)）．直立消波式の岸壁は，その構造上内部に海水が浸入する形となっており，津波により強い流れが作用すれば揚力でブロック部が浮上しやすく，それにより流出・飛散したものと考えられる．一方，桟橋式岸壁は，本体工と背後土留め部の間

の渡版が津波により飛散している箇所がみられたが（図(c)の女川漁港の例），岸壁本体の変状は軽微なものが多く，津波に対しては強い構造であることがわかった．ただし，女川漁港の大原岸壁のように，津波による強い流れが引き波時に作用した箇所において背後地も含めた大規模な洗掘が発生することで，桟橋式岸壁が倒壊した事例も確認された[5.10, 5.12]（図 5.22(a)）．漁港は，河口部付近に位置しているものも多く（女川漁港は女川河口部），河口周辺は地形的に引き波による流れが集中しやすい傾向もあることから，このような漁港の立地条件も津波による漁港施設被災を増長する要因になっている．なお，津波ではなく地震の影響ではあるが，東日本大震災では，広域的な地盤沈下により，岸壁の機能が低下している施設が多数存在した[5.10]（図(b)の宮城県石巻漁港の例）．

(a) 女川漁港 　　　　　　　　(b) 石巻漁港

図 5.22　特徴的な岸壁の被災事例

5.2.2　漁港の防波堤による津波低減効果

(1) 津波低減効果の事例

完全な倒壊を免れた防波堤は津波に対して，浸水時間遅延による避難時間の確保，流入量低減による被害の軽減，第 2 波以降の津波に対する減災などの効果が現れた．津波に対する漁港施設の低減効果については，東北地方太平洋沖地震による津波で漁港背後集落に被害が生じなかった岩手県太田名部漁港を対象として，津波シミュレーションを用いて，漁港施設（主に防波堤）と防潮堤の減災効果を検証している[5.14]．具体的には，漁港施設などの有無による漁港背後の津波高および津波の到達時間などを比較し，その効果を検証してい

る．

まず，図 5.23 に検討ケース，図 5.24 に比較地点，図 5.25 に津波高の計算結果と水位差を示す．図 5.25 より，漁港施設の効果として，水位を最大 5.6 m 減衰させたことがわかる．また，漁港施設なしの場合（検討ケース 1，2）は，津波が防潮堤を越流したことがわかる．防潮堤の効果としては，津波のせり上がりのために最大 2.5 m 増加させた．

次に，浸水範囲の面積を算出して比較している．表 5.1 より，浸水面積は，漁港施設あり・防潮堤ありの場合（検討ケース 3）に対して漁港施設なし・防

―――― 計算上考慮する構造物
------ 計算上考慮しない構造物

(a) 検討ケース 1：漁港施設，防潮堤なし　　(b) 検討ケース 2：漁港施設なし，防潮堤あり　　(c) 検討ケース 3：漁港施設，防潮堤あり

図 5.23 漁港の津波シミュレーションの検討ケース

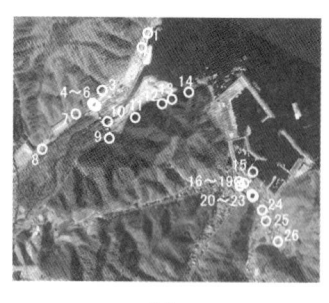

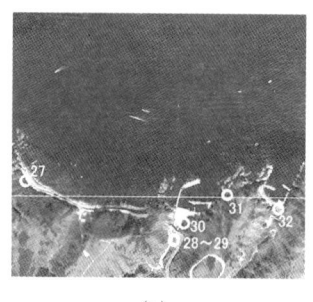

(a)　　(b)

図 5.24 漁港の津波シミュレーションの比較地点

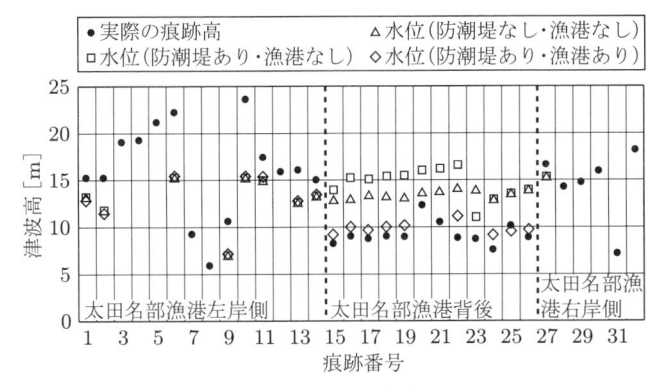

5.2 漁港施設の津波対策とその構造

凡例:
- ● 実際の痕跡高
- △ 水位（防潮堤なし・漁港なし）
- □ 水位（防潮堤あり・漁港なし）
- ◇ 水位（防潮堤あり・漁港あり）

（a）津波高

凡例:
- □ 防潮堤の減災効果（防潮堤なし・漁港なし － 防潮堤あり・漁港なし）
- ● 漁港の減災効果（防潮堤あり・漁港なし － 防潮堤あり・漁港あり）

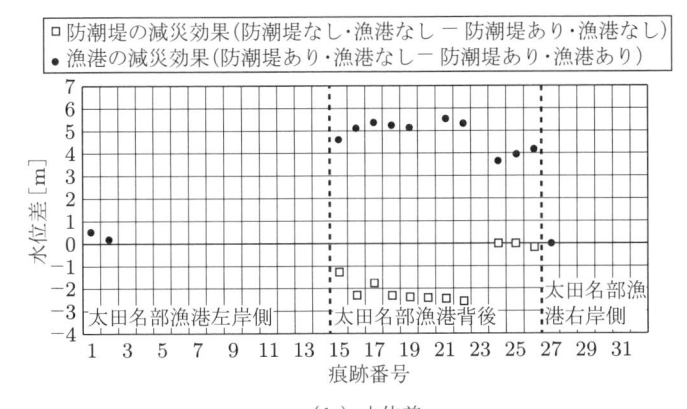

（b）水位差

図 5.25　漁港の津波シミュレーションの津波高と水位差

表 5.1　浸水範囲比較

条件	防潮堤なし・漁港なし	防潮堤あり・漁港なし	防潮堤あり・漁港あり
浸水範囲 [ha]	34.4	32.7	31.1

潮堤ありの場合（検討ケース 2）は約 1.4 ha 増加し，漁港施設あり・防潮堤なしの場合に対して漁港施設なし・防潮堤なしの場合は約 1.7 ha 増加していることがわかる．しかし，漁港背後の平地が少なく，急峻な山間に位置するため，浸水面積に関する効果は小さい．さらに，図 5.26 より，漁港施設が津波による初期浸水開始時間を最大約 0.5 分，ピーク時の時間を最大約 1 分遅らせてい

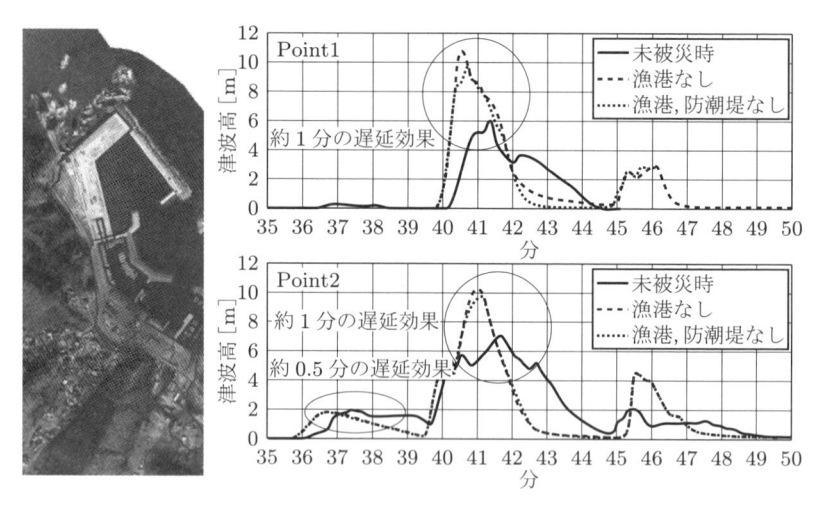

図 5.26　津波到達時間

ることがわかる．しかし，防潮堤による津波到達時間を遅らせる効果については，ほとんどみられないことがわかる．

(2) 津波低減効果の発現特性

東日本大震災では，13 漁港での事例分析などから，防波堤による津波低減効果について，以下に示す傾向がみられた[5.13]．

①津波低減効果は，漁港への津波の流入量と漁港の泊地の広さなどに大きく影響を受ける．

②漁港への津波の流入量は，来襲津波に対する防波堤などによる平面遮蔽性（港口の狭さなど），鉛直遮蔽性（防波堤の天端の高さや設置水深の深さ）が高いほど，低減される．

③来襲する津波の周期にも大きく影響され，津波の周期が短いほど，低減される傾向がある．津波の片周期が 10 分以下であると，防波堤などによる津波低減効果は大きくなる．

④防波堤背後の泊地面積が広いほど，津波低減効果が高くなる．

⑤漁港背後の陸域では，漁港施設ありの場合，流速が全体的に減少する．

⑥小規模な漁港においては，減災効果は得られにくい．

このように，防波堤による津波低減効果は，来襲する津波周期，高さ，漁港の形状，規模，位置する地形などによって発現特性が異なるため，個々の漁港

において津波シミュレーションや水理模型実験などによる詳細な検討によって把握することが重要である．また，詳細な検討に先立って津波低減効果の可能性を検討する場合にあっては，既往の津波や東日本大震災の13漁港での事例分析などに基づいて検討された簡便な手法を活用することができる．

以下に，防波堤による津波低減効果を簡便に把握できる手法を紹介する[5.13]．

●**手法1：港内面積と開口部断面積比による効果把握**　日本海中部地震，北海道南西沖地震の実績を踏まえて，港内面積（A）と開口部断面積（Bh）の比（図5.27）より漁港施設の効果（港内の津波遡上高 R_i と港外の津波遡上高 R_o の比）を把握する．

●傾向
　①港内面積が大きく，港口断面積が小さいほど効果がある．
　②港口断面積に対して港内面積が小さい港では，津波を増大させる場合がある．
　③小規模な港では，外郭施設による津波低減効果は期待できない．

●留意点
　①港内面積と開口部断面積比が200未満のときに，効果の有無が判断し難い．

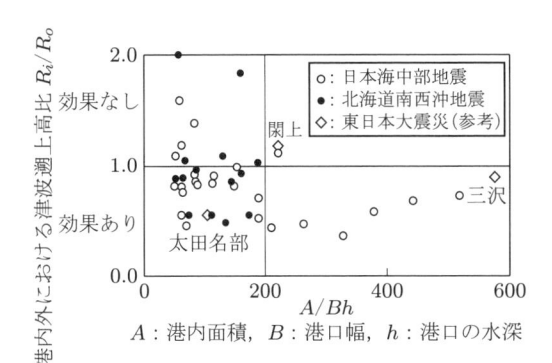

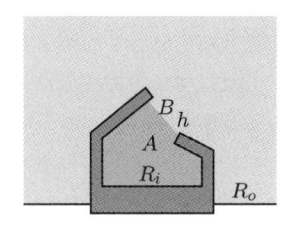

図5.27　A/Bh と R_i/R_o の関係

●**手法2：津波水位と平均天端高比による効果把握**　東日本大震災の実績（代表的な13漁港における津波解析結果）を踏まえて，津波水位（h'）と平均天端高（h）の比（図5.28）より漁港施設の効果（防波堤がある場合の漁港の平均浸水深 Y と防波堤がない場合の漁港の平均浸水深 Y_o の比）を把握する．

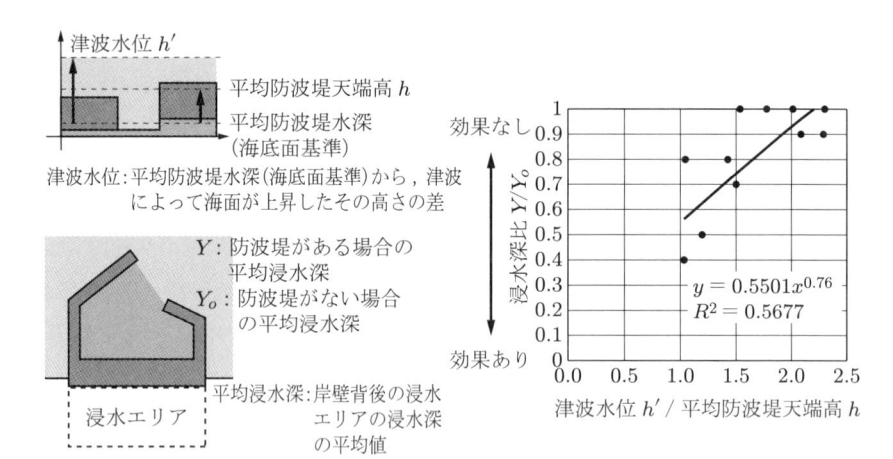

図5.28中の要素:
- 津波水位 h'
- 平均防波堤天端高 h
- 平均防波堤水深（海底面基準）
- 津波水位：平均防波堤水深(海底面基準)から，津波によって海面が上昇したその高さの差
- Y：防波堤がある場合の平均浸水深
- Y_o：防波堤がない場合の平均浸水深
- 浸水エリア
- 平均浸水深：岸壁背後の浸水エリアの浸水深の平均値
- グラフ：縦軸 浸水深比 Y/Y_o（効果なし 1〜効果あり）、横軸 津波水位 h'／平均防波堤天端高 h
- $y = 0.5501x^{0.76}$
- $R^2 = 0.5677$

図 5.28 h'/h と Y/Y_o の関係

- ●傾向
  ①津波水位と漁港施設の平均天端高が同程度のときに，浸水深を半分程度に低減する効果がみられる場合がある．
  ②津波水位と平均天端高比が1.5を超える場合は，効果があまり期待できない．
- ●留意点
  ①津波水位と平均天端高比が1.0以下のデータが不足しており，傾向が確認できない．
  ②長大な海岸上に位置する漁港などでは，津波が漁港の両側から侵入してくるため，その場合には漁港施設の効果を本手法では評価し難い．

●**手法3：流入量比による効果把握**　東日本大震災の実績（代表的な13漁港における津波解析結果）を踏まえて，次に示す方法を用いて漁港施設がある場合（Q）とない場合（Q_o）の流入量を算定し，その比（図5.29）より漁港施設の効果（Y/Y_o）を把握する．

- ●傾向
  ①流入量比が小さいと，浸水深比も小さくなり，津波低減効果がみられる．
- ●留意点
  ①長大な海岸上に位置する漁港などでは，津波が漁港の両側から侵入してくるため，その場合には漁港施設の効果を本手法では評価し難い．

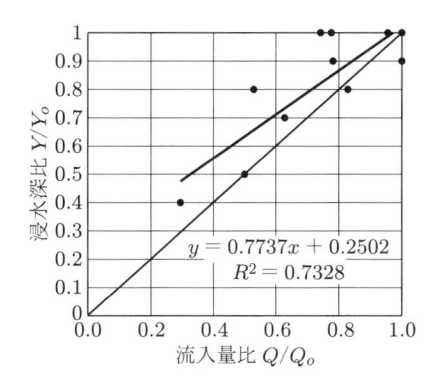

図 5.29　Q/Q_o と Y/Y_o の関係

②津波低減効果を過大に評価する傾向がある．

流入量比の算出手法の解説は，防波堤前面での最大津波高 H_1，周期 T をもとに津波波形を三角形近似（図 5.30）し，施設有無による漁港内への流入量を簡便に推算する．その後，施設の有無による流入量比を算出する．手順は次のとおりである．

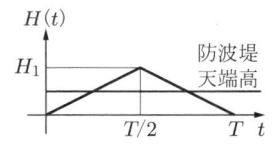

図 5.30　津波の三角形近似の考え方

①各種条件の抽出

以下の各種条件を設定する（図 5.31）．

W_1：防波堤なしの場合の津波の仮想流入幅

W_2：防波堤のない幅（漁港の開口幅）

$H(t)$：防波堤前面の津波高

$$H(t) = \begin{cases} H_1 \times \dfrac{2}{T} \times t & \left(t \leq \dfrac{T}{2}\right) \\ 2H_1 \times \left(1 - \dfrac{t}{T}\right) & \left(\dfrac{T}{2} < t \leq T\right) \end{cases}$$

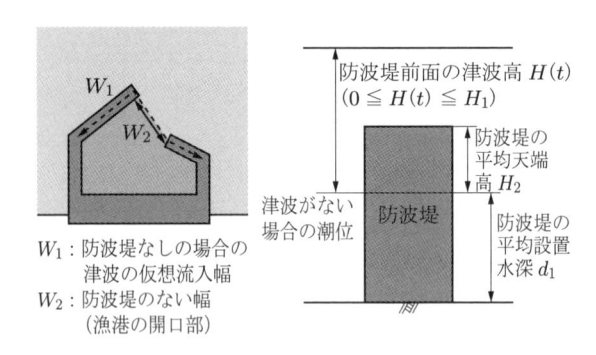

図 5.31 各種条件の考え方

T：津波周期（片周期）
H_2：防波堤の平均天端高
d_1：防波堤の平均設置水深

②防波堤前面の津波高の算定

防波堤前面の津波高がわからず，沖合の津波高がわかっている場合には，グリーンの法則を用いて防波堤前面での津波高（H_1）を次式で算出する．

$$H_1 = \left(\frac{d_2}{d_1}\right)^{1/4} \times H$$

ここで，H：沖合での津波高，d_2：沖合の津波高（H）の抽出水深，d_1：防波堤の平均設置水深

③漁港への津波流入量の算定

防波堤なしの場合の漁港への津波流入量 Q_o の算定は，仮想津波流入幅 W_1 に線形長波理論による津波流速を乗じる方法で，次式で算定する．

$$Q_o = \int_0^T (H(t) + d_1) \times H(t) \times \sqrt{\frac{g}{H(t) + d_1}} \times (W_1) dt$$

また，防波堤ありの場合に津波が防波堤を越流する場合の漁港への流入量 Q は，開口部分は上式を用い，防波堤の部分は本間の越流公式（完全越流）を用いて，次式で算定する．

$$Q = \int_0^T 0.35 \times (H(t) - H_2)\sqrt{2g(H(t) - H_2)} \times (W_1 - W_2) dt$$
$$+ \int_0^T (H(t) + d_1) \times H(t) \times \sqrt{\frac{g}{H(t) + d_1}} \times (W_2) dt$$

●**手法 4：流入量比と開口比による効果把握**　手法 2, 3 で用いた津波水位/平均天端や流入量比を含めた五つのパラメーター（流入量比 A, 通過面積比 B, 津波水位/平均天端高 C, 開口比 D, 湾の奥行/湾の幅 E）について，東日本大震災の実績（代表的な 13 漁港における津波解析結果）をもとに多変量解析（重回帰分析）を実施した．

ここで，多変量解析を実施した五つのパラメーターの考え方を示す．

A：流入量比 (Q/Q_o)．漁港施設がある場合とない場合の流入量の比．手法 3 を参照．

B：通過面積比．漁港施設がある場合とない場合の通過断面積比（図 5.32）．

C：津波水位/平均天端 (h'/h)．津波水位 (h') と漁港施設の平均天端高 (h) の比．手法 2 を参照．

D：開口比 (W_1/W_2)．漁港の港口幅 (W_2) と防波堤なしの場合の津波の仮想流入幅 (W_1) の比（図 5.31）．

E：湾の奥行/奥の幅 (L_1/L_2)．湾の奥行 (L_1) と湾の幅 (L_2) の比（図 5.33）．

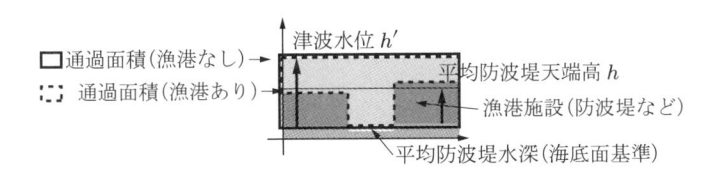

図 5.32　通過断面積の考え方

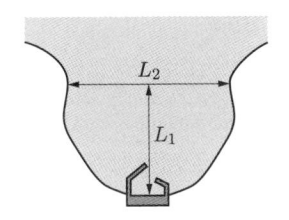

図 5.33　L_1, L_2 の考え方

解析の結果，流入量比（A）と開口比（D）が津波シミュレーションから得られる浸水深比（Y/Y_o）との相関の高いことが判明した．この二つのパラメーターを用いた浸水深比の簡便式を次に示す．

浸水深比 $= 0.923A - 0.202D + 0.249$

なお，上式は回帰統計上，重相関係数 $R = 0.942$，決定係数 $R^2 = 0.887$ である．

5.2.3 漁港施設の津波対策

これまで漁港の防波堤や岸壁を整備する際，波力については，主に波浪による外力を考慮して施設設計を行えば，津波の外力に対しても一定の耐力を有すると考えられていた．しかし，東日本大震災では津波によって大きな被害が生じ，漁港施設の津波対策の考え方が見直されることとなった．以下に，漁港施設の津波対策の考え方について述べる[5.13]．

(1) 防波堤や岸壁の耐津波設計の考え方と粘り強い構造

●**設計津波**　　設定の対象とする津波については，漁業活動の安定化や効率的な生産・流通拠点の確保の観点から，施設が被災した場合の社会経済的な影響の大きさと施設の耐用年数の関係，波浪や地震などのほかの外力における設計の考え方などを考慮して，発生頻度の高い津波を設計の対象とする．

●**防波堤の耐津波設計の考え方**　　設計津波による外力（波力，流体力）に対する堤体の安定性（滑動，転倒，基礎の支持力）や流体力に対する根固・被覆ブロックの安定性などを確保する．

●**岸壁の耐津波設計の考え方**　　設計津波の引き波時の水位が低下した状態に対する岸壁の安定性（滑動，転倒，基礎の支持力）を確保するとともに，津波の外力（流体力）に対する根固・被覆ブロックの安定性を確保する．また，直立消波式においては，天端（上部工上面）に作用する津波による揚力について，安定性を確保する．

●**粘り強い構造**　　東日本大震災の被災事例にあるように，完全に倒壊しなかった防波堤や岸壁については，地震や津波発生時および発生後において一定の機能を保ち，背後地域の被害軽減や災害後の施設利用の早期再開に寄与したことがわかっている．このため，発生頻度の高い津波を超える津波の被害を受けたとしても，可能なかぎり，全壊しにくく，全壊に至る時間を少しでも長く延ばして早期復旧が可能な粘り強い構造（図 5.34）を検討することが必要である．粘り強い構造は，現時点で堤体の滑動・転倒抑制対策や基礎部分の洗掘防止対策などが考えられるが，画一的なものではなく，津波の特性，防波堤の諸元などに応じて設定されるべきものであることから，設計者が創意工夫をこらして現場状況に応じた対策を検討することが重要である．また，その効果については，水理模型実験および津波数値シミュレーションを活用して検証する

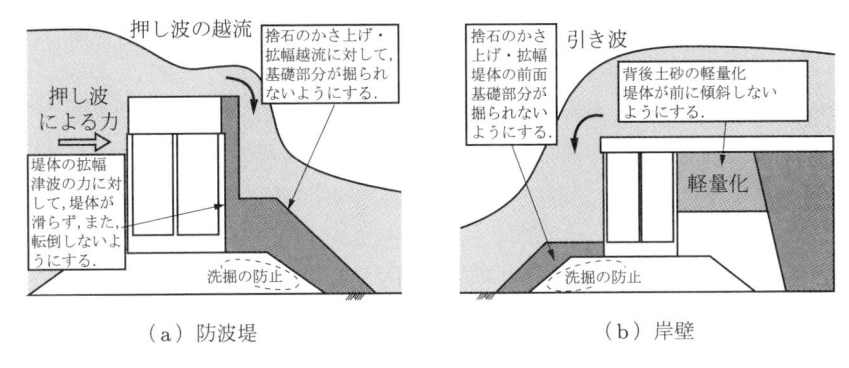

図 5.34 漁港施設の粘り強い構造

ことが望ましい．

粘り強い構造の検討にあたっては，発生頻度の高い津波を超える津波の規模に応じた防波堤の構造上の弱点を踏まえ，漁港施設の利用状況，工事施工上の制約および費用対効果などを総合的に勘案し，対策を決定する．弱点については，防波堤の場合，以下に示す東日本大震災における防波堤の被災形態を参考とすることができる．

①直接的な津波波力（内外水位，段波などを含む）により，施設の安定性が損なわれた被災
②越流により，防波堤の背面の基礎マウンド，海底地盤が洗掘され，施設の安定性が損なわれた被災
③開口部，堤頭部，ケーソン目地からの強い流れにより，基礎マウンドなどが洗掘され，施設の安定性が損なわれた被災
④防波堤の前面と背面の水位差の発生にともなって生じる基礎マウンドや海底地盤内の浸透流により基礎の支持力が低下し，施設の安定性が損なわれた被災

(2) 防波堤と防潮堤による多重防護の活用

東北地方太平洋沖地震による津波で，漁港・漁村では，防波堤，岸壁などの漁港施設だけでなく，市場・荷さばき所・加工場などの水産関連施設や，背後集落の人家などが大きな被害を受けて，多数の人命が失われた．また，復旧に長時間を要し，生活や生業（漁業活動など）の再開が遅れたことによって，地域経済や全国的な食料供給に多大な影響を及ぼした．

このため，堤外地（主として漁港）では水産関連施設・漁船などの被害軽減とともに，漁業関係者などの避難の確保を，堤内地（主として集落）では人家などの財産の保全とともに住民などの避難の確保を図ることが必要である．

東日本大震災では，漁港の防波堤があることで，背後地域に対する減災効果が多数みられた．漁港・漁村の中には，防波堤の有する津波低減効果を活用し，防潮堤と一体となって，津波防災・減災対策を効率的かつ効果的に進めることができる場合があり，このような漁港・漁村では積極的に多重防護（図5.35）を活用した防災・減災対策に取り組むことが重要である．

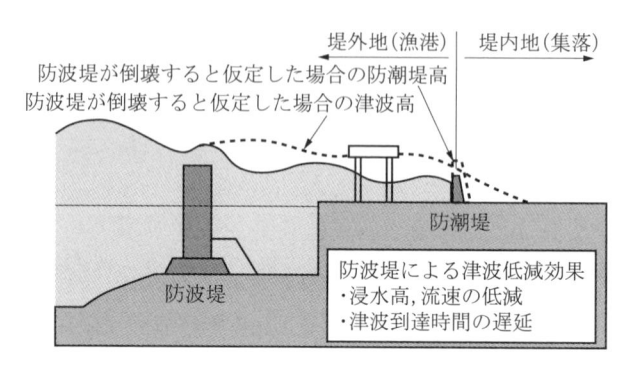

図5.35 多重防護

漁港・漁村において防波堤と防潮堤を用いて多重防護を活用すると，堤外地では防波堤が浸水高や流速を低減することによって水産関連施設・漁船などの被害の低減が期待できる．また，堤内地では防潮堤の高さを抑えることによって背後用地の利活用，漁業活動・生活の利便性の向上，集落景観の維持や，浸水範囲の減少などによって一般資産被害の低減などの効果が期待できる．また，堤外地，堤内地のいずれでも，防波堤が津波到達時間を遅延し，避難時間が増加することによって避難可能人数の増大が期待できる．

漁港・漁村は，次のような特徴を有しており，防潮堤のみでの対応が困難な場合や堤外地で大きな防災・減災効果が得られる場合において，多重防護の活用が有効である．
①堤外地（漁港）に多くの水産業関係者などが滞在
②津波高に対して防潮堤の高さが不足
③背後集落の立地，地形の制約（たとえば，防潮堤の直背後に集落が立地，集

落背後に山がせまっているなど）から防潮堤のかさ上げが困難

5.2.4 防波堤・岸壁の耐津波設計

漁港施設については，津波対策に関する基本的な方針が東日本大震災後に示されている[5.13]．ここでは，それを踏まえて防波堤および岸壁（直立消波式）に作用する津波波力の評価方法や安定性照査の考え方について述べる．

まず，防波堤については，耐津波設計のベースとなる堤体に作用する津波波力について，谷本らの式，池谷らの式などのいくつか評価式がこれまでにも提案されている．ただし，これらの既存の評価式は津波が堤体を越流しない条件に対するものであり，東日本大震災において多くの箇所でみられたような堤体を越流する津波を対象としていない．これについては，東日本大震災以降，防波堤を越流する津波により堤体に作用する波圧分布に関する詳細な水理模型実験が行われ，押し波時に作用する津波波圧は防波堤港外側については水位から推定される静水圧よりも大きく，港内側は静水圧よりも小さいことが明らかにされており[5.15]（図5.36(b)），図(a)に示すような堤体に作用する津波波圧モデル（水産工学研究所提案式）が提案されている[5.13]．漁港施設の津波対策の方針[5.13]では，これらの結果を踏まえ，津波非越流時には谷本らの評価式，越流時には水産工学研究所提案式で津波波圧を評価し，防波堤堤体の滑動および転倒に対する安定性を照査する方法が示されている．図5.37は，東日本大震災で津波が来襲した比較的大きな12漁港の防波堤89施設（39箇所被災，49

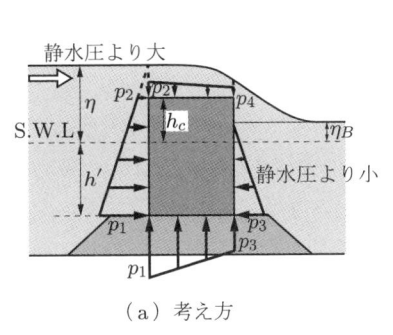

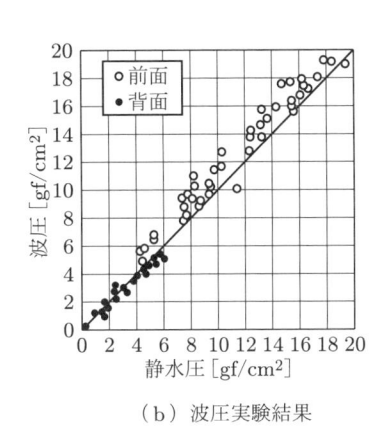

図 5.36 越流時に防波堤に作用する津波波力
（a）考え方　　　（b）波圧実験結果

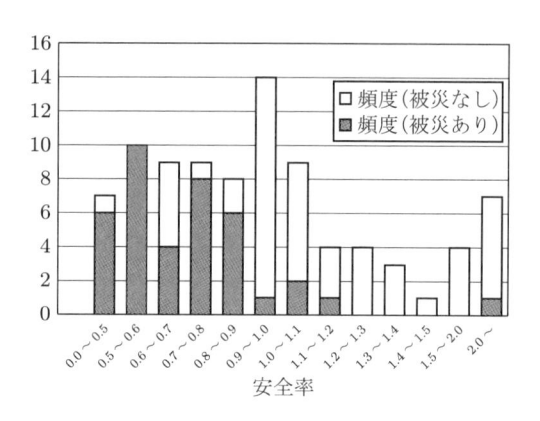

図 5.37 東日本大震災で津波が作用した防波堤に対する安定性照査結果（安全率度数分布）と被災の有無

箇所未被災）について，この考え方で防波堤の滑動および転倒の安全性を評価し，算出された安全率と実際の被災の有無との関係を調べたものである[5.15]．被災した箇所はおおむね安全率1以下に対応しており，津波波圧の評価方法とそれに基づく安定性照査の考え方の妥当性が裏づけられている．

一方，岸壁については，5.2.1項で説明したように直立消波式において津波波力が直接的な原因と思われる被災が多数発生している．津波越流時に直立消波式岸壁の天端（上部工上面）に作用する圧力が水位から推定される静水圧を大きく低下することで上向きの力（揚力）が部材に作用する[5.16]（図 5.38(b)）．漁港施設の津波対策の方針[5.13]では，これらの結果を踏まえ，揚力係数 C_L を用いて直立消波岸壁部材に津波により作用する揚力を評価して安定性を照査する方法を示している（図(a)）．

5.2.5 漁港施設の耐津波強化に向けた課題

東日本大震災では，千年に一度といわれる最大クラスの津波が来襲したことに加え，漁港施設ではこれまで津波を明示的に設計外力としていなかったため，これまでに経験したことのない規模の被害が漁港施設に発生した．これを踏まえ，漁港施設については，防波堤，岸壁，根固・被覆ブロックに作用する津波外力や，それに基づいた安定性照査方法，発生頻度の高い津波を超える津波に対しても全壊しにくい「粘り強い構造」などの考え方が打ち出された[5.14]．このうち，防波堤マウンドの根固・被覆ブロックの安定性や洗掘については，東

(a) 考え方　　　　　　　　　　　　（b) 波圧実験結果

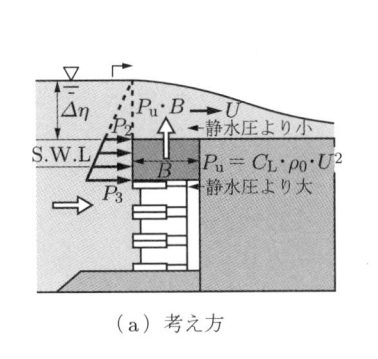

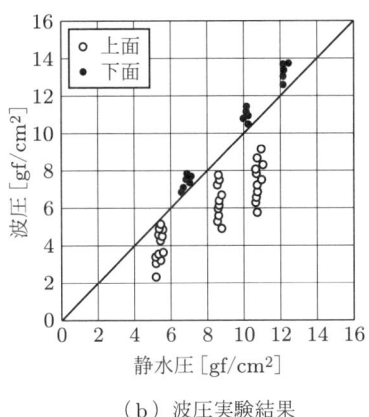

図 5.38　越流時に直立消波式岸壁に作用する津波波力

日本大震災ではじめて津波に対する構造上の弱点として明らかになったものであり，合理的な評価方法や有効な対策を早急に確立することが求められている．また，「粘り強い構造」については，防波堤の場合，代表的な対策工としてマウンドの腹付けを中心にその効果の検証などが進められているが，規模の小さい漁港では同工法を適用するのに十分なスペースがない場合もあり，堤体底面における摩擦抵抗力の増大やマウンド洗掘防止対策として，被覆ブロックの増設による抵抗力の増大など[5.10]の幅広い対策を検討する必要がある．

5.3　耐津波構造物の今後

一般的なハード対策と同様に，耐津波構造物のハード対策にも多くの費用と長い期間を要する．耐津波構造物の中で，避難施設は避難が必要となる地域に点在させればよいので，防護線として連続的に建設しなければならない海岸保全施設に比べて，費用は小さい．津波避難タワーなどは，決断と合意ができれば単年度あるいは数年間で整備することは可能であり，高知県では2013年度に概成した．避難施設を早急に整備し，一般市民が命に関して一応安心できるようにすることは緊急課題である．そのうえで，生活と産業（財産）を守るための海岸保全施設の耐津波化には，今後長い期間を要する．

4.1節で述べたとおり，ハード対策とソフト対策をシステムとして組み合わ

せ，人命と財産を守るための総合的な防災体制を構築するためには耐津波構造物の建設があってはじめて避難体制も確立されるという面がある．その意味で，耐津波構造物の早急な整備が望まれる．しかし，現実には費用面から相当な期間を要することになるので，その間もその時々の構造物の状況や社会経済状況により最善の防災体制を練っておく必要がある．そして，終戦直後に建設された構造物の維持管理と合わせながら，更新時に耐津波構造を採用するなどの工夫をして，耐津波構造物を広げていかなければならない．

他方で，より根本的には，津波危険区域に住まない，土地利用によって災害の危険性を下げる努力が必要である．海上交通や漁業を考えると海岸線付近を守ることは不可欠であるが，終戦直後などとは社会事情が変化し，住居は高台で，職場は低地帯ということも，自動車移動などを念頭におけば可能である．そのような発想での復興が岩手県大槌町の赤浜地区などではすでに行われた実績がある．このような事例を念頭におきながら，防災の幅広い選択肢の中から，最も地域に適した防災システムを構築しなければならない．

最後に残るのは，港湾や漁港活動，海岸レクリエーション活動など，海岸線から離れては成立しない活動の場である．これらは海岸防護線の海側が活動の場となるので，海岸保全施設によって守られることがない．そのような場においても，可能なかぎり津波の危険性を緩和し，避難が可能になるようにシステムを構築することが課題である．

||||参考文献

[5.1] 高橋重雄 ほか：2011年東日本大震災による港湾・海岸・空港の地震・津波被害に関する調査速報，港湾空港技術研究所資料，No.1231, 2011.4.

[5.2] 有川太郎，佐藤昌治，下迫健一郎，富田孝史，辰巳大介，廉慶善，高橋研也：釜石湾口防波堤の津波による被災メカニズムの検討—水理特性を中心とした第一報—，港湾空港技術研究所資料，No.1251, 2012.3.

[5.3] 国土交通省港湾局：防波堤の耐津波設計ガイドライン，2013.9.

[5.4] 下迫健一郎，清宮理，仲保京一，大久保寛，由井孝昌：フラップ式構造物の波浪および津波に対する水理特性，港湾空港技術研究所資料，No.1155, 2007.6.

[5.5] 木村雄一郎，近本武，吉田宏志，下迫健一郎，清宮理：フラップゲート式可動防波堤の実海域試験，土木学会論文集B3（海洋開発），Vol.68, No.2, pp.240-245, 2012.

[5.6] 有川太郎，下迫健一郎，小林真，虎石龍彦，荒井清，木原一禎：大規模水理模型実験による津波・高波に対する直立浮上式防波堤の水理特性に関する研究，海洋開発論文集，第23巻，pp.117-122, 2007.

[5.7] 有川太郎，野村逸人，富田孝史，小林真，虎石龍彦，荒井清，木原一禎：直立浮上式防波堤による現地津波防護効果に関する検討，海岸工学論文集，第54巻，pp.936-940, 2007.

[5.8] 有川太郎，坂口章，小林真，虎石龍彦，櫻井良宏，木原一禎：直立浮上式防波堤の実海域実証試験，海洋開発論文集，第24巻，pp.93-98, 2008.

[5.9] 農林水産省：東日本大震災について～東北地方太平洋地震の被害と対応～，2011., http://www.maff.go.jp/j/kanbo/joho/saigai/higai_taiou/index.html

[5.10] 水産庁漁港漁場整備部，水産総合研究センター，アルファ水工コンサルタンツ，復建調査設計：平成23年度漁港施設等設計条件見直し調査報告書，2012.

[5.11] 八木宏，杉松宏一，中山哲嚴，西敬浩，三上信雄，佐々木崇之，林健太郎：東北地方太平洋沖地震津波による漁港施設（防波堤）の被災状況とその原因について，土木学会論文集B2, Vol.68, No.2, pp.1341-1345, 2012.

[5.12] 八木宏，杉松宏一，中山哲嚴，三上信雄，大村智宏，佐野朝昭，奥野正洋，五十嵐雄介：東北地方太平洋沖地震津波による田老漁港の漁港施設における被災メカニズムの検討，土木学会論文集B2, Vol.68, No.2, pp.1351-1355, 2012.

[5.13] 水産庁：平成23年東日本大震災を踏まえた漁港施設の地震・津波対策の基本的な考え方，2012., http://www.jfa.maff.go.jp/j/seibi/gyokogyojo/pdf/120406.html

[5.14] 加藤広之，八木宏，林健太郎，中山哲嚴，浅川典敬，中村隆，五十嵐雄介：東北地方太平洋沖地震津波に対する太田名部漁港の減災効果，日本地震工学会大会梗概集，9th, 2012.11.

[5.15] 水産庁：平成24年度漁港漁場施設の性能規定化等技術検討委員会資料，2012.

[5.16] 水産庁：平成25年度漁港漁場施設の性能規定化等技術検討委員会資料，2013.

[5.17] 八木宏，杉松宏一，中山哲嚴，西敬浩，奥野正洋，小池哲，林健太郎，五十嵐雄介：東北地方太平洋沖地震津波による女川漁港の漁港施設における被災メカニズムの検討，土木学会論文集B2, Vol.68, No.2, pp.1346-1350, 2012.

第6章
ライフライン・産業施設の津波対策と課題

6.1 東北地方太平洋沖地震による被害

6.1.1 下水道施設の被害

2011年東北地方太平洋沖地震により,青森県から神奈川県の広範囲の地域において,福島第一原子力発電所周辺を除いて111箇所の下水処理場と111箇所のポンプ場が被災した.図6.1は仙台市南蒲生浄化センターを襲った津波の状況である.建物の倒壊,機器の浸水・流出,漂流物の流入により下水処理場としての全機能が失われたが,作業員は全員管理建物の屋上に避難することができ,幸いなことに犠牲者は発生しなかった.

津波による被災の原因は,津波波力による構造物・施設の破壊,浸水による電源・通信・管理設備の機能停止,漂流物の流入による堆積およびタンクなど

図6.1 仙台市南蒲生浄化センターを襲った津波[仙台市建設局(2013),東日本大震災における仙台市下水道の復旧・復興の記録]

の浮力による浮上・流出である．ライフラインシステムの拠点施設の中でも，下水処理場，ポンプ場の大半は，機能上海外線近くに立地されていたため，津波による影響を直接的に受けた．

図 6.2 に，東北地方太平洋沖地震による下水処理場とポンプ場の被害要因を示す．地震動や液状化による被害に比べて，津波による被害が多く，下水処理場では約半数を占めており，またポンプ場では 3/4 となっている．建物などの破壊，津波による機器類の流出および浸水による機器機能の喪失などにより，下水処理場，ポンプ場の機能が長期間にわたって喪失した．

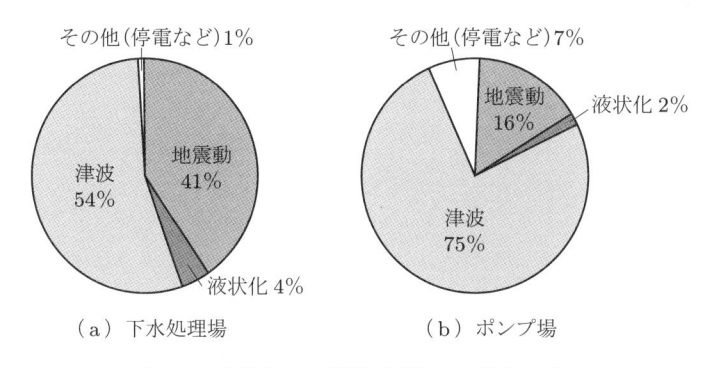

（a）下水処理場
- その他（停電など）1%
- 地震動 41%
- 津波 54%
- 液状化 4%

（b）ポンプ場
- その他（停電など）7%
- 地震動 16%
- 液状化 2%
- 津波 75%

図 6.2　東北地方太平洋沖地震による被害の要因

図 6.3 は，下水処理場とポンプ場の海岸からの距離による機能停止の度合いを示している．海岸より 100 m 以内では，87%の下水処理場とポンプ場が全

海岸からの距離 [m]
- 0～100：全機能停止 87%，一部機能停止 2%，機能停止なし 11%
- 100～500：全機能停止 70%，一部機能停止 8%，機能停止なし 23%
- 500～1000：全機能停止 70%（※）16%，38%
- 1000～：17%，43%，40%

機能停止の度合 [%]

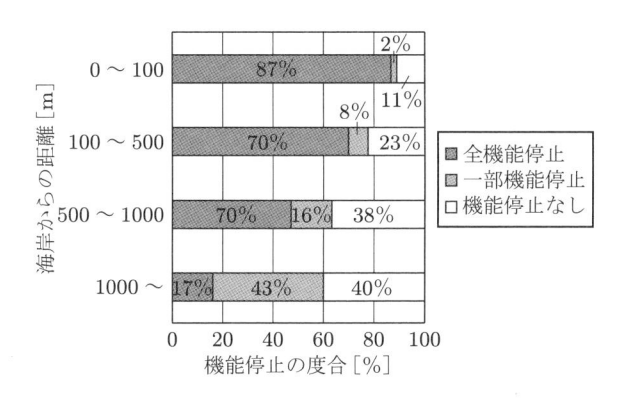

図 6.3　海岸線からの距離による下水処理場，ポンプ場の機能停止の度合い

機能停止となった．全機能停止の割合は，海岸からの距離が 100 〜 500 m で 70%，500 〜 1000 m で 47% となっている．1000 m 以上の距離があっても，一部機能停止を含めて津波により被災した下水処理場，ポンプ場の割合は 60% に達している．

図 6.4 は下水処理場とポンプ場における津波による浸水深と機能障害の度合いの関係を示す．これによれば，浸水深が 1.0 m を超えた場合，全機能停止する施設が 67% と高い割合で発生している．地下室への津波の浸入による電源系などの機能喪失が主要な原因である．また，浸水深が 3 m を超えるとほぼすべての施設が全機能停止に陥ったことがわかる．これらの浸水深と機能停止との度合いの関係は，今後の下水処理施設の津波対策を考えるうえで重要である．

下水処理場，ポンプ場には，電気・機械施設のほかに多くの土木・建築構造物が建設されている．図 6.5 は津波浸水深と電気・機械施設と土木・建築構造物の被災の関係を示している．これによれば，浸水深が 4 m 程度までは電気・機械施設の被害が主体であるが，それ以上の浸水深では土木・建築構造物の被害の比率が増大する．

図 6.4 津波浸水深と機能停止の度合い

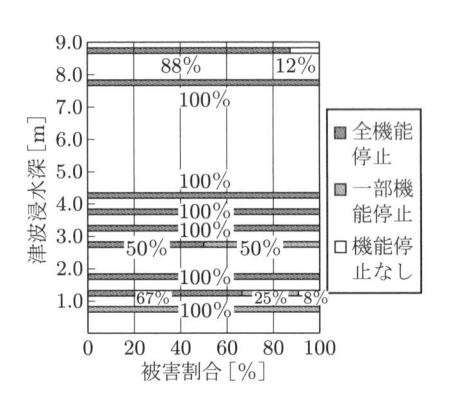

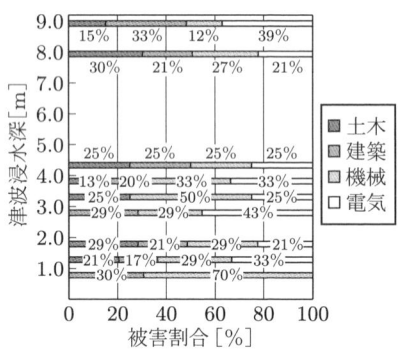

図 6.5 津波浸水深と電気・機械施設および土木・建築構造物の被害

6.1.2 危険物タンクなどの津波による被害

2011 年東北地方太平洋沖地震において，宮城県気仙沼市に設置されていた船舶燃料用の重油タンク 23 基中 22 基が津波により浮上，流出した．タンク

の破壊により重油が海上に流出し，海上だけでなく陸上も含めて広範囲な火災が発生した．図 6.6 は直線距離で約 2.4 km 移動したタンクの例である．着火の原因は特定されていないが，建物などのがれきが海上に流出し，これらと重油が混ざりあい，これに着火したことが火災の原因である．がれきなどが混入したため，火災が長時間にわたって継続した．津波が反復して来襲したため，海上火災の領域が繰り返し海岸部に押し寄せ，陸上火災を引き起こした．気仙沼市では津波高（入射波高）は 11 m，浸水面積は 18 km^2 に達し，総人口 74000 人のうち，死者 1032 人，行方不明者 324 人の犠牲者を出した．津波によるタンクの火災は岩手県久慈市においても発生している．

図 6.6 津波により浮上・流出したタンク（設置地点より 2.4 km 離れた地点に漂着）
［消防庁 消防研究センター, 消防研究技術資料第 82 号, 平成 23 年（2011 年）東北地方太平洋沖地震の被害及び消防活動に関する調査報告書（第 1 報）］

　津波によるタンクの浮上の理由は，タンク周囲の浸水による浮力である．津波来襲時における浮上・流出タンクの内容量は不明であるが，自重を上回る浮力が作用することにより浮上した．通常の原油・重油タンクは杭などの基礎がなく，締固めた地盤の上に直接設置されている場合が多い．タンク周囲の地盤が浸水し，水がタンクの底版下に回り込むと浮力が作用して浮上する．浮上した状態で，次の津波に襲われれば引き波によって海上に流出する．
　これらのタンクの津波による浮上・流出を防ぐ方策として，図 6.7 に示すようにタンク周囲に矢板などによって地中壁を構築する方法が考えられる．矢板壁によって，津波による海水がタンク下に回り込む時間を長くすることが可能

図 6.7 タンク周囲の鋼矢板壁（液状化によるタンクの沈下・傾斜に加えて津波による浮上防止にも効果がある）[JPA 全国圧入協会]

となる．津波の反復の時間間隔に対し，十分な根入れ深さの矢板を打設することにより浮上を防止する．原油・重油などのタンク周囲に矢板を打設する方法は液状化による沈下と傾斜の防止対策としてすでに用いられているが，津波に対しても効果を発揮する．

タンクが複数存在する場合は，タンク間で内容量を調整することにより，浮上を防ぐことも可能である．この場合，特定のタンク内容量を増やすと長周期地震動に起因した内容物のスロッシング振動により溢流やタンクの損傷を生じることがあるので注意を要する．いずれにしても，タンク数が少ない場合は対応が困難である．

6.2 ライフライン・産業施設の津波対策

6.2.1 下水道施設の津波対策

国土交通省の下水道地震・津波対策技術検討委員会はその第 3 次提言で，下水道施設の最大クラスの津波に対する機能を，表 6.1 に示すように被災時においても「必ず確保」する基本機能とその他の機能に分けて考えることを提案している．その他の機能は一時的に機能停止は許容するものの，「迅速に復旧」する施設と「早期に復旧」する施設に分類し，それぞれの要求性能に対する対

表6.1 下水道施設において要求される耐津波性能

施設種別	管路施設	ポンプ場	処理場		
機能区分	機能の分類				
	基本機能			その他の機能	
	逆流防止機能	揚水機能	揚水機能,消毒機能	沈殿機能,脱水機能	左記以外
耐津波性能	被災時においても「必ず確保」			一時的な機能停止は許容するものの「迅速に復旧」	一時的な機能停止は許容するものの「早期に復旧」

* 逆流防止機能：樋門施設（ゲート設備など）
　揚水機能：揚水施設（汚水・雨水・放流ポンプ設備，受変電設備，自家発電設備など）
　消毒機能：消毒施設

表6.2 下水道施設における対策の考え方

耐津波性能	必ず確保	迅速に復旧	早期に復旧
防護レベル	高　←	中	→　低
	リスク回避（やむをえない場合は「リスク低減」）	リスク低減	リスク保有
対応策	浸水しない構造（浸水高以上に設置，または浸水高以上の防護壁により防護）	強固な防水構造（防水扉，または設備などの防水化）	浸水を許容

応を表6.2のように示している．必ず確保すべき性能に対しては，図6.8に示すように施設を浸水高以上に設置するか，浸水高以上の防護壁により防護するものとしている．迅速に復旧すべき施設は，強固な防水構造として図示するように構造物の壁を耐津波壁とするほか，開口部を防水構造として電気機器などの防水性を確保するものとしている．早期に復旧すべき施設については，一時的な浸水を許容するものの処理水の通常レベルへの復旧を早期に図ることを目標としている．

6.2.2　産業施設の津波対策

　津波による産業施設敷地内への浸水を防ぐ方法として，予想される津波高に対して十分な余裕高をもった耐津波壁の構築が考えられるが，通常の産業施設

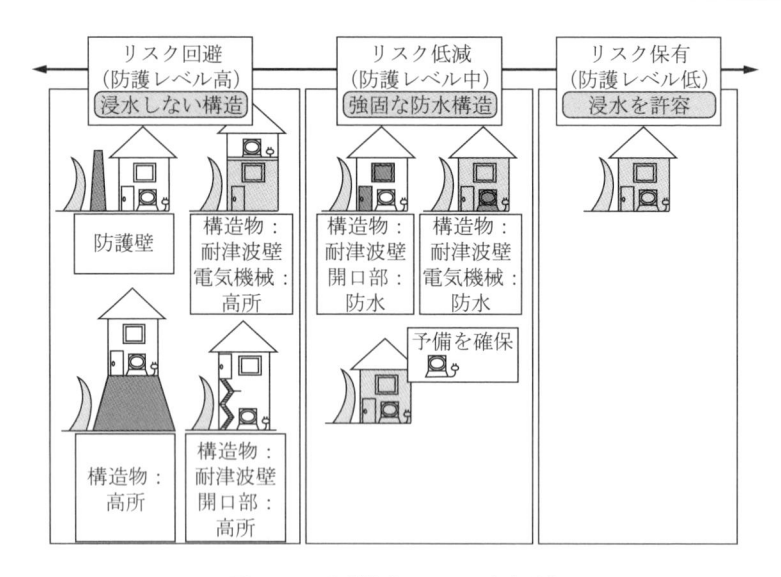

図6.8 下水道施設における津波対策

でこのような耐津波壁を構築することは経済的な面から難しい．そこで，既設の海岸堤防を津波に対しても補強する方法として，図6.9に示す2重鋼矢板による方法が開発され，すでに実用化されている．堤防をかさ上げする方法ではないため津波が越波することもあるが，2重の鋼矢板により堤防の崩壊を防止することによって津波の勢いを減殺する．2011年東北地方太平洋沖地震においても，道路盛土が津波高を減少させ，かつ到達時間を遅らせることにより人命の損失を防いだ．図6.9に示す対策は津波だけでなく，液状化に対する堤防の補強にも有効である．

津波漂流物に対するタンクなどの防護策としては，図6.10に示す鋼管杭の

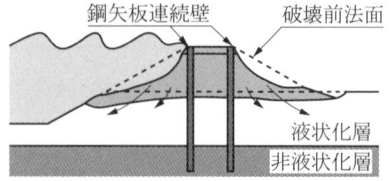

図6.9 鋼矢板2重締切りによる堤防の補強［JPA 全国圧入協会］

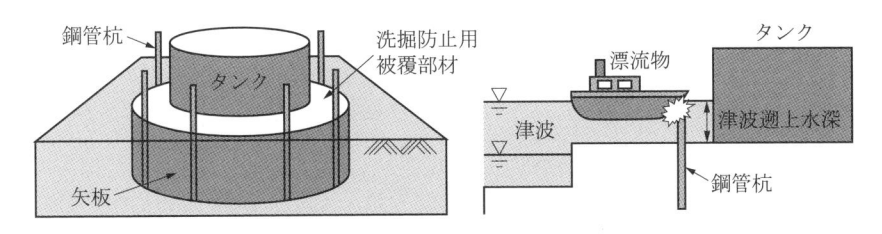

図 6.10 地上突出杭による漂流物への防護
[鹿島建設パンフレット 臨海地区の地震・津波対策]

打設がある．地上に突出させた鋼管杭によって船舶などの漂流物のタンクへの直接的な衝突を防ぐ方法であるが，防護すべきタンクが膨大な数であることから，現時点では採用された事例はない．

6.3 津波対策の課題

　平成23年12月に「津波防災地域づくりに関する法律」が制定された．この法律の第8条（津波浸水想定）において，「都道府県知事は、基本方針に基づき、かつ、基礎調査の結果を踏まえ、津波浸水想定（津波があった場合に想定される浸水の区域及び水深をいう）を設定するものとする」と規定されている．津波による浸水や遡上域は，地域ごとの海底地形や陸上地形などの影響が大きいため，地域ごとに定めるという法律である．
　このことが東京湾に面する1都2県の津波の浸水予想にも混乱を生じさせている．神奈川県では1605年（慶長9年）に起こった慶長地震による東海沖から房総沖の震源を想定し，川崎市の臨海部において最大で5mもの津波高を予測している．津波は陸上にも遡上し，内陸部深くまで浸水域が広がるとしている．川崎市の臨海部には京浜コンビナートが立地しており，予測された津波高が現実となればコンビナート地区は大きな危険にさらされることになる．最も危惧されるのは，原油・重油および石油製品の貯蔵タンクである．津波発生時に，内容液が少ない場合，気仙沼市で発生したようにタンクが浮上，流出するおそれがある．また，津波漂流物の衝突による配管系および製造施設の被害も深刻であるが，現時点では対策は進んでいない．
　一方，東京都と千葉県は，1703年（元禄16年）に起こった元禄関東地震による海底変動を津波の波源域としている．東京都では品川区と大田区の埋立地

でそれぞれ 2.6 m，2.3 m，千葉県では養老川河口において 2.0 m の津波高が予測されている．東京都，千葉県ともに埋立地の地盤高（標高約 3〜4 m）を考慮すれば津波が陸上に遡上することなく，特段の対策は必要としないという判断である．神奈川県と東京都・千葉県では，津波を想定する地震そのものが異なっており，また同じ東京湾でも津波高の想定に大きな差がある．すなわち，東京都と神奈川県の境を流れる多摩川の両岸において想定される津波高が異なっていることになる．「津波防災地域づくりに関する法律」において，津波高を各自治体が別々に設定するという規定が原因となっている．

一方，図 6.11 は東北地方太平洋沖地震による東京湾沿岸の津波高と到達時刻を示している．この中で千葉県木更津市で 2.83 m の津波が観測されている．仮に，南海トラフ巨大地震（中央防災会議の見積りではマグニチュード 9.0）を想定すれば，震源域からの距離がより近いことから，これを上回る津波が来襲するおそれがある．

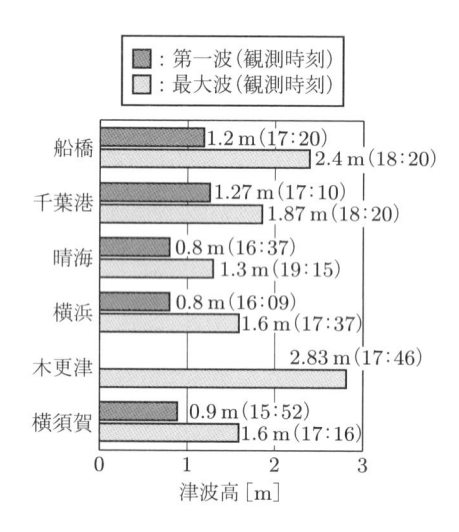

図 6.11　東北地方太平洋沖地震による東京湾の津波高

下水道施設の津波対策でも津波対策で混乱が起こる可能性がある．6.2.1 項で述べたように，日本下水道協会は「下水道施設の耐震対策指針と解説」および「下水道の地震対策マニュアル」をとりまとめ，この中で下水処理場，ポンプ場および管路の津波対策の方針を打ちだしている．しかし，肝心の各地域で

想定すべき津波高は都道府県知事の設定を待つという状況になっている．今後，県境において想定する津波高が異なるという事態も予想される．また，津波高が決まらない自治体が多数出てくる可能性もある．中央防災会議は南海トラフ巨大地震により，東京都から九州東岸にかけての津波高を予測しているが，我が国のその他の地域で予想される津波については何ら情報を発信していない．文部科学省が中心となって日本海側の津波予測のための海底の震源域の調査プロジェクトがはじめられているが，予測に用いられるような調査結果を得るには，少なくとも数年は必要である．

参考文献

[6.1] 日本下水道協会：下水道施設の耐震対策指針と解説，pp.351-360, 2014.
[6.2] 下水道地震・津波対策技術検討委員会：東日本大震災における下水道施設被害の総括と耐震・耐津波対策の現状を踏まえた今後の対策のあり方，pp.264-276, 2013.

第 7 章

原子力発電所の津波対策と課題

7.1 福島原子力発電所の事故

　東北地方太平洋沖地震の発生時，福島第一原子力発電所では，1〜3号機は定格出力で運転しており，4〜6号機は定期検査中であった．運転中の1〜3号機は，地震の発生を受けて自動停止した．地震発生当日の福島第一原子力発電所には合計6回線の外部電源が接続されていたが，地震による遮断器などの損傷や送電鉄塔の倒壊によって，これら6回線による受電がすべて停止したため，各号機の非常用ディーゼル発電機が起動した．しかし，地震発生から数十分後に来襲した津波の影響を受けて，冷却用海水ポンプ，非常用ディーゼル発電機や配電盤が冠水し，6号機の1台を除くすべての非常用ディーゼル発電機が停止した．このため，6号機を除いて全交流電源喪失の状態となった．6号機では，非常用ディーゼル発電機1台（空冷式）と配電盤が冠水を免れ，運転を継続した．また，津波による冷却用海水ポンプの冠水によって，原子炉内部の残留熱を海水へ逃すための残留熱除去系や，機器の熱を海水に逃すための補機冷却系が機能を失った．

　1〜3号機では，交流電源を用いる炉心冷却機能が失われたため，直流電源による炉心冷却機能の作動が試みられた．その後，これらの直流電源による炉心冷却機能は，そのバッテリーが枯渇したことなどにより停止し，消防ポンプを用いた消火系ラインによる淡水または海水の代替注水に切り替えられた．

　1〜3号機について，原子炉内の圧力が高く，それぞれ原子炉圧力容器への注水ができない事態が一定時間継続したため，各号機の炉心の核燃料は水で覆われずに露出し，炉心溶融に至った．溶融した燃料の一部は原子炉圧力容器の下部に溜まった．

　燃料被覆管などのジルコニウムと水蒸気の化学反応により大量の水素が発生するとともに，燃料被覆管が損傷し，燃料棒内にあった放射性物質が原子炉圧

力容器内に放出された．さらに，原子炉圧力容器の減圧の過程で，これらの水素や放射性物質は原子炉格納容器内に放出された．

注入された水は原子炉圧力容器内で核燃料から熱を奪って蒸気になり，炉心冷却機能が失われた原子炉圧力容器では内圧が上昇し，蒸気が原子炉格納容器内に安全弁を通して導かれた．通常，原子炉格納容器は，最終的には海水を冷却源とする冷却系で冷やすことができるが，海水系機器が損壊したことにより冷却することができず，最終ヒートシンク喪失状態となった．これにより，徐々に原子炉格納容器の温度・圧力が上昇した．1～3号機では原子炉格納容器が圧力により破損することを防ぐため，内部の気体を大気中に逃す操作が数回行われた．

1，3号機では，その後，原子炉格納容器から漏えいした水素が原因と思われる爆発が原子炉建屋上部で発生し，それぞれの原子炉建屋の最上階が破壊された．これらによって，環境に大量の放射性物質が放散された．なお，3号機の建屋の破壊に続いて，定期検査のために炉心燃料がすべて使用済燃料プールに移動されていた4号機においても原子炉建屋で水素が原因とみられる爆発があり，原子炉建屋の上部が破壊された．この間，2号機では原子炉格納容器で破損が生じた（図7.1）．

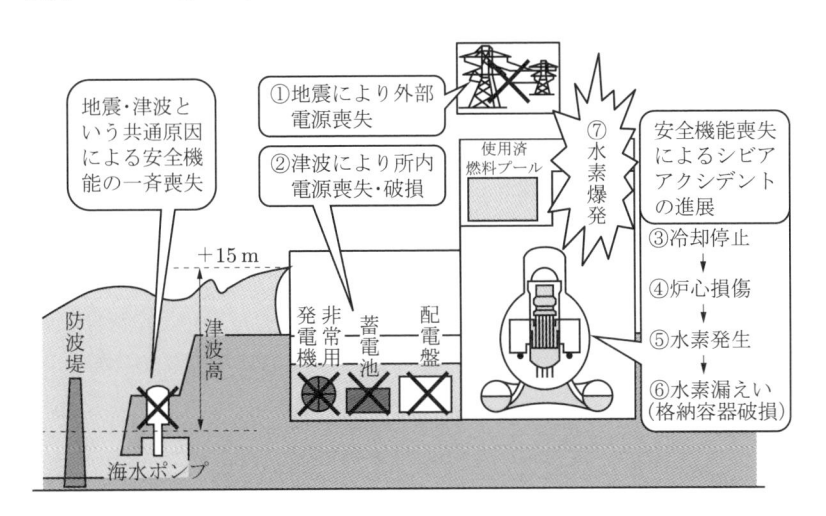

図7.1 福島第一原子力発電所の事故の状況［「日本のエネルギー2014：安全性の向上」，経済産業省ウェブサイト，http://www.meti.go.jp/policy/energy_environment/energy_policy/energy2014/anzensei/index.html］

電源の回復および原子炉圧力容器内への注水の継続と合わせて，1～4号機の使用済燃料プールへの注水も取り組まれた．各号機の使用済燃料プールについては，電源の喪失によってプール水の冷却が停止したため，使用済燃料の発熱にともなう水の蒸発により，その水位が低下し続けた．このため，使用済燃料プールに対して，自衛隊，消防や警察がヘリコプターや放水車を用いた注水や，コンクリートポンプ車を用いた近くの貯水池などの水の注水により冷却を行った．

福島第一原子力発電所の原子炉建屋基礎版上（最地下階）に設置された地震計による観測値は，2号機原子炉建屋地下1階で最大加速度が550 galの記録が得られるなど，耐震安全性評価の基準である基準地震動 S_s に対する最大加速度を一部超えるものがみられたが，ほとんどが下回っており，東北地方太平洋沖地震による地震動は設備の耐震安全性評価の想定とおおむね同程度のものであったとされている．

地震発生から約40分後に津波が来襲したため，地震動による設備の被害は明確には確認されていない．プラントの状態を示す計器類の記録や警報発生記録などによる確認，地震観測記録を用いた地震応答解析結果による確認，および可能な範囲での現地目視確認により，東京電力は「安全上重要な機能を有する主要な設備は，地震時および地震直後において安全機能を保持できる状態にあったものと考えられる」としている．また，福島第一原子力発電所の事故について複数の機関で報告書が作成されており，どの機関の報告書も津波による全交流電源喪失が事故の直接的原因であるとしているが，国会が設けた「東京電力福島原子力発電所事故調査委員会」のみが原因を津波にのみ限定することに疑念を呈し，「安全上重要な機器の地震による損傷はないとは確定的には言えない」としている．

福島第一原子力発電所において想定していた津波高は，最大で O.P. + 6.1 m（O.P.：小名浜港工事基準面）であったが，O.P. + 13.1 m の高さの津波に襲われ，敷地内の浸水高は，1～4号機側で O.P. + 15.5m，5，6号機側で O.P. + 14.5 m まで達した（図7.2）．

設備の被害としては，非常用ディーゼル発電機や配電盤の冠水による機能喪失，冷却用海水ポンプの冠水による原子炉内部の残留熱除去系や補機冷却系の機能喪失などで，電源や冷却に係る機能の大半が失われた（図7.3）．また，重油タンクの倒壊・漂流，構内の車両の漂流など，多数の漂流物が散乱した状

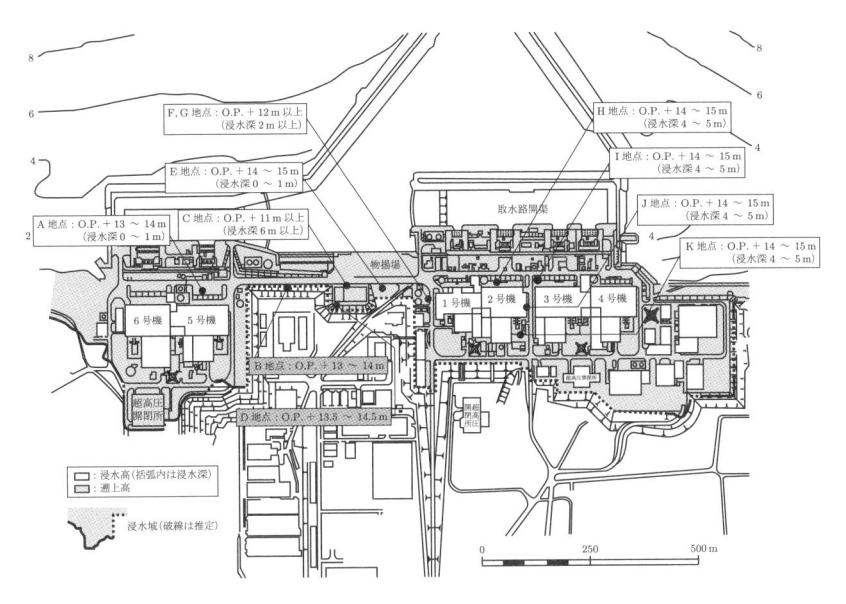

7.1 福島原子力発電所の事故　**129**

図 7.2　福島第一原子力発電所の津波による浸水状況
［旧原子力安全・保安院（2011 年 4 月 13 日資料）］

(a) 被水した 1 号機タービン建屋 1 階電源盤　　(b) 廃棄物処理建屋から北側を撮影

図 7.3　福島第一原子力発電所の津波による被害状況

態となり，事故対応・収拾に向けた作業性を低下させる結果となった．

7.2 津波に対する設計

7.2.1 津波に対する設計の流れ

日本の原子力発電所は，タービンを回し終えた蒸気を冷やすために大量の冷却用海水が必要なため，すべて海岸沿いに設置されている．そのため，敷地に大きな影響を与えるおそれがある津波に対して，重要な安全機能が損なわれることがないように設計しなければならない．

津波に対する設計に際しては，地震と同様に原子力発電所に大きな影響を与えると予想される津波について，文献調査や地質調査などを行って適切な津波波源を設定する．さらに，津波波源から発生した津波が沖合から伝播して敷地

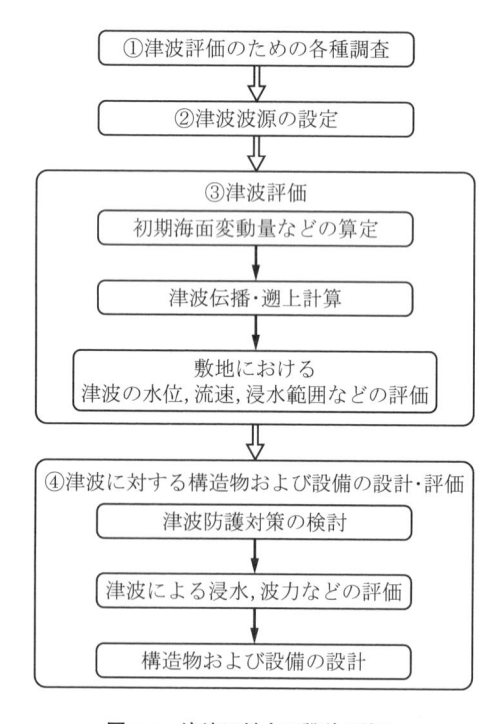

図 7.4 津波に対する設計の流れ

付近の海岸に到来し，陸地へ遡上する現象について津波数値シミュレーションを行い，津波による水位上昇，流速，浸水域および浸水深さを推定して，津波の影響を評価する．この評価をもとに，津波による設計用の浸水高，波力などを設定し，防潮堤などの構造物および設備の設計と機能維持の評価を行う．

図 7.4 に原子力発電所の津波に対する設計の流れを示す．

7.2.2　津波評価に必要な調査
(1) 既存文献と津波堆積物による調査

古文書などの歴史記録，津波観測記録，考古学的調査資料などの既存文献を調査・分析し，調査地域周辺において過去に来襲した可能性のある津波の発生時期，規模，要因などを過去にさかのぼって把握する．

調査地域周辺において過去に来襲した津波を把握するため，地層に残された津波の痕跡を調査する．津波堆積物調査は，2011 年東北地方太平洋沖地震を契機に，過去の津波に関する情報を提供するものとしてその重要性が注目されるようになった．ただし，過去に津波が到達した地点であっても，津波堆積物が残される地形はかぎられることや，その後の地層の浸食や人工的な改変によっても津波堆積物が失われる場合があり，調査には限界もある．

具体的には，ボーリング調査やトレンチ調査などを実施し，地層の観察や試料分析を行い，津波により形成された地層の有無や分布を把握する．調査対象は，一般には海水準が高かった縄文海進（約 6000 年前）以降である．津波により形成された地層かどうかは，観察結果や試料の分析結果，調査地点の地質や地形条件などを考慮して総合的に評価される．図 7.5 にボーリング調査による津波堆積物調査の例を示す．

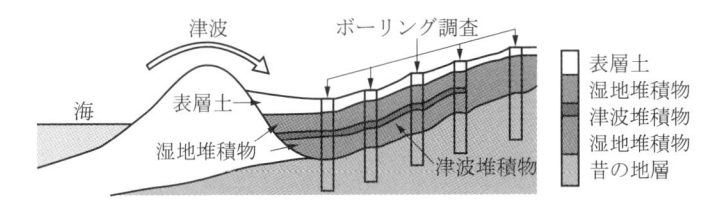

図 7.5　津波堆積物調査の例［中部電力ホームページ］

(2) 津波発生要因などに関する調査

原子力発電所の耐津波設計では,津波を発生させる要因として以下を考慮する.
- プレート間地震
- 海洋プレート内地震
- 海域の活断層による地殻内地震
- 陸上および海底での地滑り,斜面崩壊
- 火山噴火などの火山現象

津波発生要因に関する調査では,津波が地震動よりも広域に影響を及ぼすことを考慮して,地震動の評価のための調査よりも広域の調査範囲を設定する.調査地域の地形や地質条件に応じて,各種の調査手法を適切に組み合わせる必要がある.

地震津波の調査では,プレート間地震だけでなく,海溝軸付近やその沖合で沈み込む海洋プレート内の地震を考慮する.沈み込む海洋プレート内の地震の代表的な例として,1933年の昭和三陸地震があげられる.地震の揺れは小さかったが,津波により大きな被害が生じた.

陸上の斜面崩壊および海底地滑りについては,過去の斜面崩壊,地滑りの発生状況を調査するとともに,敷地周辺広域の地形・地質調査などをもとに斜面崩壊・地滑りによる津波発生の可能性のある地形を調査する.地滑りによって生じた津波の例としては,1958年リツヤ湾(アメリカアラスカ州)の津波がある.

噴火などの火山現象による津波については,敷地周辺広域の火山活動,津波を発生させる可能性のある火山を調査する.火山噴火あるいは火山性地震による山体崩壊後の土砂崩れの発生や,カルデラ(火山活動によりできた大きな凹地)形成,海中爆発などについて検討を行う.

以上の津波調査のほかに,津波評価に必要な調査としては,津波の伝播経路に係る調査および海底の砂移動の調査が必要である.

津波の伝播経路の調査では,津波の発生源から原子力発電所敷地に至るまでの海域の地形などの津波の伝播に影響を及ぼす要因を調査する.また,津波にともなって生じる砂移動によって原子力発電所の海水取水設備に影響を与える可能性を考慮し,取水口付近の砂移動の評価を行うための調査を行う.

7.3 津波対策

7.3.1 津波対策の概要

津波評価の結果得られた水位上昇が，原子炉および使用済燃料の冷却機能に係る安全上重要な機器（注水，除熱，電源確保に必要な機器）に影響を及ぼさないように，敷地内や建屋内への浸水を防止するなどの津波防護対策を検討する．具体的には，敷地への浸水を防止するために防潮堤を設け，安全上重要な機器が設置される建屋の扉を水密扉とし，さらに，冷却機能が津波によって失われた場合などのシビアアクシデントに対処するための設備を敷地の高所に配置するなどの対策があげられる．図 7.6 に防潮堤や水密扉，敷地の高所に消防車・ポンプ車を配置する津波防護対策の例を示す．

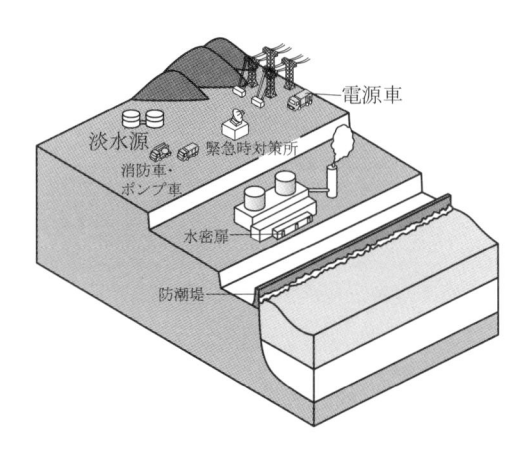

図 7.6 津波防護対策［電気事業連合会 Web Magazine "Enelog" 2013 年 6 月 Vol.3 を一部加筆修正］

7.3.2 防潮堤による敷地への浸水対策

防潮堤は，水位上昇に対して発電所敷地内への浸水を防止する設備であり，津波波力に加え，地震動に対しても健全性を保つことが必要である．基礎を地盤に十分に根入れし，壁部を鋼材と鉄骨・鉄筋コンクリートで構築することで，波力・地震に耐える設計としている防潮堤もある．一方で，自然の高台などに発電所あるいは重要な施設を設置することにより浸水対策とすることがある．図 7.7 に敷地への浸水対策の例（防潮堤の設置）を示す．

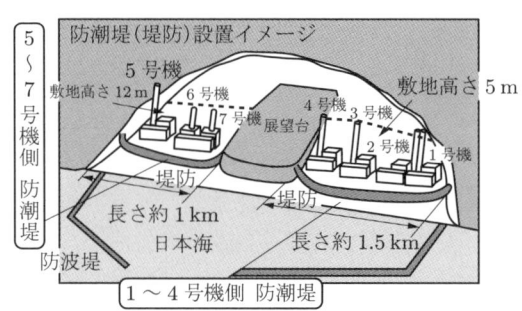

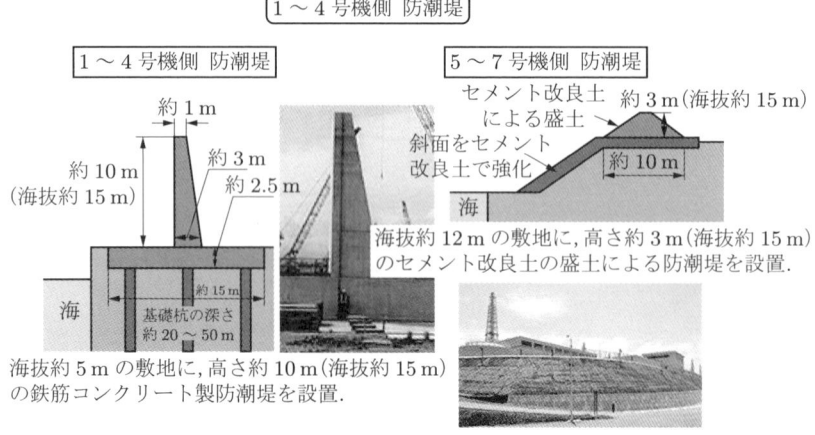

図 7.7　敷地への津波浸水対策（防潮堤の設置）［東京電力ホームページに一部加筆修正］

敷地への浸水を防止するため，設置する防潮堤などの津波波力を受ける設備は，「粘り強い構造」として，越流するような津波が来襲した場合でもその健全性が保たれるように配慮しなければならない．

7.3.3　取放水設備からの溢水対策

原子力発電所の取放水設備は海とつながっており，敷地内に取放水設備の開口部があれば，津波高の上昇にともなって海水が敷地内に溢れるおそれがあるため，必要に応じて溢水対策を行うことが重要である．対策としては，溢水に関する評価を行い，開口部の周囲に溢水高さを上回る壁を設置する方法や，開口部を閉止する方法がある．図 7.8 に，取水槽から溢れた海水が敷地へ流入しないように設置する溢水防止壁の例を，また図 7.9 に放水設備開口部の閉止板の例を示す．

図 7.8　溢水防止壁［中部電力ホームページ］

（a）放水ピット開口部

（b）対策前 　　　　　　　　　（c）対策後

図 7.9　放水設備の開口部の閉止板

7.3.4　建屋内への浸水対策

　安全上重要な機器を津波から防護するため，機器が設置される建屋外壁扉の水密構造化，および配管，電線管・ケーブルトレイなどの壁貫通部への止水処理が重要である．さらに，万一建屋内へ浸水した場合も考慮し，安全上重要な

機器が設置された室内への浸水を防ぐため，機器室入口の扉を水密扉とするなど，機器室を対象とした浸水防止を施す．図 7.10 に建屋外壁扉の水密構造化の例を示す．

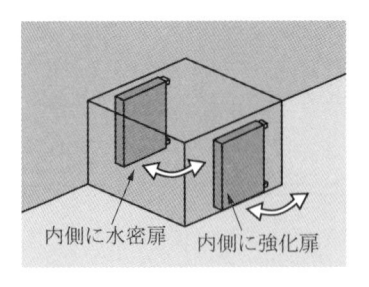

（a）建屋外壁扉の二重化工事　　　　　（b）建屋外壁扉の二重化の例

図 7.10　建屋外壁扉の水密構造化の例

安全上重要な機器を有する建屋外壁扉の水密化については，津波波力を直接受けることも考慮し，想定される津波波力に耐えられるように，扉と水密扉を二重に設置することもある．

7.3.5　海水取水ポンプの取水機能の確保

津波の水位低下による影響に対しては，炉心および使用済燃料を冷却する非常用海水冷却系の海水取水ポンプの取水機能に影響を及ぼさないように，必要に応じて対策を検討する．

対策としては，水位低下に対しては一定の冷却水量（海水）を供給できる構造とするなど，海水取水機能を確保できる対策などが考えられる．検討にあたっては，津波による砂の移動や堆積，漂流物に対しても取水口や取水路の通水性を保ち，砂の混入に対しても海水ポンプの取水機能が確保できるように考慮する．また，図 7.11 に示すように，引き波による水位低下に対しても，破線で示した構造部により冷却水量の確保を図るなどの対策も必要である．

7.3.6　その他の津波対策

津波の到来を早期に検知することができれば，いち早く原子力発電所の津波対応体制を整えることが可能となる．津波早期検知のための対策事例としては，

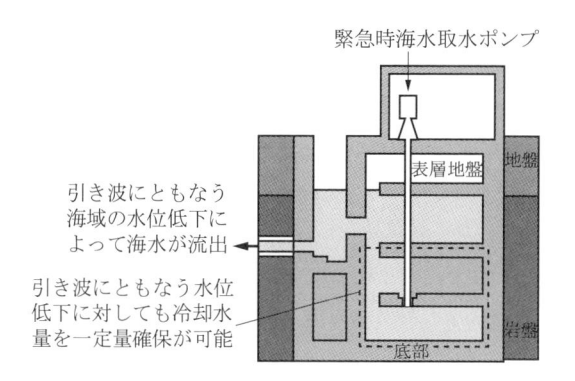

図 7.11 海水取水ポンプの取水機能の確保

GPS 波浪計による津波検知がある．衛星を用いて沖合約 20 km 地点に浮かべたブイの上下変動を計測することにより，津波を観測する．図 7.12 に GPS 波浪計による津波検知の概要を示す．

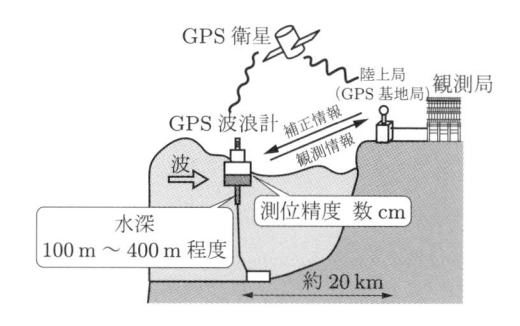

図 7.12 GPS 波浪計による津波検知［国土交通省ホームページ］

また，原子力発電所における津波検知の方法として，潮位計の設置や屋外監視カメラによる津波監視がある．屋外監視カメラにより，発電所から GPS 波浪計を直接監視し，津波の来襲を検知することができる．潮位計や屋外監視カメラなどの津波監視のための設備は，津波波力や漂流物の影響を受けにくい場所に配置し，津波監視機能が十分発揮できるようにする．

参考文献

[7.1] 東京電力：福島原子力事故報告書，2012.6.20.
[7.2] 内閣官房東京電力福島原子力発電所における事故調査・検証委員会：東京電力福島原子力発電所における事故調査・検証委員会最終報告，2012.7.23.
[7.3] 福島第一原発事故と4つの事故調査委員会，国立国会図書館，2012.8.20.
[7.4] 浜岡原子力発電所の津波監視について，静岡県防災・原子力学術会議　平成24年度第1回津波対策分科会資料2-1，2012.8.9.
[7.5] 土木学会原子力土木委員会津波評価部会：原子力発電所の津波評価技術，2002.2.
[7.6] 原子力規制委員会：基準津波及び耐津波設計方針に係る審査ガイド，原管地発第1306193号，2013.6.19.

第 8 章
津波避難の円滑化に関する技術の現状と課題

8.1 津波対策の現状

8.1.1 概　要

　本節では津波の「ソフト対策」の現状を説明する．「ソフト対策」は「ハード対策」と対をなす用語である．明確な定義はないが，耐震工学の場合，耐震設計・耐震化が「ハード対策」，それ以外のたとえば地震防災訓練などが「ソフト対策」となる．耐津波学の場合，「ハード対策」の代表は防潮堤の設計・設置であり，「ソフト対策」の代表は津波防災訓練・津波防災教育である．津波の来襲を考えた都市計画やまちづくりも「ソフト対策」に含まれるが，第3章で説明したため，本節では扱わない．

　津波発生直後の「ソフト対策」は津波避難に尽きる．2011年東日本大震災では約2万の人的被害が生じている．地震発生後，津波来襲まで10分以上の時間的余裕があったため，速やかに避難を行っていれば，被災者の相当数は難を逃れた可能性は高い．いかに迅速に津波避難を行うかが重要なのである．

　長年，津波の危険性が指摘され，対策が講じられてきた地域ですら，2011年東日本大震災において迅速な津波避難が完全に行われたわけではない．地震と比べても低頻度であるだけでなく，大きな地震が起こっても，津波高が危険なレベルには必ずしも達しないため，なかなか迅速に避難する気にはならなかったと推測される事例は多い．また，津波来襲までに時間的余裕があったため，家族の救助のために，いったん避難した場所から再度危険な場所に戻った事例も少なからずある．迅速な津波避難は簡単なことのように思われるが，実は実現が難しいのである．

　迅速な津波避難を実現するための「ソフト対策」を考える際には，さまざまな視点に立つことができる．本節では次の視点を取り上げる．

①主体：津波来襲前に避難をする必要性の認識
②手段：地震発生直後に避難を促す情報伝達
③空間：津波避難所・避難経路の確保・整備

　2011年東日本大震災の状況を考えると，①が重要な課題であることは明らかである．大津波が発生したという結果を知っている現時点では，地震発生直後，住民などが津波避難の必要性を正しく認識しなかったことは奇異に思われるかもしれない．しかし，極低頻度であるため，津波に対して地震発生直後に迅速避難が完全に行われた例はない．この事実を踏まえたうえで，避難の主体に迅速避難の必要性を認識させる対策を考える必要がある．

　②に関しては，防災無線やJ-ALERTなど，さまざまな情報伝達の方法が提案され，社会に実装されている．2011年東日本大震災以降，エリアメールという新しい情報伝達の方法も実用化されている．一方，指数関数的に速度・容量が増加している情報通信技術の進歩を考えると，津波避難に対して，より効果的な情報伝達の仕組みを開発することは十分可能である．完全な迅速避難を目指すためには先端性，そして，極低頻度の津波に備えるためには陳腐化しない持続的発展性が，この情報伝達の仕組みに必要である．このような情報伝達の仕組みの事例として，8.2節において，住民一人一人に個別の津波避難情報を確実に送る緊急津波避難情報の例を紹介する．

　③は「ハード対策」と関連する．津波避難所は十分な容量をもち，かつ，短時間で着く位置にあることが必要である．避難の際に使われる避難経路にも，道幅などの十分な容量があることと同時に，地震動による周辺の建物・施設の被害が起こりづらいことも望まれる．容量や時間を定量的に算定するためには，適切な避難のシミュレーションを行うことが望ましい．また，津波避難所や避難経路の効果の算定にもシミュレーションは有効である．8.3節において避難のシミュレーションを説明する．

8.1.2　津波防災訓練

　津波防災訓練には数々の取り組みがある．通常は都道府県や市町村が主体となって訓練を行うが，国が推進する訓練もある（大規模津波防災訓練）．これは中央防災会議が実施を促したものであり，国土交通省が主催となって複数の都道府県や市町村が連携する大規模な訓練である[8.1-8.4]．2004年のスマトラ島沖地震インド洋大津波災害を踏まえ，2005年から2014年の現在まで，ほぼ毎

年実施されている．この大規模津波防災訓練では，住民避難のほか，さまざまな内容が盛り込まれている．訓練の主眼はおおむね下記のように整理される．
①広域連携：被害のない地域から被災地域に対して，迅速に支援を派遣
②防災関係機関の連携：たとえば国交省（TEC-FORCE）と防衛省（自衛隊）のように，防災に関連する機関の連携強化
③災害対策本部間の情報伝達：国・都道府県・市町村に設置される災害対策本部での災害・災害対応に関する情報伝達

　住民にとって，津波防災訓練で，想定された津波を知り，避難経路・場所を知ることの意義は大きい．一方，行政にとって，情報収集・伝達のほか，津波来襲に備える水門の閉鎖や津波浸水の排除訓練も行うため，実践を意識したものとなっている．道路・河川・港湾の応急復旧の訓練が行われる場合もある．表8.1に大規模津波防災訓練を例に，具体的な訓練項目を整理する．また，表8.1の訓練項目を，地震発生直後から復旧時といった地震発生後の時間と訓練の主体（個人や組織）を使って分類したものを図8.1に示す．個人を対象とした訓練は避難・救護，組織を対象とした訓練は，情報収集伝播にかかわるもの，応急対応にかかわるもの，復旧にかかわるものに大別できる．

　国・自治体が定期的に実行している津波防災訓練には形骸化の懸念もある．ただし，これは，表8.1，図8.1でみると，効果が不明な個人（住民）の訓練項目に対するもので，組織の訓練にはあてはまらない．そもそも，津波防災訓練に参加する住民の割合は多くない．しかたがない点もあるが，実際とは異なる安全かつ余裕のある状況での避難訓練となっているきらいもある．責任をもって対処すべき事項が明確な行政の各機関と比べると，避難という訓練は住民にとって真剣になりづらいことがこの原因として考えられる．

　全住民が津波避難に参加することは理想であるが，実現は難しいことも否定しがたい．津波防災教育とも関係するが，効果的な津波避難の訓練を見出す努力も必要と考えられる．

表 8.1 津波防災訓練の訓練項目

訓練項目	主な内容
個人の安全確保訓練	緊急地震速報の理解 速報を受けて行う安全確保の訓練
住民避難訓練	所定の津波避難所へ避難する訓練
津波情報収集伝達訓練	津波警報などの住民への伝達訓練 被災情報の収集・伝達訓練
被害情報収集伝達訓練	ヘリコプターによる被災情報の収集および伝達訓練 被災状況の航空写真撮影訓練および災害対策用図面の提供訓練
水門・閘門の閉鎖訓練	水門と閘門(水位の異なる河川・運河の仕切り)の閉鎖
津波浸水の排除訓練	災害対策機械を使った対策訓練
ライフラインの復旧訓練	上下水道・エネルギーなどのライフラインの復旧訓練
道路の啓開訓練	オフロードバイクなどによる被災情報収集訓練 道路上に堆積した障害物撤去訓練
港湾における航路啓開訓練	海洋環境整備船による海上の浮遊物除去訓練 クレーン船による海中沈降障害物の揚収訓練
洋上漂流者の救助訓練	ヘリコプターから洋上漂流者の吊り上げ救助を行う訓練 巡視艇により洋上漂流者を引き揚げ救助後,救急車へ引き継ぐ緊急輸送訓練
緊急物資の輸送訓練	食糧・生活必需品などの緊急物資の輸送訓練
救護所開設訓練	救護所開設・傷病者の受け入れ訓練 重傷者の搬送トリアージ判定,検視訓練 給水車による応急給水訓練
救護・救出訓練	土砂に埋没した車両内からの被災者救出・搬送および埋没車両の撤去訓練 倒壊家屋からの被災者救出・応急手当・搬送訓練

8.1 津波対策の現状　**143**

```
組織 ↑
            ┌─────────┐ ┌─────────┐
            │港湾における│ │緊急物資の│
            │航路啓開訓練│ │輸送訓練 │
  ┌─────────┐├─────────┤├─────────┤
  │被害情報 ││道路の   │ │ライフライン│
  │収集伝達訓練││啓開訓練 │ │の復旧訓練│
  ├─────────┤└─────────┘ └─────────┘
  │津波情報 │┌─────────┐
  │収集伝達訓練││津波浸水の│
  └─────────┘│排除訓練 │
  ┌─────────┐├─────────┤
  │洋上漂流者の││水門・閘門の│
  │救助訓練 ││閉鎖訓練 │
  └─────────┘└─────────┘
  ┌─────────┐┌─────────┐
  │住民避難訓練││救護所  │
  │         ││開設訓練 │
  ├─────────┤├─────────┤
  │安全確保訓練││救護・救出│
  │         ││訓練   │
個人└─────────┘└─────────┘
                              時間 →
```

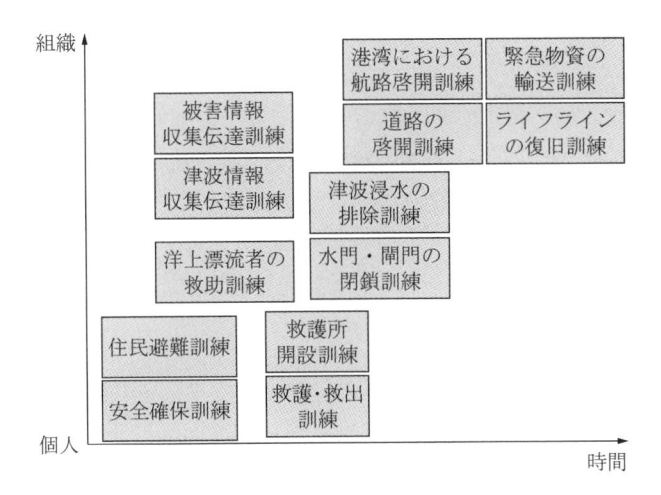

図 8.1　津波防災訓練項目の整理

8.1.3　津波防災教育

　防災教育は，広義には，国民全体に対してさまざまな自然災害の実態とその防災・減災の方法を理解させることが目的である．津波防災教育の場合，津波常襲地域で行われることが通常であり，対象も小中学生などといった児童・生徒であることが多い．一生に数度遭遇するかもしれない津波に対し，即時避難の重要性を理解させることが主眼となっている．

　地震防災教育と同様，児童・生徒を対象とした津波防災教育は，津波の発生のメカニズム，津波の被害，即時避難が必須であることが主な内容であり，地震津波の発生から沿岸での増幅とそこでの被害に至る状況が経時的に説明される．地震による海底面の変動が津波を作ること，津波の速度は海洋ではジェット機並みとなること，浅い沿岸に達すると津波高が数倍にもなることなどが説明される．

　「自然現象」としての津波を理解することが目的と考えるのであれば，この内容と説明のしかたは自然である．しかし，即時避難の重要性の理解が本来の目的である．「自然現象」という内容はともかく，少なくとも説明の方法には工夫が必要である．すなわち経時的な現象の説明と即時避難の重要性の理解には開きがある．即時避難の重要性を理解させるには，説明のしかたを工夫する必要がある．

2011年東日本大震災では,「釜石の奇跡」と称された効果的な津波防災教育が脚光を浴びた[8.5].これは群馬大学片田教授の努力によるもので,津波防災教育を8年間重ねてきた結果,市内の小中学校では全児童・生徒計約3000人が即座に避難し,被害にあった割合は1%をはるかに下回った[8.6, 8.7].ここでは,津波防災教育で次の津波三原則を教えていた.

①想定にとらわれるな:「ハザードマップを信じるな」というフレーズが象徴するように,行政が与えた想定にとらわれることなく,自分で状況を判断し,行動することが大切である.

②その状況下で最善を尽くせ:釜石市では,単に即時避難をしただけではなく,想定以上の大津波が来ることを考え,指定された津波避難所よりもさらに安全な場所へ避難した例があった.状況を楽観視するのではなく,常に最善の行動をとることが重要である.

③率先避難者たれ:人間の心理として避難を躊躇することは自然である.この点を重視し,あえて真っ先に避難をすることが必要である.自分だけでなく周囲の人間を助けることにもつながる.

一般に考えられている津波防災教育と比べると,この津波三原則はユニークであり,高い実効性が示されたことからも,社会科学の分野でも高く評価されている[8.8].

津波防災教育は,ほかの自然災害防災と比べて,地域が限定されることや,津波常襲地域は別にして発生頻度が少ないことに特徴がある.地域住民に対するより効果的な津波防災教育を編みだす必要性はあるが,「釜石の奇跡」のような効果のあった津波防災教育をほかの地域にも発信する意義はきわめて高い.

8.1.4 課題

2011年東日本大震災では,津波避難に自動車を使った事例が多数あった.津波避難所に到着できた事例もあったが,道路の渋滞などのため,避難に失敗した事例も多かった.自動車が日常的に利用される地域では,津波避難に自動車をどのように利用するかは重要な課題である.津波の前の地震によって道路に通行不能の箇所が生じた場合,信号機が故障して渋滞が引き起こされる場合など,自動車の利用には障害となる未経験の状況もあるので,十分な検討が必要である.

津波からの即時避難の重要性は近年になって認識されたものではない.伝承

も含め，さまざまな形で津波防災教育もされてきた．片田教授によって，はじめて実効のある津波防災教育がなされたと考えることもできる．より普遍化することが必要である．

即時避難の必要性は，児童・生徒にかぎらず，地域住民全体に共有されるべきことは明らかである．効果的な防災教育の考案が必要であろう．

8.2　緊急津波避難情報

2011年東日本大震災では，想定外の地震・津波ハザードマップや避難マニュアルの限界が露見した．とくに，住民などの集団に向けて作られた情報は，個人個人には最善の情報とはかぎらず，避難の遅れにつながったことが推定される．地震・津波には常に想定外の危険性が残ることを考えると，より円滑な津波避難を促すために，従来の津波ハザードマップや避難マニュアルを超える仕組みが必要である．

新しい仕組みの一つとして，集団ではなく，個人個人に特化した避難情報を発信する方法がある．本節では，個人個人に特化した避難情報を緊急津波避難情報と称する．近年の情報通信技術を活用することで，緊急津波避難情報を相当数の住民・旅行者に確実に生成・発信することは十分可能である．以下，この緊急津波避難情報と情報の生成と発信を行うシステムを緊急津波避難情報システムと称する．本節の具体的な内容は，津波防災・減災に利用される情報とその利用の現状，これらの情報の発展形となる緊急津波避難情報の生成・発信を行う緊急津波避難情報システムの概要，緊急津波避難情報の利活用を目的とした社会実験，さらに緊急津波避難情報の実用化に向けた課題である．

なお，緊急津波避難情報は，津波を引き起こす可能性の有無も含めた地震，受信者の付近を襲う津波高，そして受信者にとって適切な津波避難所や経路といった情報を含む．緊急津波避難情報システムは，緊急地震速報（詳細は8.2.1項(1)で記載）を利用するものであり，24時間365日確実に緊急津波避難情報の生成・発信を行うことに最大の特徴がある．緊急津波避難情報の受信を管理者に伝える機能や，受信者の安否情報を家族で共有する機能も有している．

8.2.1　津波防災・減災に利用できる情報

まず最初に，図8.2を使って気象庁が発表する緊急地震速報と津波警報・注

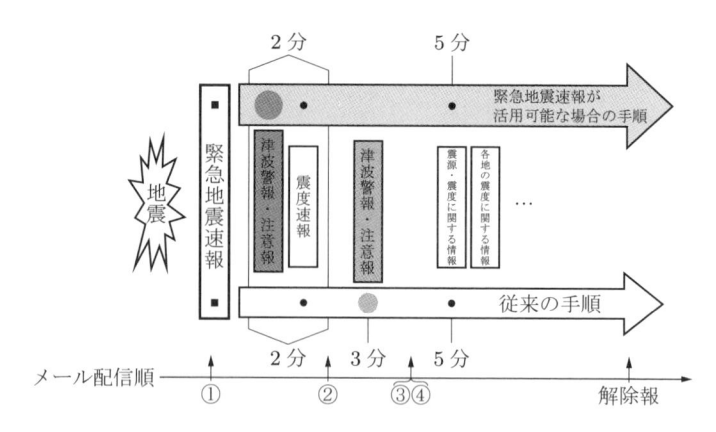

図 8.2 緊急地震速報と津波警報・注意報の流れ

意報の流れを示す．これは緊急地震速報を活用した津波警報・注意報の迅速化を受けたもので，2006年10月2日に公表されている．緊急地震速報に含まれる，震源位置やマグニチュードから津波の発生の有無を判定し，津波発生の可能性があると判断された場合，津波警報・注意報が発せられる．

緊急地震速報と津波警報・注意報の概要と利活用の現状を以下で説明する．

(1) 緊急地震速報

緊急地震速報は，2007年10月1日より一般利用が開始された．全国に展開された地震計ネットワークを活用することで，地震の発生を感知し，地震波が到来する前に地震の揺れを伝えるものが緊急地震速報である．気象庁から配信される緊急地震速報は，誤報の可能性や地震波の到達に間に合わない場合があるものの，その信頼性は公的に保障されている．

図8.3に，地震発生後に発表される緊急地震速報（予報）と緊急地震速報（警

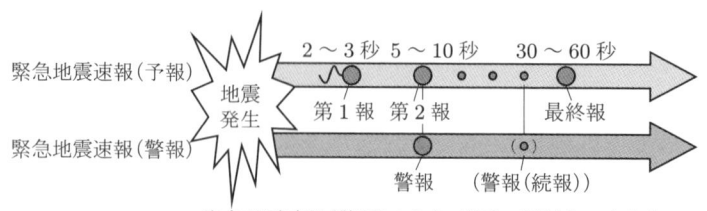

図 8.3 地震発生後の発表される緊急地震速報の種類

報)の流れを示す．警報の中でも予想震度が大きい地震に対するものは「特別警報」として位置づけられている．

緊急地震速報(予報)の具体的な内容は以下の4項目である．
①地震の発生時刻と地震の発生場所(震源)の推定値
②地震の規模(マグニチュード)の推定値
③予測される最大震度(最大予測震度)が震度3以下の場合は，予測される揺れの大きさの最大値
④予測される最大震度が震度4以上の場合は，最大予測震度と地域名．さらに，震度5弱以上と予測される地域があれば，最大予測震度と地域名に加え，その地域への大きな揺れの到達時刻の予測値(主要動到達予測時刻)

緊急地震速報(予報)の発信条件は以下のように整理される(図8.4)．
①気象庁の多機能型地震計設置のいずれかの観測点において，P波またはS波の振幅が100 gal以上となった場合
②地震計で観測された地震波を解析して求められた各地のマグニチュードが3.5以上，または予測される最大震度が3以上である場合

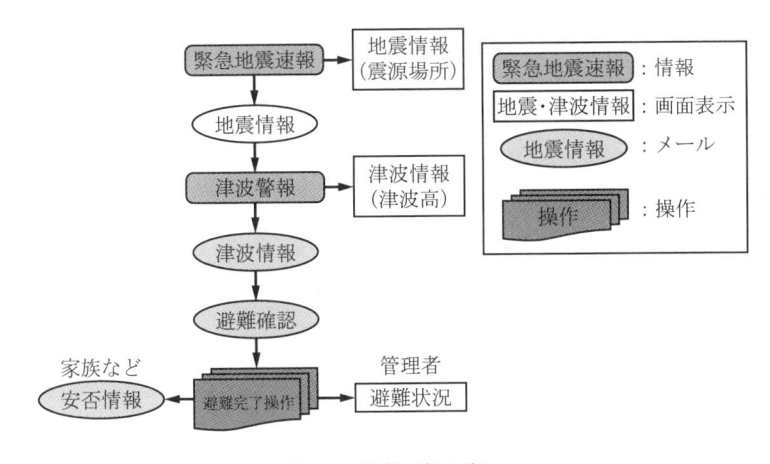

図 **8.4** 情報配信の流れ

緊急地震速報は，気象業務法の一部として地震動の予報および警報に位置づけられ，以下のように厳密に規定されている．
①気象庁は，発生した断層運動による地震動(たとえば計測震度)に関し，一般の利用に適合する予報および警報をする．

②気象庁以外の者が地震動の予報の業務を行おうとする場合，気象庁長官の許可を受ける必要がある．
③気象庁以外の者は，地震動の警報を発表してはならない．
④気象庁が地震動の警報を行う場合，ただちに日本放送協会に通知する．通知された日本放送協会はただちに警報を放送しなければならない．また，地震動の予報の業務の許可を受けた者は，気象庁が発表する地震動の警報の迅速な伝達に努める必要がある．

　気象庁だけでなく，緊急地震速報（予報）と緊急地震速報（警報）を利用する予報許可事業者は，緊急地震速報の取り扱いと配信において十分な配慮が求められている．なお，予報許可事業者は，緊急地震速報（予報）を，主に機械制御と館内放送などに利用している．これは地震動の予報許可事業者が提供する緊急地震速報の受信端末などを用いたもので，高度な機械や放送設備を自動制御することで行われる．

　緊急地震速報の受信端末の利用者が利用目的に即して緊急地震速報を適切に利用するため，気象庁は「緊急地震速報を適切に利用するために必要な受信端末の機能および配信能力に関するガイドライン」をとりまとめている．受信端末の利用者は，受信端末そのもの，配信方法の選択や受信端末の設定など，緊急地震速報を利用する際には本ガイドラインを参考とするように促されている．また，予報許可事業者が予報を配信する際には，受信端末を導入した利用者に対し，受信端末の機能や配信能力の説明を行うなど，本ガイドラインに沿うことが要求されている．

　緊急地震速報（警報）は，最大予測震度5弱以上という強い揺れが予測された場合に気象庁が発表し，日本放送協会が即座に最大予測震度4以上の地域に対してテレビとラジオのすべての放送波を使って文字や音声で放送する．テレビでは，チャイム音とともに地震が起こった場所と強い揺れが予想される地域を地図と文字で伝える．ラジオでは通常番組を中断し，チャイム音に続いてテレビと同じ内容を音声で速報する（テレビとラジオで伝える内容の詳細については文献[8.9, 8.10]を参照）．

(2) 大津波警報・津波警報・津波注意報

　2011年東北地方太平洋沖地震による津波被害を受けて，2013年3月から新たに津波警報が気象庁より発表されることになった．地震が発生した際に，即座に推定される地震の規模と震源の位置をもとに，津波の発生の有無と，震源

近くの沿岸で予想される津波高を求める．津波の発生が予想される場合，地震が発生してから約3分を目標に，大津波警報，津波警報，または津波注意報が津波予報区単位ごとに発表される．

予想された津波高は，通常は5段階の数値を使って発表される（表8.2）．なお，地震の規模であるマグニチュードが8を超えるようなプレート境界の巨大地震に対しては，地震の規模を高い精度で短時間に求めることはできない．このような場合には，巨大地震が発生した海域における最大の津波想定などをもとに，大津波警報，津波警報または津波注意報が発表される．この発表では，大津波警報と津波警報において，予想される津波高を「巨大」や「高い」とい

表8.2 津波警報・注意報の種類［気象庁：津波警報・注意報、津波情報、津波予報について，http://www.seisvol.kishou.go.jp/eq/index_tsunamiinfo.html］

種類	発表基準	発表される津波高		想定される被害	取るべき行動
		数値での発表（津波高の予想区分）	巨大地震の場合の発表		
大津波警報	予想される津波高が3mを超える場合	10m超（10m＜予想高さ）	巨大	木造家屋が全壊・流出し，人は津波による流れに巻き込まれる．	沿岸部や川沿いにいる人は，ただちに高台や津波避難所など安全な場所に避難する．
		10m（5m＜予想高さ≦10m）			
		5m（3m＜予想高さ≦5m）			
津波警報	予想される津波高が高いところで1mを超え，3m以下の場合	3m（1m＜予想高さ≦3m）	高い	標高の低いところでは津波が襲い，浸水被害が発生する．人は津波による流れに巻き込まれる．	沿岸部や川沿いにいる人は，ただちに高台や津波避難所など安全な場所へ避難する．
津波注意報	予想される津波高が高いところで0.2mを超え，1m以下の場合であって，津波による災害のおそれがある場合	1m（0.2m＜予想高さ≦1m）	表記しない	海の中では人は速い流れに巻き込まれ，また，養殖いかだが流出し小型船舶が転覆する．	海の中にいる人はただちに海から上がって，沿岸から離れる．

う言葉を使って表し，非常事態であることを伝える．さらに，最初の発表のあと，地震の規模が高い精度で推定された時点で，大津波警報と津波警報を更新し，予想される津波高を数値として発表することとしている．

大津波警報・津波警報・津波注意報の種類，発表基準，津波高，そして想定される被害と，とるべき行動の概要を表8.2に整理する．

神奈川県安全防災局危機管理部災害対策課は，2013年3月15日10時からNTTドコモのエリアメールを利用して，気象庁が発表する津波警報を，沿岸地域内の携帯電話に一斉配信することをはじめている．具体的に発信される情報は以下のようである．

①津波警報の第一報（地震発生後3分程度以内で発表）：警報の種類（津波・大津波の別），地域
②津波警報の詳細情報（第一報後発表される情報）：津波到達予想時刻，予想される津波高など
③津波警報の解除など

具体的な流れは以下のようになる．

①気象庁が津波警報を発表した際，NTTドコモのエリアメールでは「津波警報発表，沿岸部の方は直ちに高台など安全な場所へ避難してください（気象庁）」と配信される．
②神奈川県は「気象庁発表：津波警報を発表しました．津波警報を発表した地域はつぎのとおりです〈大津波警報〉東京湾南部，駿河湾・三浦半島　沿岸の方は直ちに高台など安全な場所に避難してください（神奈川県）」と配信する（配信される文言など，配信される情報の詳細は文献[8.11]を参照）．

神奈川県が設定した配信地域は，気象庁の定める津波予報区であり，神奈川県内では「東京湾内湾」と「相模湾・三浦半島」の二つである．「東京湾内湾」予報区には，横浜市・川崎市・横須賀市，「相模湾・三浦半島」予報区には，横須賀市・平塚市・鎌倉市・藤沢市・小田原市・茅ヶ崎市・逗子市・三浦市・葉山町・寒川町・大磯町・二宮町・真鶴町・湯河原町が含まれる．

||||8.2.2　緊急津波避難情報システム

気象庁から発表される緊急地震速報と大津波警報・津波警報・津波注意報の発展形が，緊急津波避難情報である．個人個人に特化した情報であるため，広域の一斉発信を目的とする緊急地震速報や大津波警報・津波警報・津波注意報

と異なり，数百人程度のコミュニティを配信の対象としている．具体的なコミュニティは，自主防災組織のほか，企業，自治体および学校である．また，地震や津波の情報だけでなく，津波避難所や避難経路を示すことにも特徴がある．このため，自治体が指定した津波避難所の位置や規模の情報も利用される．

緊急津波避難情報の生成・発信を，複数のコミュニティに向けることはもちろん可能である．数百数千のコミュニティに発信する場合，緊急津波避難情報の受信者は万，十万のオーダとなる．受信者数の拡大は決して技術的には困難な課題ではないが，個人に特化した緊急津波避難情報の正確な生成と確実な配信は大きな技術的課題である．

(1) システムの概要

緊急津波避難情報システムは，次の二つの機能をもつ．

①情報生成：事前の情報として，登録された携帯電話の位置情報のデータベース化と事前の情報対象地域の津波避難所のデータベース化が必要である．地震発生にともなって気象庁から配信される緊急地震速報と大津波警報・津波警報・津波注意報から，情報配信先となるコミュニティの地域に特化した情報を抽出する．

②情報配信：配信される情報は次の三つの項目である．
- データベースにある携帯電話への津波発生情報の配信
- データベースにある携帯電話へのデータベースにある津波避難所・経路情報などの配信
- 津波警報などの解除に関する情報の配信

情報生成で説明されたように，緊急津波避難情報を利用するためには，情報端末（携帯電話）のメールアドレスを事前に登録することが必要である．このほか，家族などへの安否情報を送るためには，安否情報を通知するメールアドレスを登録することもできる．利用者が直接システムに登録する場合はQRコードを使う（図8.5）．津波避難所のデータベースは，自治体が公開している津波避難所の情報のほか，対象とするコミュニティが独自に設定した津波避難所の情報を登録することもできる．

(2) システムから配信される情報

配信される情報項目のうち，津波発生情報は，津波発生の可能性を知らせる「地震情報」である．津波避難所・経路情報の具体的内容は，予想された津波高より高い標高にある津波避難所に関する「津波情報」である．また，津波避

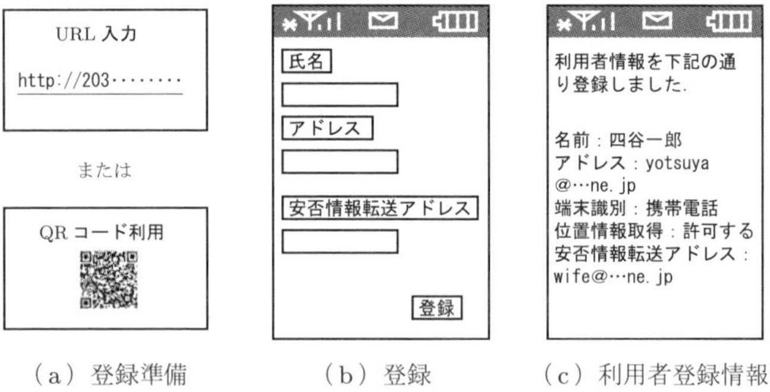

(a) 登録準備　　　　(b) 登録　　　　(c) 利用者登録情報

図 8.5　利用者登録

難所に到着したことを確認する「避難確認情報」も含まれる．津波情報は，津波避難所の住所のほか，位置を示した地図も使い，避難経路を載せることも可能である．さらに，避難が完了した場合に家族などに「避難連絡（安否情報）」を自動配信することも可能である．

図 8.6 に配信される情報の概要を整理する．緊急地震速報の地震規模・発生位置から，津波発生のおそれがあると判断される場合，地震情報が配信される．地震情報の内容は，津波発生のおそれのある地震が発生したことと，今後，大津波警報・津波警報などの津波情報に注意することを促すものである（図 8.6）．

緊急地震速報に引き続いて，気象庁より大津波警報・津波警報が発表される場合，津波情報が配信される．津波情報の内容は，大津波警報・津波警報にあ

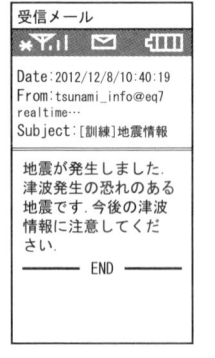

(a) 地震情報　　(b) 津波情報　　(c) 津波避難所　　(d) 避難確認情報

図 8.6　緊急津波避難情報システムで配信されるメール

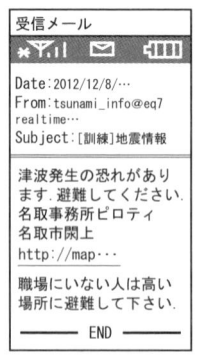

8.2 緊急津波避難情報　***153***

る予想された津波高と，データベースにある津波避難所の標高をもとにした安全と考えられる津波避難所の位置や経路に関するものである．津波情報を受信した利用者は，津波高に応じた適切な津波避難所の情報を得ることになる．具体的には，安全と考えられる津波避難所情報と地図表示用の URL が配信される．URL をクリックすると地図が表示される（図 8.7）．津波情報の受信後，利用者は，津波避難所を確認し，指定された津波避難所に避難することになる．

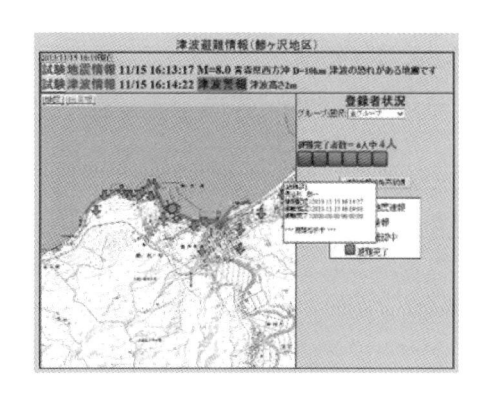

図 8.7　安否情報および避難確認状況の管理画面

　避難確認情報は，利用者が津波避難所に到着したことを確認するメールであり，緊急津波避難情報システムの管理者が受信する（図 8.7）．コミュニティのリーダはこの管理者となることもできるし，管理者でなくとも避難確認情報を直接知ることができる．なお，利用者は図 8.6(d)の避難確認のメールから指定された URL に接続するだけで，避難確認情報の発信ができる．無事に避難できたことが管理者に自動配信されるほか，あらかじめ設定した避難連絡を通知するメールアドレスにも配信される．
　最後に，気象庁より津波解除情報が発表されると，利用者に解除の情報が配信される．

(3) システムの管理者

　緊急津波避難情報システムでは，利用者とは別に，システムの管理者が必要である．8.2.2 項(1)で説明したように，管理者はコミュニティのリーダであってもよいし，ほかに代行してもらってもよい．管理者は管理画面を使って避難状況を逐次確認する．たとえば，避難確認情報が配信されると，管理画面には

データベースにある利用者一人一人に対応した赤色のタイルが表示される．次に，避難連絡（安否情報）が受信されると，避難連絡をした利用者に対応したタイルが緑色に変わる．

8.2.3 緊急津波避難情報の社会実験

緊急津波避難情報の実用化に向けて，日本各地で社会実験が実施された．本項ではその概要を紹介する．

(1) がれき処理現場での社会実験

この社会実験は，2012年5月14日「宮城県災害廃棄物処理現地亘理名取ブロック【名取処理区】」で実施された．社会実験の目的は，緊急津波避難情報システムの動作確認である．社会実験の内容は，携帯端末の登録方法，緊急津波避難情報を配信する際の課題の抽出と整理，安否確認の操作方法に関する課題の抽出と整理，管理画面に関する課題の整理である．社会実験の対象は，がれき処理現場で実際の作業に従事している現場従業員，作業員，システム開発者を含めた54人である．社会実験は，津波高5mの津波が来襲するとの条件で実施された．

社会実験を実施したがれき処理現場の事務所とその近傍の津波被害の状況を図8.8に示す．がれき処理現場には，津波避難所として標高約7mの高さに事務所を設けており，さらに事務所の横に従業員全員が避難できるスペースを設定している．社会実験の事前説明の状況を図8.9に示す．図8.10に作業員の避難状況を示す．図8.11に，社会実験で実際に映された，利用者の安否情報の表示画面を示す．なお，この社会実験では，54人中25人の利用者から避難

図 8.8 社会実験を実施した亘理名取ブロック

8.2 緊急津波避難情報　155

図 8.9　社会実験説明風景

図 8.10　避難状況

図 8.11　利用者の安否情報の表示画面

完了の情報を受信することができなかった．

社会実験後，がれき処理現場では，緊急津波避難情報システムの仮運用を開始した．図 8.12 に 2013 年 2 月 6 日に発生したソロモン諸島沖地震の例を示す．この地震を受けて，気象庁より津波注意報が発表され，実際に緊急津波避難情報システムが稼働し，緊急津波避難情報が発信された．2013 年 10 月 26

図 8.12　仮運用中のソロモン諸島沖地震での稼働状況

日に福島県沖で発生した地震に対しても,気象庁より津波注意報が発表され,緊急津波避難情報システムが稼働し,緊急津波避難情報が発信された.

(2) 自治体防災担当者を対象とした社会実験

この社会実験は,2012年11月12日,高知市防災政策課職員を中心に実施された.職員は自治体の防災担当者であり,社会実験の目的は津波避難の机上訓練である.机上訓練には,市内の自主防災組織と高知工科大学が参加し,総勢111人となった.全参加者はメールアドレスを使った利用者登録を行う.机上訓練の内容は,地震情報・津波情報・避難状況確認・避難状況連絡・解除情報が自動的に配信され,配信された緊急津波避難情報に応じた適切な対応をとるというものである.

防災担当者の机上訓練では,避難以外の行動をとることが検討された.たとえば,「津波情報」を受信した際,防災担当者は,最寄りの津波避難所を選択し,緊急津波避難情報システムに連絡する.システムの管理者となった防災担当の責任者は,管理画面を使って各防災担当者が選択した津波避難所を確認する.さらに,責任者は管理画面を使って,各防災担当者に二つの指示を出した.指示の発信はシステムの新しい機能である.指示の内容は,現在の津波避難所から別の津波避難所へ移動することと,移動する時点での被害情報を報告することである.

この社会実験に参加した防災担当者に,緊急津波避難情報に関するアンケート調査を行った.その結果,携帯電話の迷惑メールフィルターに引っかかったためメールを受信できなかった防災担当者が半数ほどいたことが判明した.迷惑メールフィルターの解除は不慣れな者には難しい.緊急津波避難情報システムからのメールを実際に受信できるかの確認が重要であることが判明した.なお,本社会実験は,2012年11月21日の高知新聞で報道され,「双方向で安否確認」と題して緊急津波避難情報の有効性が紹介された.

(3) 一般参加者の社会実験

2013年2月7日パシフィコ横浜で開催された第12回国土セイフティネットシンポジウム「巨大津波からどのように身を守りますか?」において,シンポジウムの一般参加者を対象にした社会実験が行われた.この社会実験では,緊急津波避難情報システムの概要の紹介のあと,津波避難の机上訓練を実施した.

参加者は携帯電話などを使ってデータベースに登録する.登録に際して,事前に配布した資料に載せたQRコードを利用した.机上訓練の内容は,配信

される地震情報・津波情報・避難状況確認・避難状況連絡・解除情報という一連の緊急津波避難情報に応じた避難行動をとるというものである．なお，参加者は，シンポジウム会場近くの「パシフィコ横浜」・「山下公園」・「自宅」にいることを想定する．たとえば，「山下公園」にいると想定した参加者は，津波情報を受信すると，「山下公園」あるいは「自宅」が津波避難所として指定され，そのいずれかを選択する．現時点にいる場所に応じた最寄りの津波避難所を通報する新たな機能が緊急津波避難情報システムに導入された．図8.13には，津波避難の机上訓練に作成した表示画面を示す．

図 8.13　一般参加訓練に利用した表示画面

社会実験の実施後，緊急津波避難情報システムや実験の感想などを問うアンケートを行い，20人から回答をもらった．利用された情報端末のうち，携帯電話は13機，スマートフォンは7機，タブレットは1機であった．20の情報端末のうち，17が緊急津波避難情報システムにアクセスすることができた．避難情報・安否情報のわかりやすさに関する賛否は半々であったが，14人が緊急津波避難情報が有効であると回答した．緊急津波避難情報システムの運用に関して，情報の錯綜があったこと，先進性・有効性を感じないとの意見もあった．

(4) 管理事務所での社会実験

岩手県の宮古・山田地区の管理事務所職員および三陸国道事務所職員に対して津波避難の机上訓練を目的とした社会実験を行った．異なる管理グループに所属する合計101人が参加した．この社会実験でも，迷惑メールフィルター設定の解除に原因があったため22人の参加者が緊急津波避難情報のうち，避

難完了の情報を受信することができなかった．

8.2.4 緊急津波避難情報の実用化に向けて

緊急津波避難情報は，数百人のコミュニティに対して発信される，個人個人にとって適切な津波避難所・経路に関する情報である．この情報の生成・発信を行うシステムでは，避難終了後の安否情報も適切に処理することができる．この現状は十分評価できるものの，津波ハザードマップや避難マニュアルを超えた，津波避難を進める仕組みとしてはさらなる検討が必要である．社会実験は，準備を整えた参加者が行うものであり，不意をついて発生する実際の津波に対する有効性は実証されていないからである．

緊急津波避難情報システムの実用化に向けての課題を以下に示した．

①携帯電話のメール利用環境は，迷惑メールフィルターの設定方法が携帯電話の運営会社や機種で異なる．したがって，緊急津波避難情報システムで配信されるメールが迷惑メールフィルターに引っかからないようにするためには，工夫が必要となる．緊急津波避難情報に関するメールの受信・送信を運営会社を介して行えば，簡単に解決する問題ではある．しかし，悪用される可能性が高まり，高いセキュリティが新たに必要となる．

②携帯電話やスマートフォンの利用範囲は，年々，広くなっているが，地域によっては携帯電話の通信環境が悪いままで，緊急津波避難情報に関するメールの受信に大幅な遅れが生じることがわかった．全国一律は現実的ではないものの，できるだけ一律に通信環境を整備することが，緊急津波避難情報の実用化を支えることになる．

③今後，携帯電話やPCに代わってスマートフォンやタブレットの利用者が増加することが予想される．情報端末の進歩・発展に応じて，柔軟に対応できるような緊急津波避難情報システムとすることが必要となる．緊急津波避難情報の内容も，より高度なものとすることが望まれる．現状の多数を対象としたテキスト情報に比べ，個人に特化した地図情報も提供する新しい緊急津波避難情報の試みもあるが，陳腐化も早い．緊急津波避難情報システムと緊急津波避難情報の内容を，持続的に更新する努力が必要である．

④緊急津波避難情報は，数百人のコミュニティを対象とするところに特徴がある．コミュニティの特性に応じて，緊急津波避難情報の配信順序や内容を変更することも必要となる．実際，自治体の防災担当では，避難状況の報告と

いう機能が追加されている.

8.3 津波避難シミュレーション

8.3.1 避難のシミュレーション
(1) 概　要

　災害時には避難をしなければならない場合がある．このような場合に備えて，適当な規模・程度を設定した災害を想定し，避難計画の立案などの準備が必要となる．具体的には，円滑な避難ができるかどうかを判断するための避難状況を把握することである．また，避難を円滑にするために講じられる対策が有効かどうかを調べる対策の評価も準備の一つである．しかし，災害からの避難という人間行動を正確に分析することは難しい．緊急時であることが人間行動の分析をさらに難しくする．このため，状況把握や対策評価は，避難が人命にもかかわる重要課題であるにもかかわらず，容易ではない．

　避難にかかわる状況把握や対策評価を支援する方法として，避難のシミュレーション[8.12]が利用されることがある．これは対象とする空間・地区などで想定された災害のシナリオに沿って，群集の動きを計算するシミュレーションである．避難のシミュレーションは，理論的に導出された支配方程式や多数の実験によって検証された式を数値計算によって解く物理過程のシミュレーションとは異なる．しかし，コンピュータで扱えるように避難の合理的なモデルを構築し，モデルをもとに数理問題を設定し，その問題を数値計算で解くというシミュレーションの流れは共通する．物理過程のシミュレーションと大きく異なる点は，避難のモデルの妥当性の確認が難しいことである．

　避難のシミュレーションには，大きく二つの要素が必要である．第1の要素は避難行動のモデルである．特定または不特定の群集が，機械的または自律的に選択された経路を使って移動するという避難を表すものである．第2の要素は避難空間のモデルである．避難空間とは，危険が予想される建物内外の空間と，安全な場所への逃げるための経路である．避難空間のモデルに比べ，避難行動のモデルは避難という人の動きそのもののモデルであるため，多様なモデル化が可能であるが，モデルの妥当性を確認することは難しい．

　「逃げる」という避難行動のモデルの基本は，「歩く」[8.13]という移動行動の

モデルである．不特定多数の群集が歩く駅構内や大型店舗では，移動を円滑にするために通路の幅・形状や出入口の配置・数などを設定する動線設計に移動のシミュレーションが使われる．移動のシミュレーションでは，表8.3の避難時の歩行速度などを設定値[8.14]，表8.4の密度を評価の目安として，混雑の範囲や程度といった状況を把握することができる[8.13]．

実績のある移動のシミュレーションが，避難のシミュレーションの基本であり，移動のシミュレーションの手法をそのまま避難のシミュレーションに使うことも可能である．しかし，移動のシミュレーションは原則として，平常時を

表8.3 避難時の歩行速度[8.14]

種類	速度 [m/s]
群集歩行（水平）	1.2
位置，経路などの慣れていない人	1.0
階段歩行	0.5
老人単独歩行：自由歩行速度	1.1
ベビーカーを押している人	0.9
重病人，身体障害者など	0.4

表8.4 空間密度評価例[8.13]

サービス水準	歩行空間 [m²/人]	密度概算値	平均間隔 [m]	概要	状況
A	1.3 以上	約 0.5 人	1.2 以上	周囲の人に迷惑をかけずに自由に通り抜けられる空間が与えられる．	サービス水準:A
D	0.7～0.3	約 2 人	0.9～0.6	他人と接触することなしに立って待つことはできるが，その間を通り抜けることはきわめて困難．	サービス水準:D
E	0.3～0.2	約 4 人	0.6 以下	周囲の人との接触は避けられない．待っている人の間を通り抜けることは不可能．	サービス水準:E

対象とし，災害といった緊急時を対象とする避難を対象とするには，緊急性[8.14]を加味することが望ましい．すなわち，緊急性を加味した移動のシミュレーションを避難のシミュレーションとすることが合理的である．そこで，表8.3に示した歩行速度や，表8.4に示した空間密度を考慮することで，合理的な避難のシミュレーションが可能となる．

(2) 事 例

ここでは，二つの避難のシミュレーションの事例を紹介する．一つは移動のシミュレーションの手法をそのまま避難のシミュレーションに使った事例である．もう一つは，緊急性を加味した避難のシミュレーションとした事例である．

図8.14に，駅改札部での避難シミュレーションを示す．点が乗客であり，改札部を抜けて駅構外へ抜ける様子が計算されている[8.15]．図8.15に高層ビルでの避難シミュレーションを示す．高階から低階まで，住民・利用者が急いで避難する様子が計算されている[8.15]．

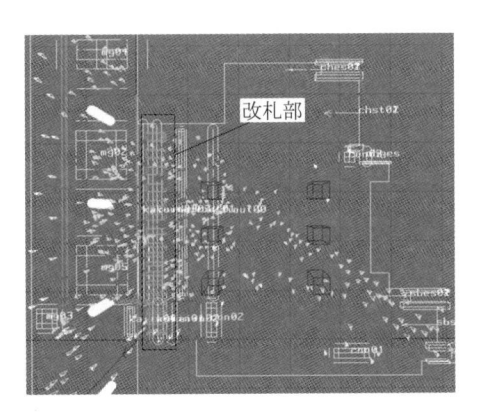

図 8.14　駅改札部避難［ベクトル総研ホームページ，http://vri.co.jp/solution/refuge.html］

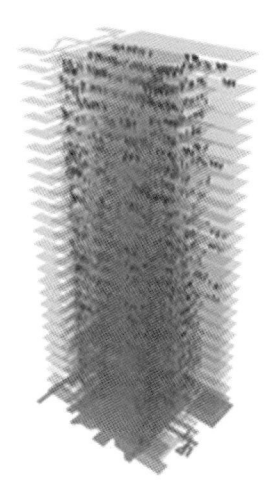

図 8.15　高層ビル避難［ベクトル総研ホームページ，http://vri.co.jp/solution/refuge.html］

8.3.2　津波避難シミュレーションの概要

国の災害対策基本法に基づき，地方自治体は防災・減災業務などを具体的に定めた地域防災計画[8.16]の作成が求められている．津波避難は地域防災計画の

一項であり，そこでは発災時間や避難者数などを変えた被害想定シナリオに応じて避難計画を設定し，改善効果を繰り返し確認することが必要である．

図8.16に，津波に対する避難計画を策定するための作業の流れを整理する．

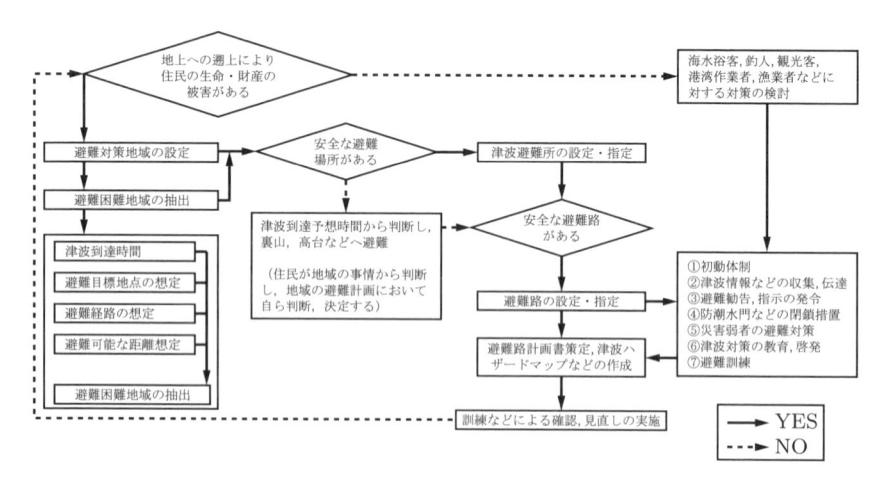

図8.16 地域防災計画の津波避難策定フロー[8.14]

前述した避難のシミュレーションを津波からの避難に特化したものが津波避難シミュレーションである．地震発生後，対象の沿岸地区・地域での住民などが低地から高地へ逃げるという津波避難シミュレーションが地域防災計画の策定に使われることがある．図8.17に地域防災計画の策定に使われる津波避難シミュレーションの結果の例を示す．津波避難シミュレーションの目的は下記の2点である．

①立案された避難計画から考えられる避難状況を把握すること
②津波避難を円滑にするための経路や避難先などの対策効果を評価すること

一般の避難のシミュレーションと比較すると，津波避難シミュレーションではとくに下記の機能が望まれる．

①地震発生から津波到来までの時間がかぎられているため，避難時間の算定に関して，できるだけ高い信頼性があること
②地震による建物・構造物の損傷によって，避難空間となる街路などの通過容量が低下，不通となることを考慮できること

さらに，2011年東日本大震災では津波避難に自動車などが使われ，一部，

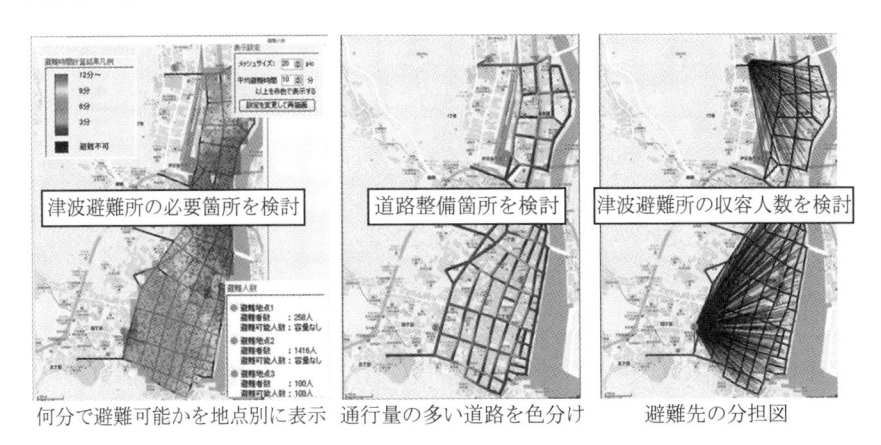

図 8.17 津波避難シミュレーション結果表示例

道路混雑が誘発された．歩行と自動車などといった異なる移動手段を考慮できることや，歩行者と自動車が互いに及ぼす影響も考慮できることが望ましい．

8.3.3 津波避難シミュレーションの類型

避難のシミュレーションは，避難行動と避難空間の二つのモデルを構築し，それに対応した数値解析方法を適用する．本項では，津波避難シミュレーションを表 8.5 のようにモジュール型，ネットワーク型，マルチエージェント型の三つに類型化し，モデルと解析手法の 2 点からそれぞれの特徴を整理する．

(1) モジュール型

モジュール型は主に広域を対象とする．広域の中で，起点となる避難開始街区，中継点として立ち寄る街区，終点となる津波避難所などをエリアモジュールとして扱うことが避難空間のモデルである．このエリアモジュールの間を群集が移動することが避難行動のモデルである．各エリアモジュールには避難者数があり，エリアモジュール間の避難者の移動を表すように，避難者数が時々刻々と変化する様子を計算する（図 8.18）．

エリアモジュールの避難者数をベクトルとすれば，移動に対応した避難者数の変化はマトリクスを使って計算することができる．これは待ち行列理論とよばれる．すなわち，エリアモジュールの避難者数の変化は，すべてエリアモジュール間の移動の規模と速度に対応した係数をもつマトリクスを使って数理的に処理される．エリアモジュールの数が待ち行列の次元となるが，必要な数

表 8.5　津波避難シミュレーション類型目安表

活用フェーズ	初期検討(繰り返し計算)	基本検討(選定数ケース)	詳細検討（最終確認）
活用フェーズ	←①→		
	←―②―→		
			←③→
対象エリア	広域（数十km四方）	中域（数km四方）	狭域（数百m四方），建物内
	←①→		
	←―②―→		
			←③→
ユーザー	自治体担当者	地域指導員	住民，児童，社員
	←①→		
	←―②―→		
			←③→

＊①モジュール型
　②ネットワーク型
　③マルチエージェント型

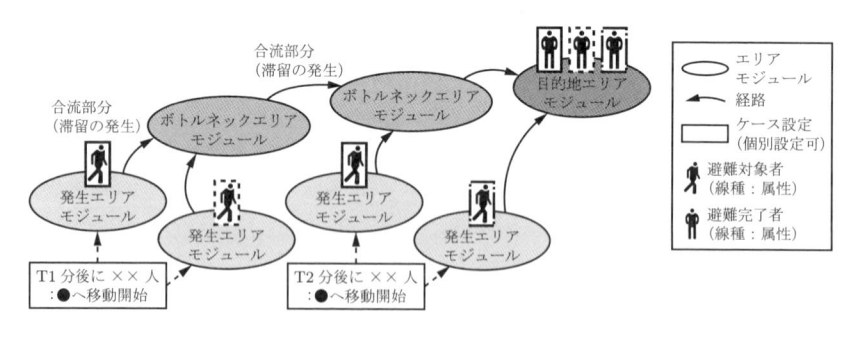

図 8.18　モジュール型

値計算は極めて軽微であるため，さまざまなケース想定の検討に適している．避難者数の時間変化から，避難者の停留エリアモジュールとして混雑個所・状態を推定することができる．また，各津波避難所に必要となるさまざまな物資の備蓄量の設定や，帰宅困難者対策や事業継続といった津波避難を超えた問題にも適用可能である．

モジュール型の信頼性は，エリアモジュール間の移動を表すマトリクスの信頼性によって決定される．そのため，避難，とくに津波避難という人間行動の

再現性は，マトリクスの設定に反映されることになる．このマトリクスの設定は経験に基づくため，マトリクスを設定する客観的な方法は提案されているものの，設定方法の妥当性を確認することは難しい．すなわち，過去の避難を再現するようにマトリクスを設定することは可能であるが，将来の避難を予測するようなマトリクスを設定することは難しい．

(2) ネットワーク型

ネットワーク型は，避難空間となる街路を道路ネットワークとしてモデル化したものである．避難者がこの道路ネットワークをあらかじめ設定された規模・速度に従って機械的に移動することが避難行動のモデルである．道路ネットワークは，避難開始地点，交差点，津波避難所といったノードと，一本の道路に対応する二つのノードを結ぶリンクから構成される（図 8.19）．

モジュール型のエリアモジュールと比べ，道路ネットワークのノード数は圧倒的に多くなるが，エリアモジュールでは考慮できない街路の配置や接続を道路ネットワークでは正確に表すことができる．エリアモジュール間の移動を表すマトリクスの代わりに，ネットワーク型では各避難者のノード間の移動設定ルールが必要となる．移動は人の歩行に対応するため，たとえば，歩行速度を使って客観的に表すことができるので，信頼度は当然高くなる．歩行速度の設定のルールの一例として，図 8.20 に密度と歩行速度の関係を示す．

ノードとリンクから構成される道路ネットワークという街路のモデルは，GIS の分野でいうベクトル型データとなる．2次元的な面として広がる集落・地区・都市の中で，ベクトル型データは道路のような1次元の地物情報を効率的に表すことができる．さらに，ノード間の移動に限定された避難行動の解析に必要となる計算量は比較的小さい．

また，ネットワーク型は，マルチエージェント型の一種とみなすことができる．これは避難者一人一人を扱っているためであり，避難者数を扱うモジュール型とは大きく異なる．しかし，避難者一人一人の移動には自律性はなく，機械的にノード間を移動するという点では，セルオートマトンとよばれるモデルとみなすこともできる．現在，地域防災計画の策定に利用されるモデルの多くは，このネットワーク型に基づいている．図 8.21 に，ネットワーク型を使った津波避難シミュレーション[8.17]を示す．

ネットワーク型は，下記の津波避難に特化した特徴をもつ．
① 避難者は，最寄りの津波避難所への最短経路を検索して移動する．最短経路

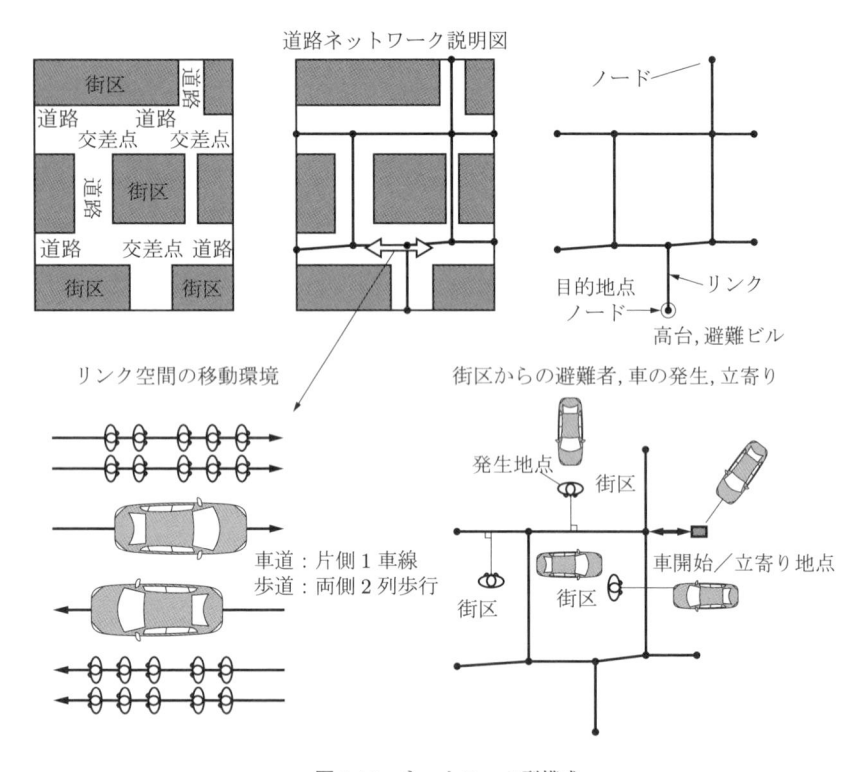

図 8.19　ネットワーク型構成

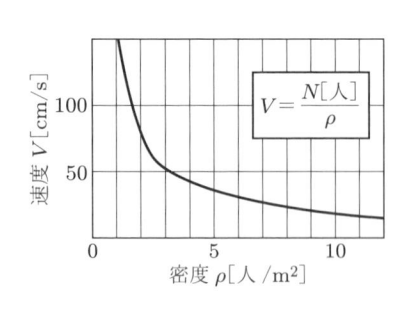

$$V = \frac{N[人]}{\rho}$$

図 8.20　速度低減則例[8.13]

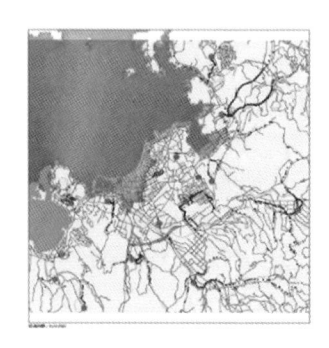

図 8.21　津波避難適用例［構造計画研究所ホームページ：http://mas.kke.co.jp/bousai.html］

となるリンクの選択にはダイクストラ法などが利用される.
②避難者は,あらかじめ設定された速度に従ってノード間を動く.前方の避難者の空間密度が高くなると,移動速度は低減する.

(3) マルチエージェント型

マルチエージェント型は,周辺状況を判断する避難者一人一人を扱ったモデルである.避難者はエージェントとよばれ,さまざまな特性をもったエージェントを多数扱うことから,マルチエージェント型とよばれる(図 8.22).

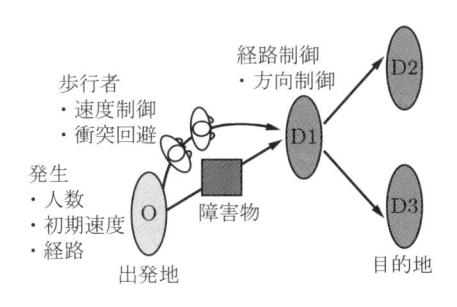

図 8.22 エージェントの基本行動 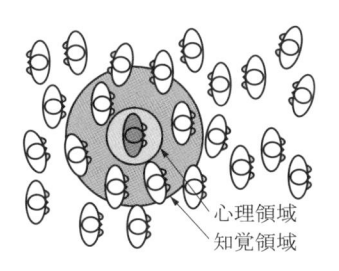　　**図 8.23** エージェント属性領域

避難行動のモデルとなるエージェントが多様であることと同様,移動空間のモデルも多様である.実際の街区に正確に対応したネットワークや区割りメッシュ空間が使われる.マルチエージェント型では,各エージェントがこの避難空間のモデルを目的地に向かって自律的に移動していく様子が計算される.

エージェントは,心理領域(各エージェントの占有範囲)と知覚領域(次の挙動の先読み範囲)という二つの属性をもつことが標準的である(図 8.23).また,周辺エージェントや空間モデル内の障害物との衝突を回避しながら移動する機能や,状況に応じて速度や進行方向を自律的に変える機能が標準的である.基本経路(発生地 origin- 目的地 destination)の設定にはポテンシャル法などが使われる(図 8.24).

モジュール型やネットワーク型に比べ,マルチエージェント型は,はるかに精緻な避難行動と避難空間のモデルを設定することが可能である.そのため,たとえば,避難計画の詳細を検討することに有効である.

図 8.25 にマルチエージェント型のシミュレーションの例を示す.街区が 3 次元的に表現され,避難場所に人の形をしたエージェントが向かう様子を示し

発生・現在地点

ポテンシャルの高いところから低いところへエージェントが向かうように移動判断情報を設定

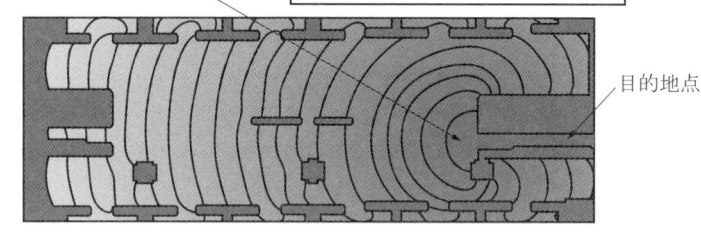

目的地点

図 8.24　空間のポテンシャル値設定例

図 8.25　マルチエージェント型の出力例［海洋研究開発機構，堀宗朗：「京」コンピュータによる地震津波複合災害予測の展望，2011., http://www.jamstec.go.jp/esc/sympo2011/pdf/kaneda_110921.pdf］

ている[8.18]．

　しかし，モデルの要因やパラメータを客観的に設定することが難しい．たとえば，心理・知覚各領域の特性や避難空間のモデルの要素の特性を踏まえたうえで，空間密度と歩行速度の関係を設定することが必要となる．歩行速度は，エージェントの属性のほか，徒歩や自動車といった避難手段にも依存する．各エージェントが避難手段を自律的に選択できる場合には，各手段に優先度を設定することも必要となる．モデルの設定に注意が必要であると同時に，設定されたモデルの妥当性を確認することも難しい．この妥当性の確認は津波避難シミュレーションの課題である．

　また，避難行動と避難空間のモデルが精緻なものとなる結果，マルチエージェ

ント型の計算負荷は大きくなる．とくに，避難者に対応したエージェントの数万人規模，さらに街区に対応した避難空間の範囲が数 km に及ぶような大規模なシミュレーションの場合，計算負荷が大きく，相応の計算機環境を整備する必要がある．

8.3.4 津波避難シミュレーションの事例

本項では，ネットワーク型による広域避難検証とマルチエージェント型による津波避難所の検証事例を紹介する．

(1) スマトラ島沖地震インド洋大津波検証

2004 年に起こったインドネシアスマトラ島沖地震インド洋大津波災害では 17 万人以上の被災者が出た．その被害要因として，避難開始時間の遅れとバイクや車の避難による道路渋滞による逃げ遅れが考えられる．

そこで，防災教育推進と意識向上を目的に住民が被害要因となる条件を変更して，避難完了時間や道路混雑状況などの検討ができるネットワーク型モデルを構築した[8.19]．当モデルは，同国バンダアチェ市内 10 km 四方の広域エリアの道路ネットワーク上を徒歩，バイク，車による 10 万人相当（4.7 万エージェント）の避難を対象としたものである．主な機能を以下に列記する．

- 地震発生約 10 分後に津波警報（第一波到達 30 分後），約 2 分後に避難開始
- 徒歩，バイク，車による避難
- 複数設定された津波避難所や避難可能な高い建物，内陸側に向かって最短経路を選択して移動，ただし海の方向には避難しない
- 津波避難所が満員になった場合，目的地を変更
- 避難速度は道路の混雑度合い，徒歩，バイク，車の利用手段，道路に津波が進入してきた場合の水深，要介護者の有無，道幅によって変化
- 被災者数は水深との関係でカウント（水深 1 m）

ここでは，避難手段の割合を変更して，被災者数の変化や滞留状況の比較を行った．

①車での避難割合が多い場合（実現象に近いと思われる事象）
  - 設定条件：徒歩 17％，バイク 50％，車 33％，津波警報後に避難開始
  - 検証結果：避難完了者数 49891 人，被災者数 51354 人

②車避難を抑制し，避難開始を早める（改善案）
  - 設定条件：徒歩 26％，バイク 66％，車 8％，地震直後に避難開始

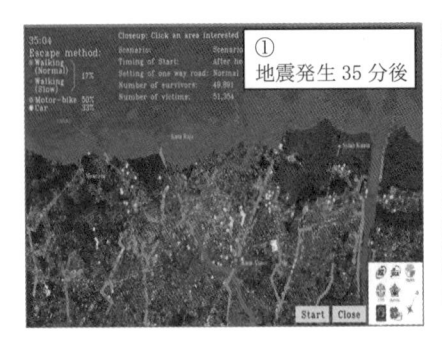

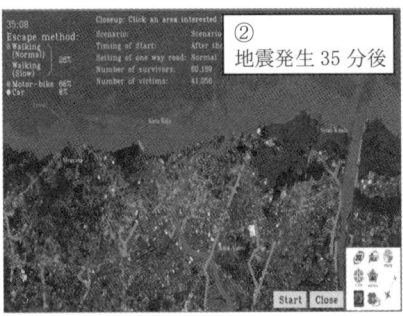

図 8.26　スマトラ沖地震インド洋大津波避難の検証事例[8.19]

- 検証結果：避難完了者数 60189 人，被災者数 41056 人

検証の結果を図 8.26 に示す．①，②の二つの場合での，地震発生 35 分後の徒歩・バイク・車の分析である．

(2) 津波避難所

マルチエージェント型の活用事例として，ある幼稚園の校舎の建設計画にともなって校舎内園児に加え，近隣の小学校児童の津波避難所としても活用が可能かを検討することを目的としたモデルを紹介する．ここでは，避難者属性別の施設内の階段や入口の幅や形状による歩行速度と流動係数，占有面積などのパラメータを設定して，秒単位の避難時間を検討項目とする精緻な検証を行った．

シミュレーション検証結果として，学校関係者数百人は津波到達までの猶予時間内 (30 数分) に避難を完了し，その安全性と施設設計の妥当性を確認した．

図 8.27 に津波避難ビルのシミュレーションの例を示す．津波避難ビルに猶予時間内に到着する結果が得られた例である．

8.3.5　まとめ

本節のまとめとして，津波避難シミュレーションに関する現状の課題と将来の展望について整理する．

(1) 現状の課題

津波避難シミュレーションには，ほかのシミュレーションと同様，モデルと解析手法にさまざまなツールがある．ツールによって，入力に必要なデータの質や量，出力結果の信頼度が異なる．このため，シミュレーションの目的に合

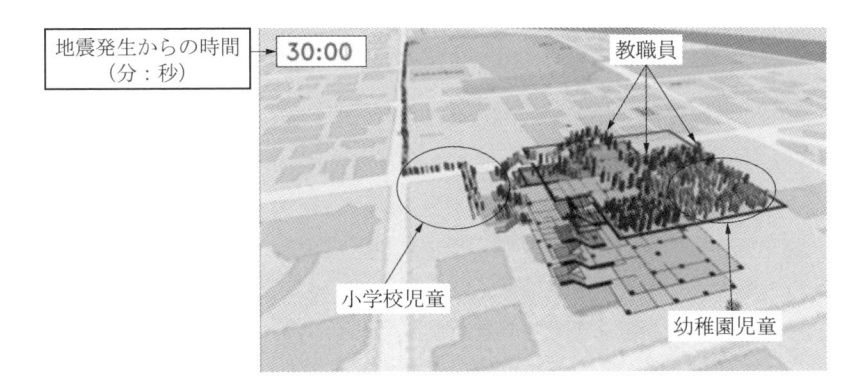

図 8.27 津波避難ビルの検証事例［提供　湘南白百合学園，前田建設工業］

わせて，適切なツールを選択することが重要となる．なお，津波避難シミュレーションは，地域防災計画の一環である津波の避難計画を立案することが主要な目的である．津波や地震そのものを正確に予測することは不可能であるため，津波避難シミュレーションに使われる津波も，実際に起こる津波ではなく，避難計画立案のために想定された津波であることを認識することが重要である．

　ツールによっては，必要な計算規模が大きくなり，ハードウェアとなる計算機環境の整備も必要となる．なお，ツールはソフトウェアであるため，陳腐化も早い．妥当性確認と同様，ツールの改良も吟味する必要がある．ソフトウェアとハードウェアのバランスをとることも見過ごされがちである．津波は極低頻度の災害であるが，計算機の進歩に追随するように，ツールを不断に更新することが重要である．

　以上の認識のうえで，津波避難計画の策定業務におけるシミュレーションを取り巻く現状の課題と制約を以下に列記する．
①必要な入力データの入手・設定が困難な場合がある．
②実現象との差異を検証することが困難であるため，予測精度が明確ではない．
③避難行動の数理問題やアルゴリズムが公開されていないツールが存在する．
④ユーザーが自由に想定シナリオや設定条件を変えることが難しい．
⑤津波避難想定の基準がないため，津波シナリオの設定が難しい．

　とくに，①については注意が必要である．そもそも，全データを完備することは不可能であるし，ツールによっては不要な場合もある．特定のデータは，一般のデフォルト値で設定されているツールが主流である．津波避難シミュ

レーションの目的に合わせて，必要なデータを集めることが重要であり，逆にいえば，利用できるデータに合わせてツールを選択することも必要となる．

②，③は，数多のツールが利用できる状態にあるが，ツールの予測精度を測る統一基準が未整備であるため，ツールの選択にユーザーを混乱させる可能性がある点が問題である．現在，地震工学会において一律の条件とデータを設定し，各ツールの検証と妥当性確認を促す仕組みが整備されている[8.20]．検証はツールのもととなるプログラムが正しく動いているかを調べることであり，妥当性確認はツールが解くモデルの妥当性を調べることである．この検証と妥当性確認は，シミュレーションの品質を保証する標準的な手段である．検証と妥当性確認を行ったツールは一定の品質が保証されることになり，ユーザーが各ツールの信頼性を確認することにつながる．

(2) 将来の展望

津波はレベル1とレベル2の二つのレベルが設定されている．避難が必要となるのはレベル2の津波である．地震と比べても，津波自体は低頻度であるが，このレベル2の津波はさらに低頻度となる．したがって，レベル2の津波に対してなかなか十分な備えをするモチベーションが高まらないことも否定できないが，被害が生じた場合の損失は人命となりうるので，避難が唯一の対策である．

津波避難シミュレーションを使うことで，自治体職員や住民などが津波避難を仮想体験できる．現実的な仮想体験のためには，より網羅的で詳細なデータを使ったり，より高度な解析手法を使ったりするシミュレーションが必要となる．また，持続的にデータと解析手法を更新し，津波避難シミュレーションの陳腐化を防ぐことも望まれる．津波避難シミュレーションの高度化や陳腐化の防止のためには，津波避難に関する地域データやシミュレーション解析手法を共有し，多数のユーザーが定期的に津波避難シミュレーションを実行できるプラットホーム環境を作ることが重要である．地域データを作成・管理する自治体とシミュレーションの開発に携わる防災研究機関が連携することで，実用可能な環境となる．図8.28に，プラットホーム環境の例として，シミュレーションを活用した地域安全性能評価システムの概念図を示す．

この環境では，自治体防災担当者をはじめ，住民も巻き込んで，さまざまな津波シナリオを想定した津波避難シミュレーションを容易に行うことが可能となる．これは，津波避難の現状を把握したうえで，対策を立案し（plan），対

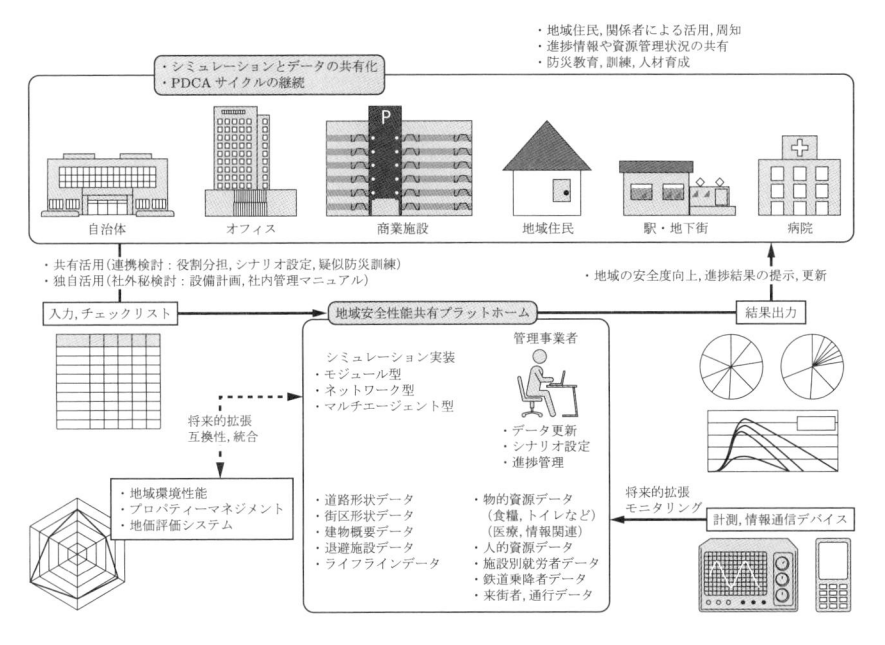

図 8.28　津波避難シミュレーションを活用した地域安全性能評価システム

策を講じ (do), 結果を評価し (check), 状況を改善する (act) という PDCA サイクルを支援する. この PDCA サイクルを不断に回すことで, 策定された避難計画の周知が進み, 避難訓練などの実効性・効率性・継続性も向上する. 結果として, レベル 2 津波に対する地域の安全性能が高まることになる.

多数のユーザーが定期的に津波避難シミュレーションを実行できる環境を持続させるには, これを地方自治の機能とすることが必要である. この機能を支援する産業育成も必要となる. とくに, 産業の担い手であるコンサルティング事業者の育成が重要である. このような事業者はデータの作成にもかかわり, 自治体が管理するデータの実態を詳しく把握している. このデータに解析を加える津波避難シミュレーションの実行にも事業者の支援を仰ぐことは自然であり, それによってコストパフォーマンスのよい環境が持続的に整備されることが期待できる.

参考文献

[8.1] 国土交通省:平成18年度大規模津波防災総合訓練（徳島県小松島市）, http://www.mlit.go.jp/kisha/kisha06/05/050703_2_.html, 2006.

[8.2] 国土交通省:平成19年度大規模津波防災総合訓練（宮城県気仙沼市）, http://www.mlit.go.jp/kisha/kisha07/05/050621_2_.html, 2007.

[8.3] 国土交通省:平成20年度大規模津波防災総合訓練（宮崎県宮崎市）, http://www.mlit.go.jp/report/press/kanbo01_hh_000011.html, 2008.

[8.4] 国土交通省:平成21年度大規模津波防災総合訓練（静岡県静岡市）, https://www.mlit.go.jp/common/000041440.pdf, 2009.

[8.5] 釜石市教育委員会:釜石市津波防災教育のための手引き, 2010.

[8.6] 片田敏孝:津波のあとの防災教育～海に向かい合って生きる姿勢を育む防災教育～, Ship & Ocean Newsletter, 2012.

[8.7] 片田敏孝:人が死なない防災, 集英社, 2012.

[8.8] 堀井秀之, 奈良由美子:安全・安心と地域マネジメント―東日本大震災の教訓と課題―, NHK出版, 2014.

[8.9] 気象庁, 緊急地震速報（警報）及び（予報）について, http://www.seisvol.kishou.go.jp/eq/EEW/portal/shikumi/eew_shousai.html

[8.10] 気象庁:緊急地震速報の入手方法について, http://www.seisvol.kishou.go.jp/eq/index_tsunamiinfo.html

[8.11] 神奈川県ホームページ:記者発表資料―エリアメールで津波警報の配信を始めます, 平成24年3月14日, http://www.pref.kanagawa.jp/prs/p447750.html

[8.12] 安福健祐:大規模災害を想定した避難シミュレーションの現状と課題, 17回計算工学講演会シンポジウム, 2012.

[8.13] 日本建築学会編:建築設計資料集成［人間］, 丸善, pp.125-137, 2003.

[8.14] 総務省消防庁国民保護・防災部防災課:津波避難対策推進マニュアル検討会報告書, 2013., http://www.fdma.go.jp/neuter/about/shingi_kento/h24/tsunami_hinan/houkokusho/p00.pdf

[8.15] ベクトル総研ホームページ, http://vri.co.jp/solution/refuge.html

[8.16] 国土交通省:http://www.mlit.go.jp/saigai/bousaigyoumukeikaku.html

[8.17] 構造計画研究所ホームページ:http://mas.kke.co.jp/bousai.html

[8.18] 海洋研究開発機構:「京」コンピュータによる地震津波複合災害予測の展望, 2011., http://www.jamstec.go.jp/esc/sympo2011/pdf/kaneda_110921.pdf

[8.19] 科学技術振興機構, 国際協力機構:地球規模課題対応国際科学技術協力（SATREPS）報告書, 2012., http://www.eri.u-tokyo.ac.jp/indonesia/

reports/SATREPS_report_J_final.pdf
- [8.20] 地震工学会 津波等の突発大災害からの避難の課題と対策に関する研究委員会：http://www.jaee.gr.jp/jp/wp-content/uploads/2015/04/VV.pdf
- [8.21] 土木学会津波研究小委員会：津波から生き残る―その時までに知ってほしいこと，土木学会，2009.
- [8.22] 気象庁：津波警報・注意報の改善に関するこれまでの取り組み，緊急地震速報を活用した津波警報・注意報の流れ，平成18年10月2日，http://www.seisvol.kishou.go.jp/eq/know/tsunami/newmethod.html
- [8.23] 日本放送協会：NHKの放送―緊急地震速報の解説― NHKそなえる防災，http://www.nhk.or.jp/sonae/bousai/about.html
- [8.24] 気象庁：津波警報・注意報、津波情報、津波予報について，http://www.seisvol.kishou.go.jp/eq/index_tsunamiinfo.html
- [8.25] 大保直人，今村文彦，寺田賢二郎，有賀義明，堀宗朗，山内芳朗，高田史俊，稲垣幸子：緊急津波避難情報システムの開発，地域安全学会概要集，No.31，2012.
- [8.26] 内閣官房，国土交通省：都市再生安全確保計画 作成の手引き，p.42，2012.，http://www.toshisaisei.go.jp/yuushikisya/anzenkakuho/240701/tebiki.pdf

第 9 章
津波想定のための津波数値シミュレーションの現状と課題

9.1 津波数値シミュレーションの概要

2011年3月11日に発生した東北地方太平洋沖地震は，近年の日本では観測されたことがない巨大地震であり，それにともなって発生した津波により東北地方太平洋沿岸の地域に激甚被害をもたらした．阪神淡路大震災以降，構造設計基準が見直されたことや，卓越した強震動周期が構造物被害に影響を及ぼさないものであったこともあり，地震による直接的な土木構造物の倒壊は免れた．一方で，橋梁あるいは堤防の設計体系においては（巨大津波の発生頻度が低いこともあり）耐津波性能までを検討していなかった結果，橋桁の流出被害，堤防の崩壊が各地で発生した．今後は，想定される最大級の地震・津波に対して，「事前に」被害予測を精緻に行ったうえで対策を検討していかなければならない．

ここでは，各地域の防災対策の一助として用いられている津波ハザードマップの科学的根拠である現状の津波数値シミュレーション手法について整理し，その特徴について述べる．

一般に，地震津波解析では，波源などの初期条件の精度が津波伝播・氾濫解析の精度を支配している部分が大きい．歴史・先史時代における津波の波源を推定する場合には，津波痕跡高や津波堆積物などの断片的な情報を利用して波源推定を行う必要がある．現在では，波源推定に用いられる情報として，沖合・沿岸の津波観測波形と地震波形や地殻変動を有機的に組み合わせて推定する場合が多い[9.1]．

津波は水深に対して波長が長いことから，長波として取り扱うことができる．長波とは鉛直方向の運動が水平方向の運動に比べて十分に小さく，水深によらず水平方向の水粒子速度が一様であると仮定できる状態である．この性質を利用すれば，本来は3次元問題として解かなければいけない流体問題の方程式

が，近似的に平面2次元問題として単純化できる．これを浅水長波方程式，あるいは非線形長波方程式とよぶ．この詳細は 9.2.2 項で述べる．この解析手法により，さまざまな基準を満たせば，波源から海岸における津波伝播の挙動把握，浸水高，遡上高も理論解に対して 10% 以下の誤差に収めることができる[9.2]．現在では，津波規模を想定する際，あるいは各地域における津波ハザードマップの作成や津波に強い復興まちづくりの検討においては，この非線形長波方程式による津波数値シミュレーションが利用されている．また，2次元問題として簡略化することで高速に解析できる特徴を活かし，沖合の津波観測機器と組み合わせれば，地震発生直後瞬時に沿岸津波高や津波浸水域を推定するリアルタイム津波予測への応用も検討されている[9.3]．

一方で，津波が陸地へと遡上したあとの現象は，流れの3次元性が卓越するため，長波として近似した解析手法には限界がある．とくに，構造物周辺の流れ場評価や津波波力を精度よく評価することを目的とする場合には，3次元問題のまま流体問題を解く数値解析が必要となる[9.4]．具体的には，ナビエ・ストークス方程式とよばれる非線形方程式を直接解く津波数値シミュレーションが必要となる．代表的な津波数値シミュレーション手法としては，差分法，有限要素法，有限体積法があげられる．差分法では，規則正しい碁盤の目状（構造格子状）に領域分割することで，解くべき方程式をこのメッシュの交点上のみの変数に離散化する．また，有限要素法および有限体積法では，解析領域を不規則な形状のメッシュに分割することにより方程式（ナビエ・ストークス方程式）を離散化するため，一般には差分法と比べて複雑な形状の再現性に優れている．ただし，とくに水の表面（自由表面）を含む流体問題を解析する際には，時々刻々と激しく変動する自由表面形状を正確にメッシュ分割することが困難となることがある．そのため，最近ではメッシュを用いない粒子法が注目されている．粒子法を用いれば複雑な自由表面の変化が簡単なアルゴリズムのまま解析できるため，津波が波の形状を複雑に変化させながら地上を遡上していき，構造物周辺を流れる複雑な現象を再現するには有効な手段となりうる．9.3 節では粒子法による津波遡上解析，構造物に作用する流体力評価事例などの現状を示す．

9.2 津波数値シミュレーションの現状

　従来の津波数値シミュレーションのプロセスとしては，津波の発生，津波の沿岸への伝播，津波の陸上遡上に分けることができる．津波の発生の要因としては，地震，地滑り・山体崩壊，火山の三つに大別される．

　地滑り・山体崩壊を発生要因とした津波災害として，日本近海では1792年の九州島原半島眉山の山体崩壊による「島原大変・肥後迷惑」の事例がある．眉山が数 km にわたって崩壊し，有明海に土石流として突入した結果，島原沿岸や対岸の熊本沿岸に巨大津波が来襲した．島原沿岸で 20 m 程度，熊本沿岸で 10 m 程度の津波が来襲し，約 15000 名の犠牲者があった．また，1958年にアラスカのリツヤ湾で岩石の崩壊により，遡上高にして 500 m 以上の津波が発生した．このように，地滑り・山体崩壊による津波は局所的に津波高が高くなり，激甚被害を引き起こす可能性がある．このような地滑り・山体崩壊による津波の発生については，土石流と水流の相互作用を考慮した2層流モデル[9.5]や MPS 法[9.6]による解析が行われている．地滑り・山体崩壊による土石流の発生は，地震や降雨などによる滑り面の弱化がその原因と考えられているが，その発生メカニズムが必ずしも確立されているわけではない．各事例に対応した発生要因やその状況を検討することが必要であり，発生を予測することは難しい．近年では，確率論的に地滑りによる津波リスク評価を試みた研究例もあるが[9.7]，実用には至っていない．

　火山噴火にともなった津波としては，1741年に北海道渡島大島の噴火活動とそれに関連して発生した海底地滑りにより発生した津波が日本海沿岸や佐渡島にその爪痕を残している．火山噴火にともなった津波の発生も各事例に対応した発生状況を検討することが必要であり[9.8]，現状でその予測を行うことは容易ではない．

　地震津波は，上述の地滑り・山体崩壊と火山噴火による津波の発生頻度に比べて圧倒的に高く，江戸期からこれまでに日本列島沿岸で 70 例以上発生している．さらに，地震学とプレートテクトニクス理論の飛躍的な発達と広範囲な観測網展開により，震源推定の高精度化やそれによる地殻変動域の推定が可能となった．さらに実用的な津波伝播・氾濫に関する数値解析モデルの開発[9.9]により，急速に津波数値シミュレーションが発展した．初期値としての波源推定から，津波伝播・陸上氾濫まで，実用上十分な精度で評価可能なレベルに達している．以降では，地震津波について，従来の解析手法による波源推定，津

波伝播，陸上氾濫を説明する．

9.2.1 地震津波の波源推定

(1) 断層による海底地殻変動

世界中の巨大津波をともなった巨大地震の多くは，プレート間地震の場合が多い．海洋プレートが大陸プレートに沈み込む，いわゆる「沈み込み帯」である．日本近海では，日本海溝や南海トラフなどがある．海洋プレートは地域によって異なるが，年間数 cm 程度で大陸プレートに沈み込んでいる．沈み込んだプレートにはひずみが蓄積し，それが限界に達すると跳ね返るように断層運動が生じる．断層運動とは，蓄積したひずみを解放するときに起こる断層の急激な食い違いであり，これによって地震が発生し，震源から地震波が放射される．また，断層運動により地表面に変位が生じる．この地表面で生じた変位が海底で発生すると，この変位が海面に伝わり，津波の波源が生成される．

断層運動によって生じた変位分布について，無限等方均質弾性体における任意の平面での食い違い量が与えられたときの任意点での変位はボルテラの定理により表すことができる．傾斜した矩形の断層で，食い違い変位が一様であり，媒質のポアソン比が 1/4 の場合についての解析解が求められた[9.10]．このほかにも方法がある[9.11]．いずれも，断層の長さと幅，傾斜角，断層面の深さ，ずれの傾斜方向，走向方向，滑り量により，地表面の各変位分布を求めることができる．図 9.1 に断層パラメータの定義を示す．比較的少ない変数により地殻変動量を評価できることがわかる．

断層パラメータは地震波解析によって推定される断層深さ，傾斜角，ずれの傾斜方向，走向に加えて地震モーメント M_0 に関する以下の関係式と余震分布から推定される．

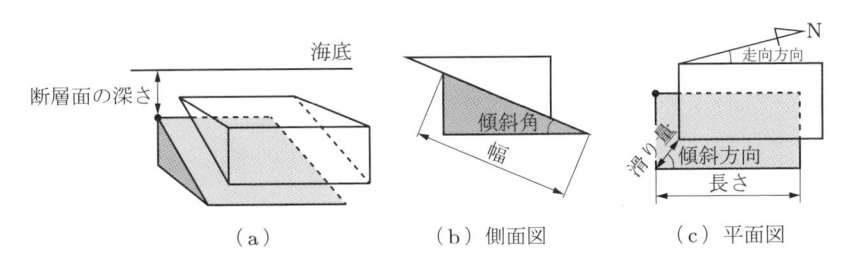

図 9.1 断層パラメータの定義

$$M_0 = \mu D_F S_F \tag{9.1}$$

ここで，μ は断層近傍の媒質剛性率，D_F は滑り量，S_F は断層面積である．M_0 の単位が [N・m] の場合，モーメントマグニチュード M_w と M_0 の関係は次式で示される．

$$M_w = \frac{\log M_0 - 9.1}{1.5} \tag{9.2}$$

式(9.2)により，従来のマグニチュードスケールと比較を行うことも可能となる．

　これらの方法により，断層運動による海底表面の変位量分布を求めることができる．海底の変動時間が海水の運動，すなわち長波の伝播速度は断層破壊伝播速に比べて十分遅く，食い違い時間における海水流入量に比べて微小と考えられる場合，初期波源として海底の鉛直変位分布を与えればよい．たとえば，断層長さを 100 km，断層破壊伝播速度を 1.5 〜 3 km/s 程度，断層の食い違い時間を 20 〜 60 s とすると，水深 3000 m での長波の伝播速度は 0.17 km/s であるから，さまざまな誤差を含め，妥当である．

　海底面が平坦であれば，地殻変動の水平成分は津波にほとんど寄与しないが，海底が急斜面であると，地殻変動の水平成分が海面の鉛直変位に寄与する．海底地形の傾斜を考慮した鉛直変位量の合計 U に関する評価式が提案されている[9.12]．

$$U = u_x \frac{\partial h}{\partial x} + u_y \frac{\partial h}{\partial y} + u_z \tag{9.3}$$

ここで，地殻変動の水平成分 x, y, 鉛直成分 z, それぞれの変位量を u_x, u_y, u_z, 水深を h としている．

　以上は静的な永久変位量としての解である．実際には，断層が運動しているときには永久変位量を越える動的な変動が生じている．このような変動を考慮するためには，流体・固体層に関する弾性方程式の直接解法が有効であり，断層運動にともなった地震波の生成や地殻の動的変位量だけでなく，滑り速度に応じた海中音波の発生・伝播も再現することに成功している[9.13]．

(2) 波源推定法

　地震波は高速な断層運動にともなって放射されるが，津波はゆっくりとした断層運動でも発生する場合があるため，地震波解析によっておおよその断層パラメータを推定することはできるが，必ずしも津波波源としての断層パラメータがこれと一致するとはかぎらない．1896 年明治三陸地震による津波のよう

な地震津波の場合である．そのため，津波の波源は津波痕跡高や観測波形を有効に利用しながら推定するのが一般的である．図 9.2 に 2011 年東北地方太平洋沖地震の波源の例を示す．

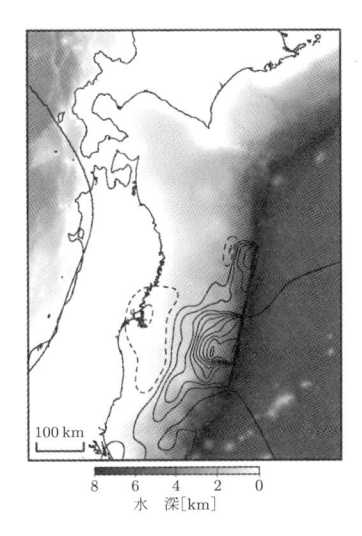

図 9.2 2011 年東北地方太平洋沖地震の波源[9.14]

波源推定法には，試行錯誤法と，津波観測波形を用いて逆問題を解く方法[9.15]がある．

試行錯誤法は，津波の初動や数波までの最大振幅，あるいは津波痕跡高を対象とし，観測値と計算値について幾何平均 K と幾何標準偏差 κ が最適となる断層モデルを試行錯誤的に求める方法である．K，κ は次式で与えられる．

$$\log K = \frac{1}{n}\sum_{i=1}^{n}\log K_i, \quad \log \kappa = \left[\frac{1}{n}\sum_{i=1}^{n}(\log K_i)^2 - (\log K)^2\right]^{1/2}$$
(9.4)

ここで，K_i は各観測点における観測値と計算値の比である．κ が最小となるような断層パラメータを試行錯誤的に変化させることによって，最適な断層モデルを得ることができる．このような試行錯誤法のほかに，波源断層の滑り量と津波痕跡高分布の関係を組み合わせて最適化問題として解析する方法も提案されている[9.16]．

津波観測波形を用いて逆問題を解く場合は，波源断層面を複数の小断層に分

割し，それぞれについて単位滑り量を与えたときの対象観測点における線形長波方程式による計算波形をグリーン関数として，波源域に設定した小断層の滑り分布を求める．また，波源断層を仮定せずに直接海面変動分布として解析する方法も提案されている[9.3, 9.17]．

9.2.2 津波伝播・氾濫に関する支配方程式

津波の支配方程式は高潮や洪水などと同様に，長波とした近似に基づいて記述される．津波の波速は音速に比べて十分小さいため，ほとんどの場合は非圧縮性流体として取り扱うことができる．

津波の運動は，ニュートン力学に基づいて，質量保存則とナビエ・ストークス方程式による運動方程式を長波の運動学的性質を利用して，鉛直方向に海底から水表面まで積分することにより求められる．

$$\frac{\partial \eta}{\partial t} + \frac{\partial M}{\partial x} + \frac{\partial N}{\partial y} = 0 \tag{9.5}$$

$$\frac{\partial M}{\partial t} + \frac{\partial}{\partial x}\left(\frac{M^2}{D}\right) + \frac{\partial}{\partial y}\left(\frac{MN}{D}\right) + gD\frac{\partial \eta}{\partial x} + \frac{\tau_{bx}}{\rho} = 0 \tag{9.6}$$

$$\frac{\partial N}{\partial t} + \frac{\partial}{\partial x}\left(\frac{MN}{D}\right) + \frac{\partial}{\partial y}\left(\frac{N^2}{D}\right) + gD\frac{\partial \eta}{\partial y} + \frac{\tau_{by}}{\rho} = 0 \tag{9.7}$$

式(9.5)が質量保存則，式(9.6)，(9.7)が運動量保存則であり，非線形長波方程式とよばれる．ここで，$D(=\eta+h)$ は浸水深，η は波高，h は地盤高，$M(=uD)$，$N(=vD)$ はそれぞれ x，y 方向の流量フラックス，u，v はそれぞれ x，y 方向の平均断面流速，g は重力加速度，ρ は流体の密度，τ_{bx}，τ_{by} は x，y 方向の底面せん断力である．τ についてはマニングの粗度係数（底面摩擦係数で，土地利用に応じて変化する．陸上氾濫の解析には 0.03 程度が用いられる）で与えることが多い．式(9.5)～(9.7)は直交座標系による方程式群であるが，地球全体での津波伝播解析を行う場合には極座標系を用いる必要があり，コリオリ力を考慮することが多い．水深 50 m より深い海域では，非線形性や底面摩擦の影響が小さくなるため，式(9.6)，(9.7)の左辺第 2・3 項と第 5 項を無視した線形長波方程式が用いられることもある．なお，線形長波方程式による波速 C_0 は，$C_0 = \sqrt{gh}$ で与えられる．非線形長波方程式の場合，波速 C は，$C = C_0\sqrt{1+\eta/h}$ で与えられる．

高次の運動方程式としては，ナビエ・ストークス方程式を直接解く方法，非

線形分散波方程式や9.3.1項で説明するSPH法がある．高次の運動方程式を用いることで，詳細な津波の運動を解析することができ，構造物に作用する津波波力を評価することが可能となる．詳細については，文献[9.18]などを参照してほしい．

9.2.3 従来の数値計算手法

津波の一般的な数値計算手法は，質量保存式と運動量保存式を同時に解く方法である．非線形長波方程式の数値計算では支配方程式である式(9.5)～(9.7)を差分法や有限要素法などの数値解法によって解く．ここでは，差分法を中心に述べる．

差分法では構造格子（直交座標格子ともいう）を用いることが一般的であり，そのほかにも境界適合格子，極座標格子などを用いる場合もある．津波数値シミュレーションでは，市街地や河川形状を詳細に再現する場合を除き，実用上構造格子が用いられることが多い．また，外洋に比べて，沿岸部での地形起伏が伝播経路や津波高増幅へ大きく影響を及ぼすため，波源から外洋・沿岸伝播，陸上では空間格子分解能を変化させ，異なる空間分解能の構造格子を採用し，そのつど接続計算を行うことがほとんどである．ただし，分解能が異なる領域での物理量の受け渡しのときに，空間分解能以下の情報を受け渡すことはできないため，高分解能の領域では誤差が蓄積しやすい傾向にある．津波の継続特性に関する数値解析を行う場合には注意が必要である．

津波数値シミュレーションのアルゴリズムについては，文献[9.9, 9.19]を参照してほしい．

9.2.4 市街地を含む陸上における実用的な津波氾濫解析

陸上部における津波の氾濫解析は，浅水長波方程式を基礎とした構造格子もしくは非構造格子による解析[9.20]が多く用いられている．沿岸の市街地では，木造家屋，堅牢な構造物や道路軌道などの複雑かつ多様な土地利用がなされているため，土地利用に応じた底面摩擦[9.21]を与えて解析する場合が多い．現在，氾濫解析に用いられる陸上地形の分解能はレーザープロファイラ計測技術の活用[9.22]とCPU演算能力の飛躍的な発達から，5 m程度の構造格子の利用が一般的になりつつある．高分解能な地形データと構造物を組み合わせて取り扱うことにより，氾濫流況解析の高精度化が見込まれる[9.23]が，その空間分解能と

同程度の構造物を扱う場合には工夫が必要となる．ここでは，市街地の構造物を起伏地形と粗度係数で表現する合成地形モデルを用いた氾濫解析手法と実際の市街地への適用例[9.24]について述べる．

(1) 合成地形モデルの定義

図 9.3 に合成地形モデルの概念図を示す．本モデルでは，構造物領域中における空間格子サイズより大きな構造物については，その地盤の標高に加えて構造物の高さを地形として反映させた．また，水位が構造物の高さを超えない場合は完全反射とし，構造物の流出・破壊は考慮していない．道路部と構造物の境界は，底面摩擦として考慮した．構造格子で取り扱うことができない構造物の取り扱いについては，マニングの粗度係数を用いた底面摩擦で与えることが合理的である．構造物を底面摩擦で表現する方法としては，土地利用条件に応じた粗度係数を与える相当粗度係数の方法[9.21]，構造物の抵抗係数を底面摩擦と等価とする合成等価粗度係数の方法[9.25]がある．構造物の配置や占有面積が詳細にわかる場合は，合成等価粗度係数の方法により合理的に構造物密度に対応した底面摩擦を決定することができる．

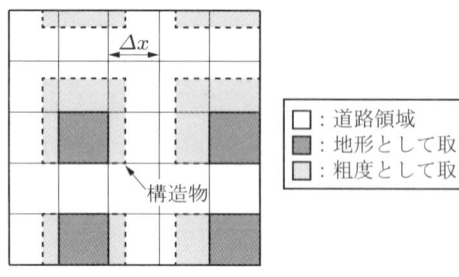

図 9.3 合成地形モデルにおける底面摩擦

(2) 合成地形モデルにおける底面摩擦の取り扱い

図 9.3 中の濃いグレーの部分を含む構造格子のように，構造物の一部が構造格子内に含まれる場合は，構造物高さに対応した地形とする．図 9.3 中の薄いグレーの部分を含む構造格子では，底面摩擦としてその影響を取り扱う．方法としては前述のとおり，相当粗度係数の方法と合成等価粗度係数の方法の二つの方法がある．次式に合成等価粗度係数 n_{syn} を示す．

$$n_{\text{syn}} = \sqrt{\frac{100-\theta}{100}\,n_0{}^2 + \frac{\theta}{100}\cdot\frac{C_{\text{D}}}{2gk}\,D^{4/3}} \tag{9.8}$$

ここで，θ は単位構造格子間隔における構造物占有率，n_0 はマニングの粗度係数，k は構造物幅，g は重力加速度，D は浸水深，C_{D} は構造物の抗力係数であり，数値実験結果から $C_{\text{D}} = 0.3$ 程度を採用している．また，k は，図 9.3 における薄いグレーの部分が含まれる構造格子における構造物占有面積の平方根を与えている．

(3) 実地形への適用

合成地形モデルを実際の地形に適用し，津波氾濫過程やその有用性を検討していく．氾濫解析対象地域は，高知市とし，津波波源は 1707 年（宝永 4 年）宝永地震モデル[9.26]とした．計算領域における空間解像度は，1350 m から 5.6 m までの 6 段階で領域接続を行った．高知市中心市街地での空間分解能は 5.6 m である．

図 9.4 に，各モデルにおける地震発生から 180 分後までの高知市中心市街地の津波遡上状況を示す．図から，相当粗度係数の方法では OP-1 の南西地域で浸水域が広がっているが，大局的にみれば津波遡上の到達範囲はどちらも同程度であることがわかる．また，合成地形モデルによる解析結果では，密集市街地や道路沿いなどの局所的な箇所において，浸水深は大きくなり，とくに OP-1 の南地域や OP-3 の周辺でより浸水深が大きいことが確認できる．

（a）市街地の構造物を相当粗度で表現した場合　（b）市街地の構造物を合成地形モデルで表現した場合

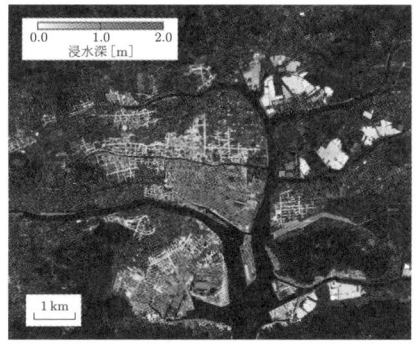

図 9.4　合成地形モデルの津波遡上状況

図 9.5 に各地点での津波の時刻歴を示す．各地点は図 9.4(a)と対応している．市街地では到達時刻や浸水深に差が生じており，合成地形モデルのほうが，相当粗度モデルと比べて，到達時刻は遅く水位上昇は速くなる傾向にあることがわかる．また，最大浸水深も合成地形モデルによる解析結果のほうが大きくなる傾向にあることがわかる．

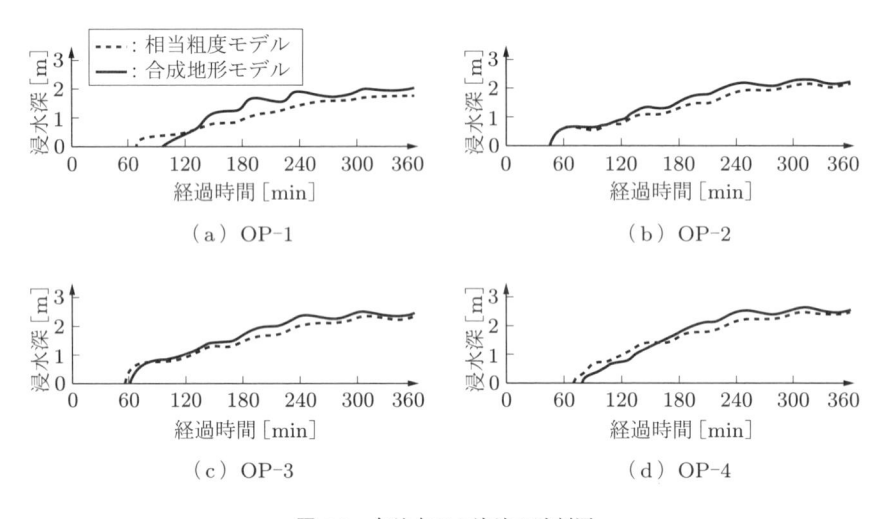

(a) OP-1

(b) OP-2

(c) OP-3

(d) OP-4

図 9.5 各地点での津波の時刻歴

図 9.6 に高知市中心市街地における津波氾濫過程を示す．本手法を用いることにより，地震発生からの時間と人的被害が発生しうる津波浸水深 0.2 m の到達範囲を詳細に可視化することが可能となる．浦戸湾外の沿岸部では地震発生から 40 分で津波が到達するため，津波避難施設，あるいは高台避難施設の整備が人的被害軽減に寄与する．一方，高知市中心市街地では 1～2 時間程度の猶予が残されていることがわかる．この地域では，強震動のあとに津波が来襲するため，地震動による災害から身を守り，確実な津波避難経路の整備と避難の実施を行うことにより，人的被害軽減に結びつけることができる．

以上の結果から，市街地における複雑な氾濫の再現には，合成地形モデルによる解析が有用である．一方で，堅牢な壁をもたない上屋の市場や倉庫，ビニールハウス家屋などの取り扱いについては今後の課題となる．また，浸水域の評価や浸水深分布についての津波ハザード評価を行ううえでは，従来から利用されてきた相当粗度によるモデルにおいても十分な表現力を有していることがわ

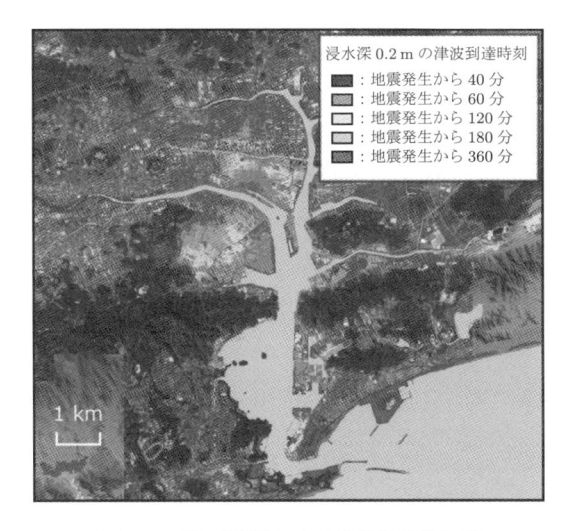

図9.6 高知市街地における津波氾濫過程

かる.

本解析手法と津波被害発生基準を組み合わせることにより，津波ハザードマップを作成することも可能である．一例として，図9.7に自動車漂流被害発生分布を示す．自動車の漂流に関する評価手法は浸水深 D が $0.2 < D < 0.5$ m で走行困難，$D > 0.5$ m で漂流する危険性が生じる．地震発生から60分後までは，中心市街地の一部は自動車の移動は可能である．ただし，地震により大規模な停電となる可能性が大きく，信号機の機能しない都市道路では，渋滞の発生による避難行動の遅れや交通事故の危険性が大きく高まるため，自動車による避難は浸水域外でもほかのリスクへの注意が必要である．地震発生から240分後には，市街地のほとんどが漂流危険エリアとなっていることがわかる．

(4) まとめと今後の課題

実用的な津波氾濫解析において，構造物の影響を起伏地形と底面摩擦で表現する合成地形モデルが提案されており，数値実験を通して底面摩擦としての取り扱いは相当粗度による方法が適切である．

数値実験で得られた知見をもとに，ここでは合成地形モデルを実地形へ適用した例を紹介した．市街地における複雑な氾濫の再現には，合成地形モデルによる解析が有用となる．構造物の影響を相当粗度のみで取り扱った場合と比べて，浸水域については大きな違いはみられなかったが，局所的な浸水深や，津

(a) 30 分後

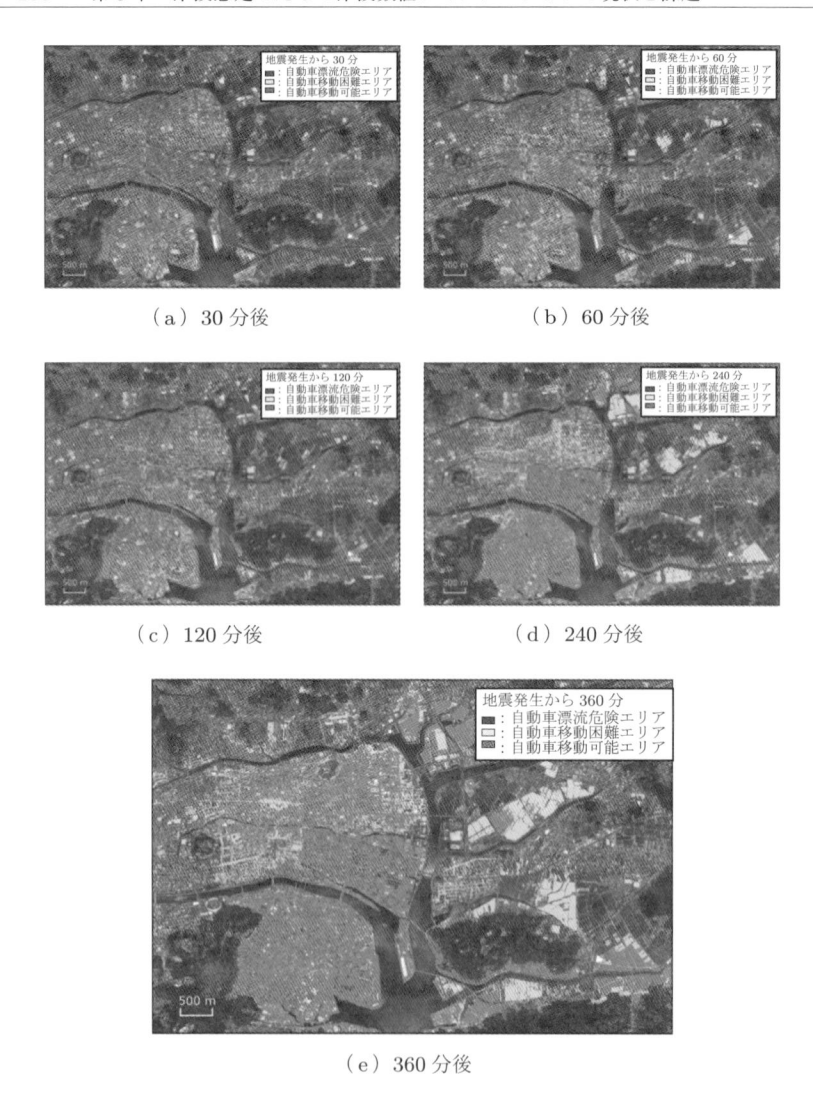

(b) 60 分後

(c) 120 分後

(d) 240 分後

(e) 360 分後

図 9.7 津波による自動車漂流リスクの時間推移

波の氾濫過程などの評価を行うためには，合成地形モデルによる解析が有効となる．また，最大浸水域などの津波ハザード評価を行ううえでは，従来から利用されている土地利用の影響を相当粗度のみで取り扱う氾濫解析も十分な表現力を有している．ただし，以上の浅水長波方程式の仮定を設けた 2 次元解析では，構造物に作用する流体力を精緻に評価することは，支配方程式の性質上難

しい．これらを精緻に評価するためには，次節に示すような3次元解析が必要である．

9.3 津波数値シミュレーションの課題

ここでは，津波を3次元問題として取り扱って解析する例として，粒子法による解析結果を紹介する．まずは粒子法の一つであるSPH法（smoothed particle hydrodynamics）について簡単に説明したのちに，3次元津波遡上解析例と橋梁に作用する津波波力評価の現状と課題をそれぞれ説明する．

9.3.1 SPH法の説明

スカラー関数 $\phi(\boldsymbol{x})$（たとえば圧力など）は，次の恒等式で表現できる．

$$\phi(\boldsymbol{x}) = \int_\Omega \phi(\boldsymbol{x}')\delta(\boldsymbol{x}-\boldsymbol{x}')\mathrm{d}\boldsymbol{x}' \tag{9.9}$$

ここで，ϕ は位置ベクトル $\boldsymbol{x}$ の関数であり，Ω は $\boldsymbol{x}$ を含む積分範囲である．$\delta(\boldsymbol{x}-\boldsymbol{x}')$ はディラックのデルタ関数である．SPH法では，デルタ関数の代わりに重み関数とよばれる連続関数 $W(\boldsymbol{x}-\boldsymbol{x}',h)$ を用いることで，関数 ϕ を近似する．

$$\phi(\boldsymbol{x}) \approx \int_\Omega \phi(\boldsymbol{x}')W(\boldsymbol{x}-\boldsymbol{x}',h)\mathrm{d}\boldsymbol{x}' \tag{9.10}$$

ここで，h は重み関数 W の影響領域を示す変数であり，重み関数 W は kh の範囲内でのみ非ゼロとなる関数を用いる．数値解析においては，図9.8に示す

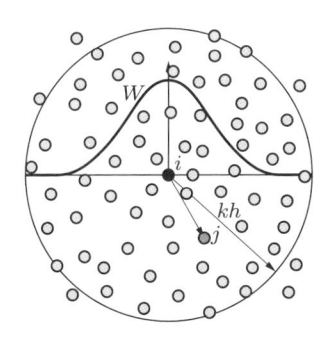

図9.8 SPH法

ように，影響領域（kh の半径内の球）に含まれる近傍粒子 $\boldsymbol{x}_j$ での値を用いることで，評価点 $\boldsymbol{x}_i$ における関数の値を粒子 $\boldsymbol{x}_i$ での値を使って離散的に近似（積分を和の形に変換）する．

$$\begin{aligned}\langle\phi(\boldsymbol{x}_i)\rangle &= \int_V \phi(\boldsymbol{x}_j)W(\boldsymbol{x}_i-\boldsymbol{x}_j,h)\mathrm{d}V_j \\ &= \sum_{j=1}^N \phi(\boldsymbol{x}_j)W(\boldsymbol{x}_i-\boldsymbol{x}_j,h)\Delta V_j \\ &= \sum_{j=1}^N \frac{m_j}{\rho_j}\phi(\boldsymbol{x}_j)W(\boldsymbol{x}_i-\boldsymbol{x}_j,h) \end{aligned} \quad (9.11)$$

ここで，ρ_j, m_j, ΔV_j はそれぞれ近傍粒子での密度，代表する質量，および体積を示している．

物理問題の多くは微分方程式として表現するのが一般的で，これを式(9.11)に示すような粒子離散化近似により解くためには，別途，関数の勾配・発散・ラプラシアンなどの微分オペレータについても粒子での値で離散近似する必要がある．たとえば，式(9.11)の空間に依存する変数は重み関数 W のみであることを考慮して微分すれば，関数 ϕ の勾配は，次のように評価できる．

$$\langle\nabla\cdot\phi(\boldsymbol{x}_i)\rangle = \sum_{j=1}^N \frac{m_j}{\rho_j}\phi(\boldsymbol{x}_j)\cdot\nabla W(\boldsymbol{x}_i-\boldsymbol{x}_j,h) \quad (9.12)$$

式(9.11)は，任意の点 $\boldsymbol{x}_j$ での関数値を評価するのに，その近傍にある粒子上での値の重み付き平均として評価することを意味しており，また式(9.12)の関数の微分の評価式は式(9.11)の重み関数 W をその空間微分値 ∇W に置き換えたものである．なお，ここでは $\boldsymbol{x}_j$ を任意の点として定義しているが，実際の粒子法の計算では，数値計算のために用意した仮想的な粒子の位置だけで関数値を評価することになるため，$\boldsymbol{x}_j$ は j 番目の粒子の位置ベクトルとして考えてよい．このため，これらの計算式には近傍粒子の間隔（$\boldsymbol{x}_i-\boldsymbol{x}_j$）の関数として与えられる重み関数 W とその空間微分 ∇W を事前に用意しておけばよく，あとは単純な総和の計算のみで評価できることが最大の特徴である．ベクトル関数（たとえば流速など）についても同様の近似が行える．詳細は SPH 法に関する書籍を参考にしてほしい．

ここで津波を 3 次元非圧縮流体問題として解析するには，式(9.13)の質量保存則と式(9.14)の運動量保存則（＝ナビエ・ストークス方程式）に対して，先の粒子離散化方法を適用すれば，あとは数値的に解くことができる（各粒子で

の未知数は圧力 P と流速 u の 3 成分の四つに対して，方程式も以下の 4 本が用意されているので原理的には解は求められる）．

$$\rho \nabla \cdot u = 0 \tag{9.13}$$

$$\frac{Du}{Dt} = -\frac{1}{\rho}\nabla P + \nabla(\nu \nabla u) + g \tag{9.14}$$

ここで，ν, g はそれぞれ動粘性係数，重力加速度を示し，流速 u と圧力 P が独立変数となる．空間上にばら撒かれた粒子はこの両者の値を保持し，任意の評価点に対して式 (9.11), (9.12) で示した近似を行う．SPH 法自身は前述の空間離散化近似手法の総称であり，具体的に非圧縮性流体を解くためには複数の時間積分アルゴリズムがある．その代表的な時間積分アルゴリズムとしては，疑似的に圧縮性流体として仮定することで流速と圧力の両者を陽的に解く古典的な SPH 法（この場合は式 (9.13) の質量保存則の代わりに別途圧力の大きさを規定するための方程式（状態方程式とよばれる）を仮定する）と，質量保存則から導出される圧力ポアソン方程式を解くことで圧力に関しては陰的に評価する ISPH 法 (incompressible SPH 法) がある．その計算手順の詳細は省略し，ここでは ISPH 法による解析例を中心に示すことにする．

9.3.2　粒子法による津波遡上解析

3 次元粒子法により津波遡上解析を行うためには，建物を含む地形データをできるだけ正確に再現することが重要となる．また，解析対象とする地域ごとに解析モデルを作成する必要があり，こうした解析の入力データを極力簡易な手順で作成することが望ましい．粒子法は，粒子のみを用いた解析手法であるため，複雑な形状のモデル化が容易に行えることが利点の一つである．たとえば，航空測量（海底面は深浅測量）で得られる生の観測データである点群の地形モデルから，解析に必要となる粒子上のデータへと変換（図 9.9）すれば，これがそのまま解析モデルとなる．なお，現在の航空測量の技術を用いれば，1 m 程度の間隔で建物を含む外観の標高データを計測することが可能である．この計測データを用い，数 km × 数 km の領域を 1 m 間隔の粒子にて解析するには，必要となる粒子数は数億に到達する．京などの世界最速クラスのスーパーコンピュータを数日から数週間占有すれば解析できない規模ではないが，まだ一般的な計算機環境では困難な解析規模である．そこで，図 (b) に示す解析モデルおよび図 9.10 に示す解析例では，4 m 間隔の粒子を再配置してモデ

(a) 解析領域　　　　　　　　　(b) 堤防部の粒子モデル

図 9.9　3 次元津波遡上解析モデル作成例（岩手県宮古市田老地区）

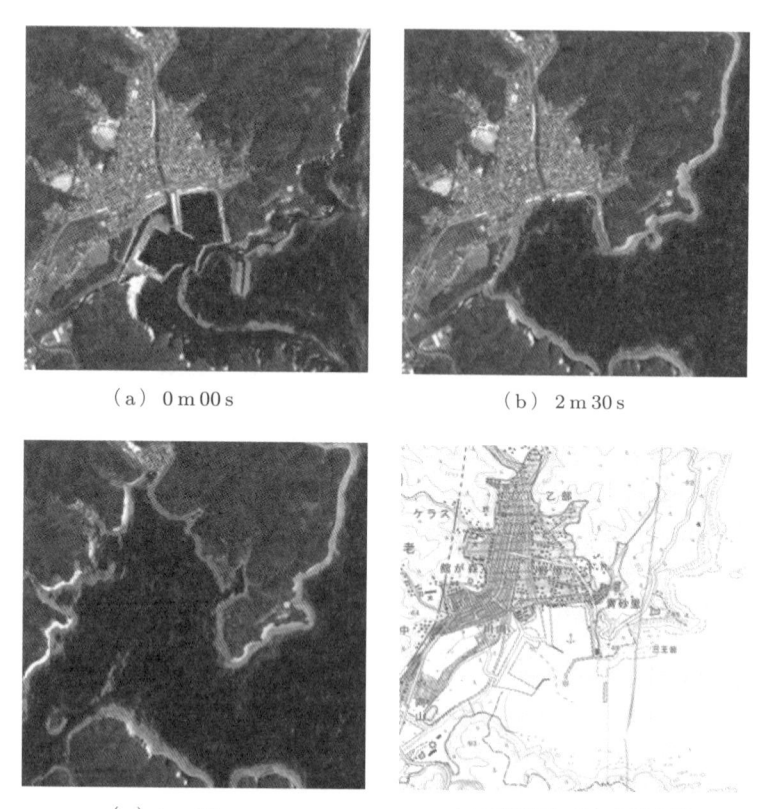

(a) 0 m 00 s　　　　　　　　　(b) 2 m 30 s

(c) 5 m 00 s　　　　　　　　　(d) 市街図に重ねた遡上域

図 9.10　津波遡上解析例

ルを作成した．解析対象は，岩手県宮古市田老地区（X字状の巨大な津波防波堤が築堤されていた地域）である．現在，津波の入力方法さえ確立できれば，地上部への遡上問題を3次元問題として扱う解析が可能となりつつある．

なお，現在ではスーパーコンピュータを使用すれば，1〜2m程度の解像度（粒子配置）で津波遡上現象を数値解析することが現実的になってきた．この程度の空間解像度での数値解析を実施した結果，図9.11に示すように人の目線から見た（これぐらい拡大しても現実的に見える）津波動画が作成できるようになった．図9.11は3次元解析結果を建築分野での意匠設計などに使われている可視化ソフトウェアLumionを使って可視化した例である．最大でどの程度の津波が来襲するのか，よく知る地元の景色と照らし合わせて仮想的な津波解析結果を表示することで，津波の脅威をより現実的なものとして認識することができるため，効率的な防災教育への応用が期待されている．

図9.11 人の視線から見た立体的な津波遡上解析結果例

9.3.3 粒子法による橋梁に作用する流体力評価事例

津波遡上計算の現状から想像できるように，構造物までを解像できる解析モデルを用いているため，遡上解析と同時に構造物に作用する流体力までを評価することも現実味を帯びてきた．以下では，橋梁の耐津波設計への応用の第一段階として，橋梁に作用する流体力を評価した事例を示す．

構造設計に数値解析を応用するには，まずは事前に精度を入念に確認する必要がある．そこで，津波時の橋桁流体力評価を目的とした実験[9.27, 9.28]を検証例題とし，とくに流体力の精度検証を実施した例について紹介する．この実験は，貯水部に溜水した水を前面に取り付けたゲートを開けることで放水し，津波を想定した波を橋梁模型に衝突させるものである．桁の模型に作用する流体

(a) 側面図 (b) 平面図

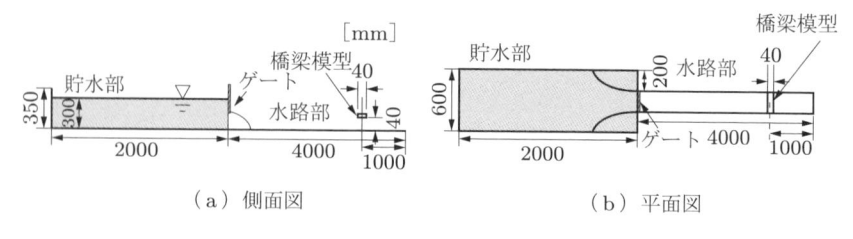

図 9.12　橋桁模型の流体力評価実験の概要

力を継続的に評価し，実験による計測結果と数値解析結果を比較した．実験概要を図 9.12 に示す．

橋桁模型の比較検証例として，図 9.13(a) に示す逆台形型の断面を有する桁模型を用いる．数値解析においては，実験模型と同寸法のまま 3 次元モデルを作成し，解析を実施した．図 (b) には水平力および鉛直力がほぼ最大値を示した状態（1.9 s 後）の圧力分布の解析結果を示している．図 9.14 には実験および計算により評価した流体力を水平方向成分と上揚力成分に分けて，その検証結果を示す．

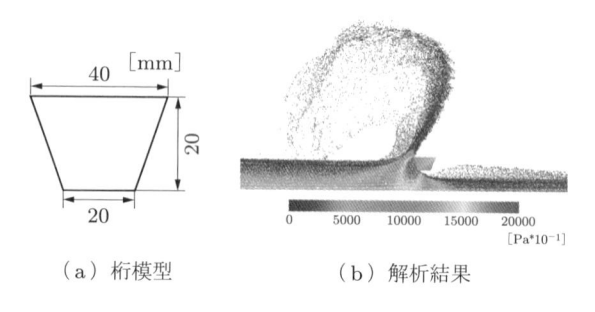

(a) 桁模型 (b) 解析結果

図 9.13　橋桁模型の詳細図と粒子法による解析例

数値解析が実験結果を精度よく再現できていることがわかる．また，上揚力と水平力のバランスは橋桁の形状により大きく異なることが一連の実験と数値解析からわかっている．今後，橋梁の耐津波設計法を検討する際には，桁の形状・タイプに応じた津波波力を想定することが望ましい．

室内実験との比較検証より，数値解析により妥当な流体力までを評価できることを確認したものの，実現象とは大きさがかけ離れているため，可能であれば大型実験などの現実的な現象と比較していくことが望ましい．ここでは，東

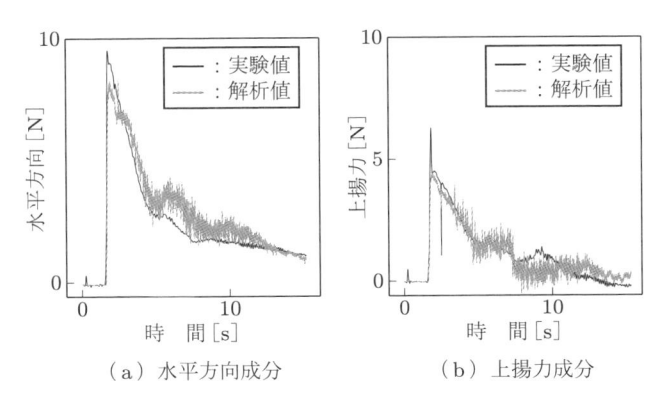

(a) 水平方向成分 (b) 上揚力成分

図 9.14 実験と数値解析による流体力評価比較

北地方太平洋沖地震による津波で大きな被害を受けた地域の一つである宮城県南三陸町歌津地区（図 9.15）を解析の対象として，同地区にある歌津大橋の流失被害（図 9.16）の再現を試みることで，実スケールでの妥当性の検証した．東北地方の主要道路の一つである国道 4 号線に架けられた歌津大橋は，第 3 径間から第 8 径間の橋桁が流失した．今回は，解析規模を縮小するために，震災で実際に流失した第 8 径間のみを取り上げ，その流失解析を実施した．第 8 径間の断面を図 9.17 に示す．

図 9.15 歌津大橋周辺の浸水範囲 　　**図 9.16** 歌津大橋の上部構造流失被害

入力する津波による影響を考慮するため，流入条件として段波と非段波の 2 ケースを与えて解析した．それぞれの解析モデルの全体像を図 9.18，9.19 に示す．後方には，橋梁モデルを通過した水が反射して戻らないようにタンクを

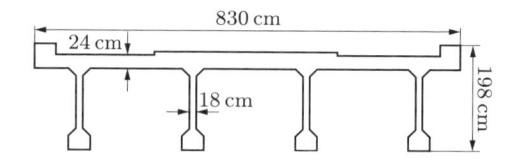

図 9.17 橋桁モデル断面図

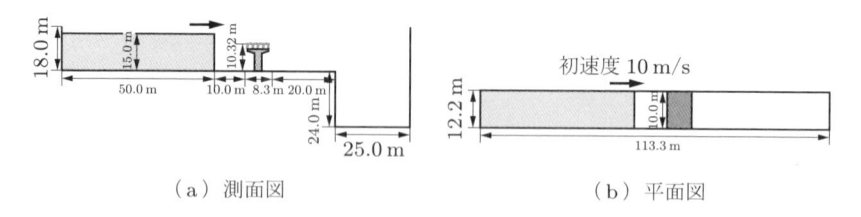

図 9.18 解析モデル全体像（ケース 1 段波）
（a）測面図
（b）平面図

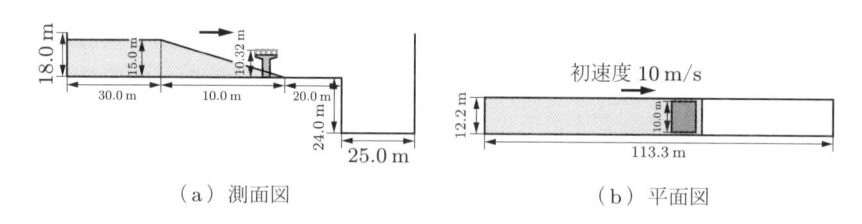

図 9.19 解析モデル全体像（ケース 2 非段波）
（a）測面図
（b）平面図

設けている．ここで，実橋の桁長は約 30 m であるが，計算時間の都合上，解析モデルでは桁長を 10 m と簡略化している．

まずは橋脚部だけでなく，上部構造のすべてを完全に固定した条件とし，津波を想定した水を流すことで橋梁周辺の流れを確認し，上部構造に作用する流体力を評価した．水の流入条件は図 9.18 に示す段波のケース 1 を用い，浅水長波方程式に基づいて津波高 10 m の津波時の流速を 10 m/s として算出し，これを初期・境界条件として与えた．今回の解析では，水の初期の先端位置（$x = 50$ m）以下の水粒子に，初速 10 m/s を常に与えている．なお，解析では 6 cm 間隔に粒子を配置し，解析モデル全体の粒子数は約 5500 万，解析の時間増分は 0.001 s に設定し，実時間 2.55 s の現象を解析した．また，津波による橋桁の流失のメカニズム推定のために，流出の原因と考えられている津波の水平力 F_x と上揚力 F_y をそれぞれ評価した．

図 9.20 には，解析結果の一例を示しており，橋梁の境界面の粒子においては圧力（単位は [kPa]）をプロットし，水粒子は半透明にてその流域を示している．また，同図中には流れの軌跡を示すために，流跡線も示している．図 9.21 に，水粒子の圧力分布の変化の水位を示す．圧力分布に注目すると，橋梁に衝突する前の水の圧力は静水圧分布をしており，また，橋梁に衝突したあとは，津波が衝突した部分の圧力値が高くなっており，妥当な圧力分布が得られていることがわかる．

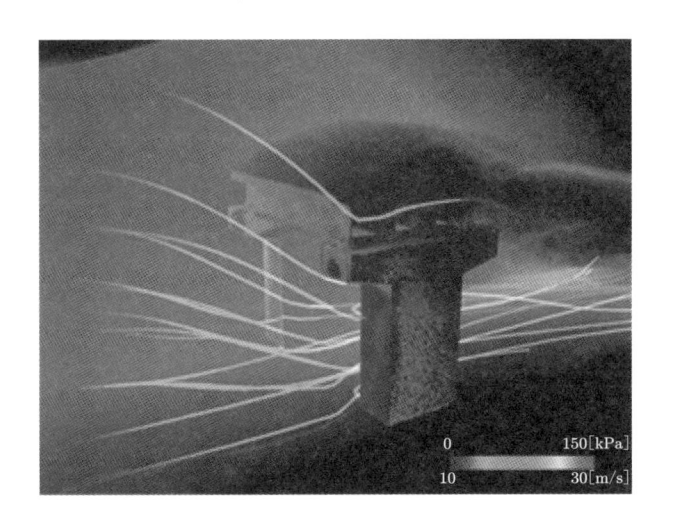

図 9.20 解析結果（ケース 2 非段波）

以上の解析より評価した水平方向，鉛直方向の津波波力をそれぞれ図 9.22，9.23 に示す．図 9.22 に示した水平力に注目すると，ピークが 2 回発現していることがわかる．このときの現象を図 9.21 より確認してみると，ピークはそれぞれ，地覆，腹板への津波衝突の瞬間で発現していた．また，図 9.23 に示す上揚力のピーク値は，津波が橋桁の下側に衝突した瞬間であった．この両者を比較して表示した図 9.24 から，水平力のピーク値は上揚力の約 2.5 倍となっており，ピーク後は，水平力は上揚力の約 2 倍であることがわかる．約 1.095 s 後には水平力と上揚力のピークが同時に発生しているため，上部構造全体には大きな回転モーメントが作用するため，回転しながら流失することが予想される．

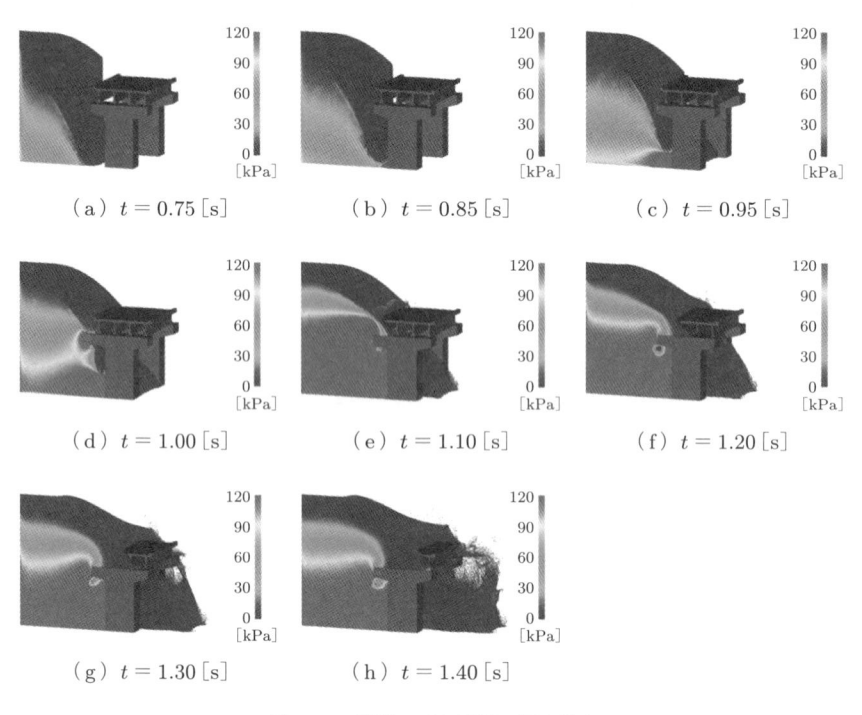

(a) $t = 0.75\,[\text{s}]$　　(b) $t = 0.85\,[\text{s}]$　　(c) $t = 0.95\,[\text{s}]$

(d) $t = 1.00\,[\text{s}]$　　(e) $t = 1.10\,[\text{s}]$　　(f) $t = 1.20\,[\text{s}]$

(g) $t = 1.30\,[\text{s}]$　　(h) $t = 1.40\,[\text{s}]$

図 **9.21**　橋梁モデル周辺の圧力分布

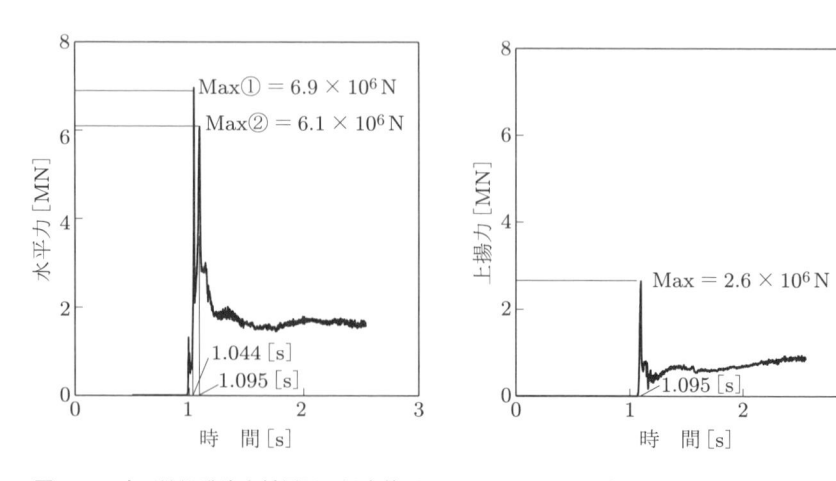

Max① $= 6.9 \times 10^6\,\text{N}$
Max② $= 6.1 \times 10^6\,\text{N}$
1.044 [s]
1.095 [s]

Max $= 2.6 \times 10^6\,\text{N}$
1.095 [s]

図 **9.22**　南三陸町歌津大橋周辺の浸水範囲　　図 **9.23**　歌津大橋の上部構造流失被害

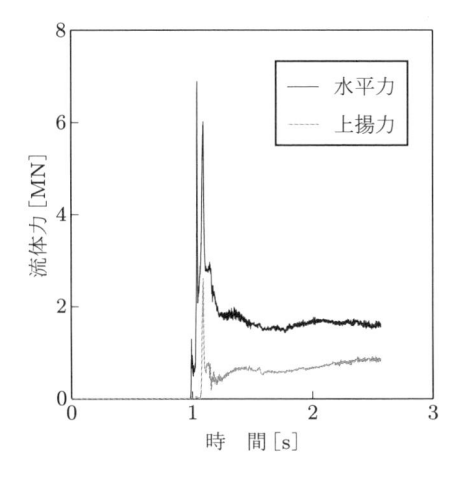

9.3 津波数値シミュレーションの課題

図 9.24 水平力と上揚力の比較

最後に，図 9.25 に SPH 法による流体解析と個別要素法 DEM による剛体解析を連成させることで実現した橋梁の上部構造の流失現象の再現結果を示す．SPH 法などの粒子法は，剛体解析などの実績のある DEM との相性がよく，両者の連成は比較的容易に実施できる．

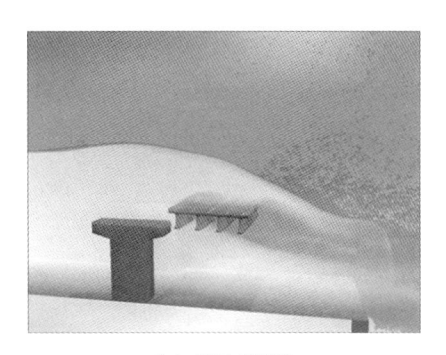

(a) 津波到達前　　(b) 津波到達後

図 9.25 橋桁の流出の可視化

スーパーコンピュータなどの高性能な計算機を使用したとしても，現状では扱える粒子数は数千万〜1億程度であり，津波波源から津波が発生し，津波が地上へと遡上して橋梁などの構造物へと影響を及ぼすまでのすべての過程を十

分な空間的な解像度で解析することは非現実的である．そこで，解析対象を沿岸地域のみに限定し，閉じた領域の津波遡上解析を実施してきたが，津波入力条件については再検討が必要である．こうした現状を踏まえると，図9.26に示すように，震源から海岸線までを評価する津波伝搬解析（レベル0解析），海岸線から陸地への遡上を評価する津波遡上解析（レベル1解析），構造物周辺の流れと構造物の連成解析（レベル2解析）の3段階に分けて，これらを統合的かつシームレスに連結する技術が今後の課題である．

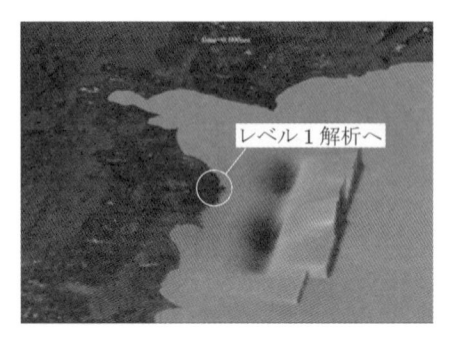

従来の津波解析（津波伝搬解析），解像度 $10 \sim 100\,\mathrm{m}$
（a）レベル0解析

津波遡上現象，解像度 $1 \sim 2\,\mathrm{m}$
（b）レベル1解析

橋梁などの土木構造物の被害予測（橋梁の流失被害），解像度 $10 \sim 20\,\mathrm{cm}$
（c）レベル2解析

図9.26　津波解析の展望

参考文献

[9.1] Satake, K., Fujii, Y., Harada, T. and Namegaya, Y. : Time and Space distribution of Coseismic Slips of the 2011 Tohoku Earthquake as Inferred from Tsunami Waveform Data, Bull. Seism. Soc. Am., 103, pp.1473-1492, doi : 10.1785/0120120122, 2013.

[9.2] Goto, C. and Shuto, N. : Numerical simulation of tsunami propagation and run up, Tsunamis — Their Science and Engineering, TERRAPUB, pp.511-525, 1983.

[9.3] Tsushima, H., Hino, R., Fujimoto, H., Tanioka, Y. and Imamura, F. : Near field tsunami forecasting from cabled ocean bottom pressure data, J. Geophys. Res., 114, B06309, doi : 10.1029/2008JB005988, 2009.

[9.4] 正村憲史，藤間功司，後藤智明，飯田邦彦，重村利幸：2次元・3次元ハイブリッドモデルを用いた津波の数値解析，土木学会論文集，Vol.670，II-54，pp.49-61, 2001.

[9.5] Imamura, F. and Imteaz, M. M. A. : Long wave in two-layers : governing equations and numerical model, J. Science Tsunami Hazards, 13(1), pp.3-24, 1995.

[9.6] 五十里洋行，後藤仁志，新井智之：粒子法型非ニュートン流体モデルによる地滑り津波解析，土木学会論文集B2（海岸工学），Vol.68, No.2, pp.66-70, 2012.

[9.7] 鴫原良典，Horrillo Juan：確率論的手法による海底地すべり津波波源推定手法のメキシコ湾への適用，土木学会論文集B2（海岸工学），Vol.70, No.2, pp.281-285, 2014.

[9.8] Maeno, F. and Imamura, F. : Tsunami generation by a rapid entrance of pyroclastic flow into the sea during the 1883 Krakatau eruption, Indonesia, J. Geophys. Res., 116, B09205, doi : 10.1029/2011JB008253, 2011.

[9.9] 後藤智明，小川由信：Leap-Frog法を用いた津波の数値計算法，東北大学工学部土木工学科，p.52, 1982.

[9.10] Mansinha, L. and Smylie, D. E. : The displacement fields of inclined faults, Bull. Seism. Soc. Am., 61, pp.1433-1440, 1971.

[9.11] Okada, Y. : Surface deformation due to share and tensile faults in a half-space, Bull. Seism. Soc. Am., 75, pp.1135-1154, 1985.

[9.12] Tanioka, Y. and Satake, K. : Tsunami generation by horizontal displacement of ocean bottom, Geophys. Res. Lett, 23, pp.861-864, 1996.

[9.13] Maeda, T. and Furumura, T. : FDM Simulation of Seismic Waves, Ocean

Acoustic Waves, and Tsunamis Based on Tsunami-Coupled Equations of Motion, Pure and Applied Geophysics, 170, 1-2, pp.109-127, 2013.

[9.14] Fujii, Y., Satake, K., Sakai, S., Shinohara, M. and Kanazawa, T. : Tsunami source of the 2011 off the Pacific coast of Tohoku Earthquake, Earth Planets Space, 63, pp.815-820, 2011.

[9.15] Satake, K. : Inversion of tsunami waveforms for the estimation of heterogeneous fault motion of large submarine earthquakes, J. Geophys. Res., 94, pp.5627-5636, 1989.

[9.16] 今井健太郎,堀内滋人,今村文彦：波源推定における津波痕跡高分布の依存性に関する検討,土木学会論文集 B2（海岸工学），69-2, pp.431-435, 2013.

[9.17] 高川智博,富田孝史：時間発展を考慮した津波波源逆解析と観測点地盤変動量のリアルタイム推定,土木学会論文集 B2（海岸工学），68-2, pp.311-315, 2012.

[9.18] 首藤伸夫 編集：津波の辞典，朝倉書店，pp.122-133, 2007.

[9.19] IOC（International Oceanographic Commission）: IUGG/IOC TIME PROJECT, Numerical Method of Tsunami Simulation with the Leap-frog scheme（Manuals and Guides 35），1-24, UNESCO, 1997.

[9.20] 安田浩保,白土正美,後藤智明,山田正：高速演算性と精緻性を有する浸水予測システムの開発,水工学論文集，第 45 巻，pp.889-894, 2001.

[9.21] 小谷美佐,今村文彦,首藤伸夫：GIS を利用した津波遡上計算と被害推定法,海岸工学論文集，第 45 巻，pp.356-360, 1998.

[9.22] 村嶋陽一,今村文彦,竹内仁,鈴木崇之,吉田健一,山崎正幸,松田健也：津波浸水予測における航空機搭載型レーザーデータの適用性,海岸工学論文集，第 53 巻，pp.1336-1340, 2006.

[9.23] 劉暁東,堺茂樹,小原忠和,三上勉,岩間俊二,今村文彦,首藤伸夫：市街地への津波遡上・氾濫に関する数値解析,海岸工学論文集，第 48 巻，pp.341-345, 2011.

[9.24] 今井健太郎,今村文彦,岩間俊二：市街地における実用的な津波氾濫解析手法の提案,土木学会論文集 B2（海岸工学），69-2, pp.311-315, 2013.

[9.25] 油屋貴子,今村文彦：合成等価粗度モデルを用いた津波氾濫シミュレーションの提案,海岸工学論文集，第 49 巻，pp.276-280, 2002.

[9.26] Furumura, T., Imai, K. and Maeda, T. : A revised tsunami source model for the 1707 Hoei earthquake and simulation of tsunami inundation of Ryujin Lake, Kyushu, Japan, J. Geophys. Res., Vol.116, B02308, doi : 10.1029/2010JB007918, 2011.

[9.27] 中尾尚史，糸永航，松田良平，伊津野和行，小林紘士：基本的な断面形状の橋梁に作用する津波外力に関する実験的研究，応用力学論文集（土木学会論文集 A2 特集号），Vol.67, No.2, pp.481-491, 2011.

[9.28] 中尾尚史，伊津野和行，小林紘士：橋梁基本断面に作用する流体力と流速・波高の関係に関する基礎的検討，構造工学論文集，Vol.55A, pp.564-575, 2010.

[9.29] チャルレス・シマモラ，鴫原良典，藤間功司：建物群に作用する津波波力に関する水理実験，海岸工学論文集，第 54 巻，pp.831-835, 2007.

[9.30] 津高亮太，鴫原良典，藤間功司：津波氾濫解析の基礎的実験による検証，土木学会論文集 B1（水工学），Vol.68, No.4, pp.1537-1542, 2012.

[9.31] Asai, M., Aly, A. M., Sonoda, Y. and Sakai, Y. : A stabilized incompressible SPH method by relaxing the density invariance condition, International Journal for Applied Mathematics, Vol.2012, Article ID 139583, p.24, 2012.

[9.32] 土木学会　海岸工学委員会：数値波動水槽，2012.

[9.33] 藤本啓介，浅井光輝，一色正晴，舘澤寛，三上勉：高解像度地形モデルを用いた ISPH 法による津波シミュレーション，地震工学講演会論文集（土木学会論文集 A1 特集号），A1S-0224, 2013.

索引

英数字

2層流モデル　178
GNSS　20
GPS波浪計　4, 20, 137
ISPH法　191
J-ALERT　140
MPS法　178
PDCAサイクル　173
QRコード　151, 156
SPH法　183, 189, 191, 199
TEC-FORCE　141

あ　行

アスペリティ　17
アリューシャン津波　3
安否情報　152
石巻漁港　99
溢水対策　134
溢水防止壁　134
移転　35, 38
移転＋かさ上げ　35, 38
歌津地区　195
裏法勾配　53
裏法尻基礎工　60
裏法尻被覆　53
裏法尻被覆幅　53
裏法被覆工　52, 64
運動量保存則　190
液状化　117
越流　87, 109
越流した水塊　89
越流水深　53
エリアメール　140, 150
エリアモジュール　163
遠地津波　1
鉛直遮蔽性　102

応急復旧　141
太田名部漁港　99
大津波　1
大津波警報　148
大船渡漁港　97
屋外監視カメラ　137
女川漁港　95, 96, 99

か　行

海岸護岸　47
海岸地形　63
海岸堤防　47, 52, 54
海岸における津波対策検討委員会　59, 62
海岸保全施設　47, 48, 50
海溝型地震　41
開口比　107
開口部　70, 88, 109
開口部断面積比　103
開口率　67, 74
海上火災　119
解除情報　157
海底地滑り　132, 178
回復力　15
海洋プレート　179
海洋プレート内の地震　132
街路の設計　8
かさ上げ　35, 38
火山　178
可視化ソフトウェア　193
活断層基本図　22
滑動　73, 74, 84, 88, 108
滑動耐力　76
可動式の防波堤　90
釜石の奇跡　144
釜石湾口防波堤　81, 84

がれき　13
岸壁　98
危機管理　15
机上訓練　156
基礎の支持力　108
基礎マウンド　81, 109
機能停止　117
逆問題　181
旧ガイドライン　70
丘陵の宅地造成　8
胸壁　47
漁港施設　94
漁港施設の津波対策の方針　112
居住地域の選択　8
居住誘導区域　44
緊急地震速報　145, 146
緊急地震速報（警報）　148
緊急地震速報（予報）　148
緊急津波避難情報　140, 145, 150, 157
近地津波　1
グリーン関数　182
警戒避難　22
継続時間　10
計測浸水深　67, 68
計測震度　147
下水処理場　116
下水道施設　120
減災　35, 44
減災対策　21, 110
原子炉圧力容器内　126
現地集約　35, 38
現地復興　35, 38
広域防災　15
広域連携　141
鋼管杭　123
鋼管斜杭式防波堤　96
合成地形モデル　184, 185, 186, 188
合成等価粗度係数　184
構造上の工夫　62
構造耐力　76
広帯域地震計　5

高地移転　6
高地への住宅移転　7
港内面積　103
鋼矢板　122
抗力　69
抗力係数　69, 185
極低頻度　140
個別要素法　199
コンビナート　123

さ 行

災害の想像力　15
最大クラスの津波　48, 50
差分法　177, 183
産業施設　116, 121
山体崩壊　178
桟橋式岸壁　98
三面張構造　52
残留熱除去系　128
市街地整備事業　32
試行錯誤法　181
地震観測体制　36
地震情報　151, 157
地震調査研究　16
地震調査研究推進本部　16
地震津波解析　176
地震動予測地図　22
止水処理　135
地滑り　178
志津川漁港　95, 96
質量保存則　182
しなやかな対応　15
地盤かさ上げ　35
地盤沈下　13
シビアアクシデント　133
島原大変・肥後迷惑　178
社会実験　154, 156
遮蔽物　71
受圧面　73
集中復興期間　30
重油タンク　118

取水口　132
貞観津波　6
使用済燃料プール　127
情報伝達　36, 141
上揚力　194, 196, 197
昭和三陸地震　132
昭和三陸地震による津波　1, 3, 5
新ガイドライン　70
人材派遣　34
浸水区域　26
浸水時間遅延　99
浸水深　10, 26, 75
浸水深比　107
浸水対策　133
新総合基本施策　16
迅速な復旧　63
人命救助　14
水圧式津波計　5
水位設定法　57
水塊の落下　89
水産工学研究所提案式　111
推進計画　23
水深係数　67, 68, 74
水密構造　135
水密扉　133, 136
水門　47
水理模型実験　87
滑り量　180
スマトラ島沖地震インド洋大津波　3, 64, 169
スロッシング振動　120
脆弱性　10
整備水準　11
設計津波　48, 58
設計用浸水深　67
全機能停止　118
洗掘　74, 86, 87, 88, 97, 109
先行的基盤整備　41
全交流電源喪失　128
浅水長波方程式　177
潜堤　81, 88

早期警戒システム　3
総合基本施策　16
相当粗度係数　184
相当粗度モデル　186
即時避難　143, 144
ソフト対策　5, 13, 29, 51, 113, 139
ソロモン諸島沖地震　155

た　行

耐圧部材　70
耐水　12
耐津波安定性　89
耐津波構造　81
耐津波構造物　47
耐津波設計　108
耐津波壁　121, 122
太平洋津波警報　3
大陸プレート　179
高台移転　30, 35
多重防護　6, 30, 36, 42, 110
建物被災　26
谷本らの評価式　111
田老漁港　95, 96, 98
田老地区　193
タンクの浮上　119
断層運動　18, 179
断層の滑り量　18
断層パラメータ　179
断層面積　180
地域防災計画　30, 36, 161, 171
地域防災力　30
中央防災会議　18, 48
潮位計　137
超巨大な海溝型地震　17
超大滑り　18
直立消波式岸壁　98, 112
直立浮上式防波堤　90, 92
直流電源　126
チリ地震による津波　1, 3, 5, 53, 58
津波越流　61
津波解除情報　153

索 引　**207**

津波火災　　12
津波荷重　　65, 66
津波荷重評価　　65
津波からの避難　　28
津波観測体制　　36
津波観測波形　　176, 181
津波救命艇　　48
津波警報　　4, 36, 146, 148
津波減災レベル　　6
津波痕跡高　　65, 83, 176
津波災害特別警戒区域　　22, 23
津波シミュレーション　　4, 35
津波情報　　157
津波浸水想定　　123
津波数値シミュレーション　　131
津波即時予測　　19
津波遡上解析　　177, 200
津波堆積物　　21, 131, 176
津波注意報　　146, 148
津波低減　　81, 102
津波伝播　　178
津波伝搬解析　　200
津波に強いまちづくり　　8
津波の周期　　102
津波波圧　　61, 67, 71, 111
津波ハザードマップ　　14, 35, 36, 50, 145, 158, 176, 187
津波波力　　72, 82, 109
津波波力低減　　14
津波氾濫解析　　183
津波避難　　162
津波避難シェルター　　48
津波避難施設　　8, 47
津波避難所　　36, 48, 153
津波避難タワー　　48, 113
津波避難場所　　13
津波避難ビル　　64, 65
津波漂流物　　123
津波復興拠点整備事業　　32
津波防護対策　　133
津波防護レベル　　6

津波防災地域づくりに関する法律　　42, 124
津波予測　　18, 20
堤外地　　110
低減率　　67
抵抗係数　　184
堤頭部　　88, 109
堤内地　　110
低頻度大災害　　2
堤防越流　　60
底面摩擦　　183, 184
底面摩擦係数　　182
転倒　　73, 74, 108
転倒耐力　　76
天端高比　　103
天端幅　　53
天端保護工　　52
倒壊　　73, 74
動粘性係数　　191
東北地方太平洋沖地震　　176
東北地方太平洋沖地震による津波　　1, 83
十勝沖地震による津波　　1, 3
特別警報　　147
都市機能誘導区域　　44
都市計画基礎調査　　43
都市計画マスタープラン　　43
都市再生区画整理事業　　32
都市再生特別措置法　　44
土地利用　　13
土地利用規制　　8, 41
徒歩避難原則　　30

な 行

内水氾濫　　45
ナビエ・ストークス方程式　　177, 182, 190
南海トラフ巨大地震　　41
日本海中部地震　　103
日本地震工学会　　11
ネットワーク型　　165

粘り強い構造　49, 58, 60, 62, 89, 108, 112, 134
法勾配　53

は　行

波圧分布　66
泊地面積　102
波源　178
波源推定法　180
波源断層　182
波高　10
ハザード　10
ハザードマップ　30
八戸港防波堤　86
発生基準値　11
発生頻度　6
ハード対策　5, 13, 29, 51, 113, 139
バンダアチェ　169
氾濫解析　183
氾濫流況解析　183
被害関数　12
比較的頻度の高い津波　48
東日本大震災　10
東日本大震災復興構想会議　48
ピクトグラム　14
比高　53
非常用海水冷却系　136
避水　12
非線形長波方程式　177
非線形分散波方程式　182
非耐圧部材　70
ヒートシンク喪失　127
避難安全階　75
避難意識　30
避難移動　28
避難確認情報　152, 153
避難空間　163
避難計画　162
避難行動　159
避難指示サイン　14
避難所　14

避難状況確認　157
避難状況連絡　157
避難体制　114
避難のシミュレーション　159
避難場所　14, 28
避難マニュアル　145
避難誘導　36
避難連絡　152
避難路　29
被覆石　89
被覆コンクリート　63
被覆材　89
被覆ブロック　112
漂流物　12, 73
漂流物抑止　14
福島第一原子力発電所　126
復旧費用　63
復興交付金　32
復興財源確保法　30
復興庁　30
復興特別区域法　30, 31
復興パターン　35, 37
復興まちづくり　37, 39
フラジリティー　10
フラジリティー関数　12
フラップゲート式構造物　90, 91
浮力　73
プレート間地震　132, 179
分岐断層　18
平面遮蔽性　102
ベースシア係数　74
ポアソン方程式　191
防災　44
防災意識　36
防災基本計画　18
防災教育　8, 30, 143
防災訓練　8, 140, 141
防災集団移転整備事業　30
防災集団移転促進事業　32
防災対策　21, 110
防災都市づくり　42

防災都市づくり計画　40, 41
防災無線　140
防水　12
防水構造　121
防潮水門　13
防潮堤　13, 133
防波堤　13, 81
防波堤背面　89
防波堤マウンドの根固　112
補機冷却系　128
北海道南西沖地震　103
ボルテラの定理　179
ポンプ場　116

ま　行

まちづくり　5
松川浦漁港　97
マニングの粗度係数　182, 184
マルチエージェント型　165, 167
緑の防潮堤　63
宮城県三陸地域　58
明治三陸地震による津波　1, 82, 180
木密地域　40
モーゼ計画　92
モーメントマグニチュード　180

や　行

矢板式岸壁　98
有限体積法　177
有限要素法　177
揚力　89
予防　14

ら　行

ライフライン　116, 117
リアルタイム津波予測　177
陸上火災　119
陸上氾濫　178
リスク回避　45
リスク評価　14
リダンダンシー　15
陸閘　13, 47
立地適正化計画　43, 44
リツヤ湾　178
リツヤ湾の津波　132
粒子法　177, 189, 191
粒子離散化方法　190
流速　10
流体力　10
流体力評価　177
流入量比　104
冷却用海水　130
冷却用海水ポンプ　126
レジリエンス　15
レベル1　6, 59, 172
レベル2　6, 58, 172
炉心溶融　126
炉心冷却機能　126

監修者略歴

濱田　政則（はまだ・まさのり）
- 1968 年　東京大学大学院工学研究科修士課程修了
- 1968 年　大成建設株式会社入社
- 1987 年　東海大学海洋学部教授
- 1994 年　早稲田大学理工学部教授
- 2005 年　日本学術会議会員
- 2014 年　早稲田大学名誉教授
- 2014 年　アジア防災センターセンター長

編集者略歴

今村　文彦（いまむら・ふみひこ）
- 1989 年　東北大学大学院工学研究科土木工学専攻博士課程修了
- 1989 年　東北大学工学部土木工学科助手
- 1992 年　東北大学大学院工学研究科附属災害制御研究センター助教授
- 2000 年　東北大学大学院工学研究科附属災害制御研究センター教授
- 2014 年　東北大学災害科学国際研究所所長

岸井　隆幸（きしい・たかゆき）
- 1977 年　東京大学大学院都市工学専攻修士課程修了
- 1977 年　建設省（当時）入省
- 1992 年　日本大学理工学部土木工学科専任講師
- 1995 年　日本大学理工学部土木工学科助教授
- 1998 年　日本大学理工学部土木工学科教授

磯部　雅彦（いそべ・まさひこ）
- 1977 年　東京大学工学系研究科土木工学専門課程修了
- 1978 年　東京大学工学部土木工学科助手
- 1981 年　横浜国立大学工学部土木工学科講師
- 1983 年　横浜国立大学工学部土木工学科助教授
- 1987 年　東京大学工学部土木工学科助教授
- 1992 年　東京大学工学部土木工学科教授
- 2013 年　東京大学名誉教授
- 2013 年　高知工科大学副学長

堀　宗朗（ほり・むねお）
- 1987 年　カリフォルニア大学サンディエゴ校応用力学基礎工学科卒業
- 1987 年　カリフォルニア大学サンディエゴ校応用力学基礎工学科ポストドクトラルリサーチフェロー
- 1989 年　東北大学工学部土木工学科助手
- 1991 年　東北大学工学部土木工学科講師
- 1992 年　東京大学工学部土木工学科助教授
- 2001 年　東京大学地震研究所教授
- 2012 年　東京大学地震研究所巨大地震津波災害予測研究センターセンター長
- 2012 年　理化学研究所計算科学研究機構総合防災・減災研究ユニットユニット長

編集担当	二宮　惇（森北出版）
編集責任	石田昇司（森北出版）
組　　版	コーヤマ
印　　刷	ワコープラネット
製　　本	ブックアート

耐津波学
—津波に強い社会を創る—

Ⓒ 濱田政則　*2015*

2015 年 10 月 27 日　第 1 版第 1 刷発行　　【本書の無断転載を禁ず】

監 修 者	濱田政則
発 行 者	森北博巳
発 行 所	森北出版株式会社

東京都千代田区富士見 1-4-11（〒 102-0071）
電話 03-3265-8341／FAX 03-3264-8709
http://www.morikita.co.jp/
日本書籍出版協会・自然科学書協会　会員
JCOPY ＜(社)出版者著作権管理機構　委託出版物＞

落丁・乱丁本はお取替えいたします.

Printed in Japan／ISBN978-4-627-45271-8

図書案内　森北出版

防災工学 第2版

石井一郎／編著
菊判・212頁
定価(本体 2500 円＋税)
ISBN978-4-627-45172-8

防災への関心が高まる昨今，「防災工学」の重要性が増している．防災工学には，わが国で多く生じる地震や津波などの災害の原因である各種の自然現象の発生機構だけでなく，防災都市計画や災害対策などの大局的な視点，反対に建築物ごとの耐震構造やリフォームなどの局所的な視点など，さまざまな知識や考え方が必要とされる．それらの防災に関する幅広い知識をまとめた一冊．

目次

総論／地震／火山噴火／津波／気象災害(風水害)／防災地質／都市火災／環境災害／防災都市計画／災害対策(救援救護対策)／社会基盤と生活関連施設／建築物／破綻

ホームページからもご注文できます
http://www.morikita.co.jp/

図書案内　森北出版

海岸工学

木村 晃／著
菊判・224 頁
定価(本体 3000 円＋税)
ISBN978-4-627-49541-8

海岸工学をこれから学ぶ人のために，沿岸域における波や砂の諸現象について，その基本事項を解説．海岸工学の基本事項である波の発生・発達から，浅海域における砕波・消滅に至るまでの変化や，漂砂など，その諸現象を丁寧に説明した．初学者が無理なく理解できるように，また幅広く応用ができるよう配慮されている．

---- 目次 ----

基礎方程式／波の理論／波の変形／海の波の統計学的性質／構造物に作用する波の力／波の打ち上げと越波／長周期波／沿岸の流れ／漂砂／漂砂による地形の変化／微小振幅波の波長と波速，近似法による波長／波速の計算

ホームページからもご注文できます
http://www.morikita.co.jp/